TURING 图灵新知

JUST FOR FUN
The Story of an Accidental Revolutionary

只是为了好玩

修订版

Linux之父林纳斯自传

［美］林纳斯·托瓦兹 Linus Torvalds
［美］戴维·戴蒙德 David Diamond 著
陈少芸 译

人民邮电出版社
北京

图书在版编目（CIP）数据

只是为了好玩：Linux之父林纳斯自传：修订版／（美）林纳斯·托瓦兹，（美）戴维·戴蒙德著；陈少芸译. -- 2版. -- 北京：人民邮电出版社，2023.3
ISBN 978-7-115-60807-9

Ⅰ.①只… Ⅱ.①林…②戴…③陈… Ⅲ.①林纳斯·托瓦兹－自传 Ⅳ.①K837.126.16

中国版本图书馆CIP数据核字(2022)第252058号

内 容 提 要

本书是Linux之父林纳斯·托瓦兹的自传。书中以林纳斯·托瓦兹对人生和社会走向的独特理解为线索，在讲述林纳斯·托瓦兹成长经历的同时，阐述他对技术、自由、信息共享和创造激情的体会与感悟，以及他对黑客精神与商业现实之间的冲突的深入思考，描绘出了以"自由与激情"为主导价值和内在驱动的黑客人生的信仰模式。本书是了解林纳斯成功之路与人生哲学，以及Linux操作系统幕后故事的佳作。

本书适合计算机相关从业者阅读，也可作为对Linux系统、黑客精神感兴趣的读者的参考资料。

◆ 著　　　[美]林纳斯·托瓦兹　戴维·戴蒙德
　　译　　　陈少芸
　　责任编辑　武晓宇
　　责任印制　彭志环

◆ 人民邮电出版社出版发行　北京市丰台区成寿寺路11号
邮编　100164　电子邮件　315@ptpress.com.cn
网址　https://www.ptpress.com.cn
涿州市般润文化传播有限公司印刷

◆ 开本：880×1230　1/32
印张：9　　　　　　　　2023年3月第2版
字数：225千字　　　　　2025年7月河北第7次印刷
著作权合同登记号　图字：01-2013-4006号

定价：69.80元
读者服务热线：(010) 84084456-6009　印装质量热线：(010) 81055316
反盗版热线：(010) 81055315

献词

此书献给朵芙、帕特里夏、丹妮拉和塞莱斯特。我总希望身边有年轻女子环绕,你们实现了我的愿望。

也献给蒂娅和凯莉。天啊,我可真幸福。

如果不写一些重要的名字,那这一页就不能算是献词了。因此,我们要向编辑阿德里安·扎赫致谢,对于我们的种种要求,他都竭力满足;向哈珀柯林斯出版集团的编辑助理埃琳·里奇诺致谢,她对我们这个项目了如指掌,比我们自己还清楚得多;向我们的代理书商——华特赛德制作公司的比尔·格莱斯顿和 ICM Books 的克里斯·达尔致谢,他们总是第一时间把支票交到我们手上;还有我妹妹萨拉·托瓦兹,她不光记忆力冠绝芬诺斯坎迪亚,还会三种语言呢!我们还要感谢威廉·戴蒙德和露丝·戴蒙德,他们不仅通读了本书的原稿,而且总在我们怀疑自己的时候安慰我们说:"不不,真的,写得挺好的。"

林纳斯妈妈的话

他成长的那些年里,我的心一直悬在嗓子眼:就他这副德行,以后可怎么去结识好女孩儿啊?

——安娜·托瓦兹

引言　革命风暴随手记

20世纪末的数年间，世界沉浸在极度的兴奋之中。在一系列的革命浪潮中，一场革命风暴席卷了全球。几乎是一夜之间，Linux系统引起了世界的关注。它从创始人林纳斯·托瓦兹狭小的卧室里横空出世，引起了无数极客的狂热追捧。瞬息间，许多掌控着地球命脉的企业机房里都出现了它的身影。从前，Linux系统只是一个人的狂欢，现如今它已在各大洲拥有数百万用户，连南极洲也不例外。如果算上美国国家航空航天局（NASA）的前哨站，它甚至拥有外太空的用户。在所有提供万维网数据共享的计算机服务器上，Linux是应用最广泛的操作系统。不仅如此，Linux特有的开发方式——由数十万程序员志愿者组成的强大社区，更使它成为有史以来最大的协作项目。其背后的开源哲学再简单不过：信息——在这里具体是指操作系统的源代码或基本指令——应该对有兴趣改良它的人免费开放并允许自由分享，而这些改良后的信息也应该是自由共享的。同样的理念已支撑着科学探索界走过了几个世纪。如今，这个理念也在企业领域生根发芽，它的潜力不难想象。在信息分享的平台上，一切最美、最好的事物都可能诞生，比如一份完善的法律方案，或一部优美的歌剧。

有些人瞥见了行业的未来走向，却没有因此感到高兴。林纳斯戴着眼镜的胖脸蛋儿被印在微软员工爱玩的飞镖靶子上，现在微软已视他为真正的头号劲敌。然而更多时候，人们也想深入了解这位始于借力，如今却领跑这份事业的小伙子本身是什么样子的。遗憾的是，随着Linux系统及开源运动的成功，他越来越不愿意谈起此事。作为Linux之父，他偶然始创了Linux，原因却仅仅是他喜欢玩计算机（也因为其他一切都不如计算机来得好玩）。因此，当有人告诉他，数百万追随者希望至少能亲眼一睹他的风采，并借此说服他在重要活动中发表演讲时，林纳斯和善地提出愿意在活动中亲自上阵玩落水台[①]游戏。他觉得那样更好玩，而且还能筹到款。他们婉言谢绝了。他们心目中的革命可不是这样经营的。

革命者并非天生，革命无法事先安排，革命无法被操纵。革命往往就这样发生……

——戴维·戴蒙德

[①] 落水台（dunk-tank）是一种中靶击落游戏，一个人坐在水池上方的一张凌空座椅上，旁边立一个靶子，只要有人击中靶子，联动装置就会弄翻座椅，让人掉入水中。——译者注

给戴维·戴蒙德的邮件

虚假邮件警告：penguin.transmeta.com; torvalds owned process doing-bs
发送时间：1999 年 10 月 18 日（星期一）14:12:27（PDT-07:00，太平洋夏季时间）
发件人：torvalds@transmeta.com（林纳斯·托瓦兹）
收件人：ddiamond@well.com（戴维·戴蒙德）
主题：嚯呵呵嗯……
MIME 版本：1.0

  希望你的邮箱地址没变。我发现我手头没有你的联系方式，可能是因为我把你的名片跟其他人的混在一起扔了，另外也因为你一直用电话联系我，而不是用电邮。

  这周末我考虑了很久，要是你真的有兴趣，我觉得我也开始有这个意思了。那咱们说干就干吧：如果你觉得我们真能鼓捣出一本好玩的书，而且在这个过程中我们会玩得很开心（这点更重要），那咱们就动手吧！你得拖我出去露营度假（带上全家人）和玩高空跳伞（这个就不带家人了）！我觉得自己太忙了，这些事我自己根本就不会去做。你正好让我能找个理由，去玩一玩这些我过去三年都顾不上玩的事，虽说我一直都有机会去……我可能不会去读一本关于我自己的书,但至少咱鼓捣出这本书的过程,我想会很好玩。

林纳斯

……有时候,革命者也会被革命难住啊!

林纳斯·托瓦兹

致谢

两位作者想向以下机构致谢，感谢他们在这本书成书过程中的出色贡献，或至少让这本书有趣了起来。（下文这些被点名的机构都没有给我们赞助费，可惜了！）

感谢：The Bone 广播台 FM107.7 频道的《棒透了的经典摇滚乐》节目；卡皮托拉市的柔达餐厅；圣克鲁斯市的基瓦度假屋；帕罗奥多市的"鲔断撕连"西餐厅；红木海岸的马里布大奖赛；波德加湾的波德加湾旅馆；圣克鲁斯镇的土星咖啡馆；罗斯镇的果酱咖啡馆；半月湾的半月湾滑浪用品店；圣克鲁斯市的圣克鲁斯台球室；雷伊斯角站的雷伊斯咖啡馆；圣何塞市的加州寿司与烧烤餐厅；圣克拉拉市的圣克拉拉高尔夫及网球俱乐部；圣克鲁斯市的理想烧烤酒吧；拉克斯珀市的银比索酒吧（那儿有个叫珍妮丝的美女演出）；圣克鲁斯市的罗茜·麦卡恩爱尔兰餐吧；圣拉斐尔市的五月花酒店；马克利维尔区的格罗夫温泉州立公园；拉克斯珀市的左岸餐厅；旧金山市的波特雷罗啤酒公司；圣拉斐尔市的米饭烩餐厅；肯特菲尔德市的罗斯谷游泳及网球俱乐部；埃尔多拉多县的落叶湖码头；格林布雷社区的皮特咖啡茶室；旧金山市的霍桑小道餐厅；卡利斯托加市的印第安温泉度假村；索萨利托市的武士寿司餐

厅；旧金山市的河豚寿司餐厅；圣克拉拉市的派拉蒙大美洲主题公园；米尔谷镇的炉端烧烤寿司餐厅；米尔谷镇的七叶树旅店；圣何塞市的巴诺书店；索萨利托市的兰之寿司餐厅；罗斯镇的罗斯23栋；KFOG广播台的FM104.5频道；拉瑟福德地区的拉瑟福德烧烤餐厅；圣罗莎市的In-N-Out汉堡店；森尼韦尔市的濑户寿司餐厅。

序言　生活的意义（一）
（繁衍、战争和 Linux 系统）

背景：这本书最早起源于一辆新款黑色福特车，当时这辆车正在加利福尼亚州中央谷地的某个位置，沿着 5 号州际公路朝南行驶。林纳斯·托瓦兹与妻子朵芙·托瓦兹，以及他们的女儿帕特里夏和丹妮拉，在一个外人的陪同下，驱车约 564 公里前往洛杉矶，准备去参观动物园和逛一逛宜家家居商店。

戴维：我正在思考一个最基本的问题，这个问题挺重要的。你想借这本书表达什么？

林纳斯：这个嘛，我想阐释生活的意义。

朵芙：林纳斯，你没忘记给车子加油吧？

林纳斯：我对生活的意义有一些看法。咱们可以在第 1 章跟读者说一下生活的意义来钓他们上钩，等他们上了钩，花钱买书以后，我们再随便扯点儿别的，把剩下的章节糊弄过去。

戴维：好主意！有人说，自从人类起源，人就一直被两个问题困扰着：第一，生活的意义是什么？第二，到头来，口袋里攒下来的那点儿闲钱该往哪儿花？

林纳斯：第一个问题我已经有答案了。

戴维：有答案了？是什么？

林纳斯：我的答案非常简单。这个答案本身并不能解释生活的意义，但它能告诉你生活接下来的走向。有三件事对生活是有意义的，它们是生活中所有事情的动机——包括你做的所有事和任何生命体会做的事：第一是生存，第二是社会秩序，第三是娱乐。生活中所有事的动机都遵循着这个顺序，娱乐之后再无其他。所以从某种意义上说，生活的意义就是要达到第三个阶段。一旦达到第三个阶段，事情才算完。但是，你得先走过前两个阶段。

戴维：这个你得再详细解释一下。

帕特里夏：爸爸，我们能不能停下来买巧克力冰激凌？我好想吃巧克力冰激凌！

朵芙：不行啊宝贝儿，得再等一会儿。待会儿咱们停下来方便的时候，再给你买冰激凌。

林纳斯：我举几个简单的例子吧。最好理解的就是繁衍活动了。它最开始只是延续生命的方式，后来演变成社会行为，这也是人们结婚的原因。再后来，它就成了一种娱乐。

帕特里夏：那现在我就要方便。

戴维：怎么个娱乐法？

林纳斯：好吧，有点对牛弹琴了。我换一个例子吧。

戴维：不，还是继续说这个例子吧。

林纳斯：它是从另外一个层面来说的……

戴维（自言自语）：噢！是参与其中的娱乐，而不是在一旁观看的娱乐啊。好吧，我懂了。

林纳斯：……从生物学的角度来看待人们对繁衍活动的观念，最初这事儿是怎么来的呢？它是作为一种生存手段，和娱乐完全不沾边，只是两个人结合起来生存的手段。好了，这个例子我们先放下吧。

戴维：不，不，我觉得这就够讲整整一章了。

林纳斯：说说战争吧。最初，战争显然是为了生存，你得先和大块头们抢水源；后来，你又得和他们抢老婆。之后，战争的目的就是建立社会秩序了。在中世纪以前，战争就已经是这样了。

戴维：战争是一种建立社会秩序的手段。

林纳斯：对，战争也使个人成为社会秩序的一部分。其实，没有人会在乎什么社会秩序，人们只关心自己在那个秩序里的地位。这就跟母鸡在乎它的啄序是一个道理。

戴维：那现在战争成了一种娱乐？

林纳斯：没错。

戴维：可能那些在电视上看别人打仗的人才会觉得战争有意思吧！

林纳斯：计算机游戏、野战游戏、CNN 电视台，都是。战争爆发的原因常常就很有娱乐性，人们也常用娱乐的眼光看待战争。像刚才说的，繁衍活动很多时候也是为了娱乐。当然，延续生命的那部分动机还是在的。它不一定只是纯粹的娱乐。对所有的事物来说，一部分动机可能是生存，一部分可能是社会秩序，剩下的可能就是娱乐。你看，技术就是这样。人们最初发明技术也是为了生存，后来就不仅仅是为了生存，而是为了更好地生存。人们为了从井里打水，发明了风车……

戴维：取火也是。

林纳斯：对，技术在这些层面依旧是为了生存，还没有达到社会秩序和娱乐阶段。

戴维：那技术是怎么进入到社会秩序阶段的呢？

林纳斯：实际上，工业化大都是为了生存，或是为了生存得更好。就说生产汽车吧，工业化就意味着生产更快、更好的汽车。然后，技术走到了社会秩序阶段，我们有了电话，又有了电视。早期的许多电视节目主要是为了给观众"洗脑"，电台也一样。那时候，很多国家都会投资电台，就是为了构建社会秩序。

戴维：就是为了建立和维护社会秩序……

林纳斯：没错，然后它就超越了社会秩序的阶段。现如今，电视节目主要是为了娱乐。而且你看看现在这些移动电话，虽然基本上还处在社会秩序阶段，但它们正奔着娱乐阶段走呢。

戴维：那么技术的未来会是什么样的？我们早已超越了生存阶段，现在处于社会秩序阶段，对吗？

林纳斯：对。以前所有技术都是为了使生活更便捷，比如说为了能更快地到达目的地，为了能买到更便宜的东西，为了能住上更好的房子，等等。那今天的信息技术有什么不同呢？人与人之间建立了联系，然后呢？下一步我们要怎么做？当然，人与人之间的联系还可以更加紧密，但这本质上和以前没有什么不一样。那么，信息技术究竟会把我们引向何方？在我看来，接下来就得踏入娱乐阶段了。

戴维：所有的事物最终都会演变成娱乐……

林纳斯：这多少也解释了 Linux 系统成功的原因。想想这三个动机，第一是生存，有计算机的人当然没有生存问题。说白了，如果你有计算机，那你肯定不必为填饱肚子发愁。第二是社会秩序，Linux 系统无疑对社会秩序起到了积极作用，毕竟它使那些成天缩在自己小隔间的极客都开始社交了。

戴维：你在世界计算机博览会上说的那一番话很妙，当时你说 Linux 系统的开发是一个全球性的团队运动。所以，可以说是你让 Linux 系统进入了社会秩序阶段，老兄。

林纳斯：Linux 项目确实是个好例子，说明人们热爱团队运动，尤其是热爱作为团队一员参与其中。

戴维：是啊，每天待在计算机前，他们应该会希望自己不是一个人在瞎忙活，而是作为团队的一分子，什么团队都行。

林纳斯：这就组成了社会秩序，跟其他的团队运动一样，比如一支足球队里的队员，尤其是高中足球队。Linux 的社会秩序阶段真的是非常非常重要，但 Linux 系统也有娱乐的层面，这种娱乐可能有钱也买不到。在生存阶段，金钱通常能成为人们做事情的强烈动机，因为用钱来换取生存是非常容易的，用钱能够轻易地换到生存所需，但当你到了娱乐阶段，金钱就……

戴维：金钱就没有用处了？

林纳斯：不，不是没用，显然你可以花钱去看电影、买车和度假。你能花钱买很多东西来改善生活。

朵芙：林纳斯，得给丹妮拉换尿片了，帕特里夏也该上厕所了。我还想要杯卡布奇诺。这儿能找到星巴克吗？我们到哪儿了？

戴维（抬头）：从空中的牛屎味推断，我们应该快到金城了。

林纳斯：我们现在说的范围有点广，不光是人，生活也一样。这就像熵定律，在这个生活的熵定律中，虽然所有事物都会从生存阶段进入娱乐阶段，但并非不可能出现局部倒退的现象，而且倒退是很常见的，有时候甚至会直接崩溃。

戴维：但是作为一个体系，应该是始终朝着一个方向走吧……

林纳斯：是朝着一个方向走，但不是所有事物都是同步的嘛。基本上来说，繁衍活动已经成为娱乐了，战争还在朝着娱乐的方向走，而技术已经很有娱乐的味道了。新事物最初的动机都是为了生存。比如说太空旅行，是吧？它可能开始只是为了生存，后来就开始为社会秩序服务，接着就成了一种娱乐。我们可以把文明看作一种宗教。你会发现，它也是按这个模式来运作。文明最初是为了生存，后来人们为了更好地生存而聚居，这就建立了社会结构，最终文明成了一种纯粹的娱乐。

好吧，也不能说是纯娱乐，可这种娱乐并不是什么坏事。古希腊人最出名的就是有严谨的社会秩序，他们也有不少娱乐活动。我们都知道，他们有当时全世界最伟大的哲学家。

戴维：话说回来，这些和生活的意义有什么联系呢？

林纳斯：其实没有什么联系，只是……好吧，这确实是个问题。

戴维：这点儿小小的联系，就是你接下来要好好想的。

帕特里夏：妈妈快看，外面有奶牛。

林纳斯：所以说，你要是搞清楚了这个规律，那么很显然，你的生活目标就是要促进生活朝这个方向走。它的走向还不是单一的，你做的任何事都是它的一部分。你也可以这样问自己："我能做些什么为这个社会添砖加瓦呢？"你知道自己是这个社会的一员，知道社会是在朝着哪个方向走，那你就能推着它往前走。

朵芙（捏鼻子）：怎么那么臭啊？！

林纳斯：归根结底，咱们只是为了好玩。那不妨坐着好好放松放松，享受旅途吧。

戴维：只是为了好玩（just for fun）？

目录

第1章 一个书呆子的诞生 1

    大鼻子的孩子 2
    外公的计算机 4
    芬兰的严冬 7
    我的家族 10
    中学时代 21
    长大成人 24
    爱洗桑拿的国家 28

第2章 一个操作系统的诞生 33

    旧时的计算机 34
    上大学 45
    从 Unix 开始 47
    第一台 386 和终端仿真 54
    编程的美妙 67

长了腿的终端仿真器 72

Linux 的诞生 75

开放源代码 80

Linux 能换来金钱吗？ 84

Minix 与 Linux 之争 92

最后的冲刺 106

朵芙 113

第 3 章 舞会之王 119

1.0 版本闪亮登场 120

版权之争 126

接受全美达的邀请 133

欢迎来到硅谷 140

一夜功成名就 147

Linux 系统呈蔓延之势 155

财富的到来 163

糟糕的演讲 169

媒体的攻击 175

道德不应制度化 180

舞会之王 187

还会再干 191

第 4 章 开源的意义 193

知识产权 194

消灭控制欲 204

科技的过山车之旅 209
开放源代码的意义 214
名声与财富 223
生活的意义（二） 230

译后记 238

附录：中国程序员眼中的林纳斯——林纳斯，一生只为寻找欢笑 240

第 1 章
一个书呆子的诞生

大鼻子的孩子

我小时候长得很丑。

我又能怎么办呢?我希望有一天,好莱坞能拍一部 Linux 主题大片,而且一定要找汤姆·克鲁斯这样的帅哥来主演——不过在现实中,事情可没有那么如意。

别误会,我可不是跟钟楼怪人一个样的。先想象一下,我有一对大门牙,看过我小时候照片的人都觉得我长得有点像海狸。再想象一下,我的着装品位很差,再摊上我们托瓦兹家祖传的大鼻子。怎么样,你的脑子里应该有我的形象了吧?

有些人说,我的鼻子很"雄伟"。人们说——至少我的家人这么说——男人鼻子大,能耐也大。不过,对一个十来岁的男孩讲这些,他可不会在意。对他来说,他的大鼻子就是用来遮大板牙的丑而已。托瓦兹家三代男子侧脸的照片总是无情地提醒我们:显然,这个大鼻子比人还突出。我的长相,大概就是这么个情况。

好了,再加入一些细节吧:棕色头发(美国人称之为金发,不过在斯堪的纳维亚这只能算是"棕发"),蓝色眼睛,有一点儿近视,戴眼镜。眼镜可能会让我的大鼻子显得小一点儿,所以我一直戴眼镜,从不摘下来。

对了,说到我特别糟糕的着装品位,当时的流行色是蓝色,所以我经常穿蓝色牛仔裤加蓝色高领衫,或者蓝绿色之类的。幸好,我的家人并不特别喜欢照相,没留下太多让我出丑的证据。

但家庭照片总是有的。其中一张是我十三岁左右时照的,照片里我和小我十六个月的妹妹萨拉在一起。她看上去挺顺眼,而我就是一副瘦长的笨拙样儿:皮包骨,脸色暗淡,狰狞地看着摄影师——应该就是我妈妈。这张宝贝照片,多半是她正要出门去上班的时候抓拍的,而她还是芬兰新闻社的记者呢。

我是 12 月 28 日出生的,临近新年,所以上学时通常都是班里年纪最小的。自然,我通常也是个子最小的。后来,比大部分同学小半岁这事儿也没有什么大不了的。不过在最初的那几年里,真的不是很好受。

而且,你猜怎么着?出乎意料的是,这些事情其实都没有什么大不了的。长得像海狸的矮个子四眼仔,要么顶着糟糕的发型,要么顶着特别特别糟糕的发型,加上丑陋的着装搭配,这些根本不算什么。因为我有迷人的人格魅力……

才怪。

实话实说,我就是个书呆子,是个怪胎。很久很久之前就是了。虽然我没试过用胶布把坏了的眼镜粘回去,但要是我的眼镜坏了,说不定我真会这么做,因为我身上就是有干出这种事的潜质啊!我精于数学,擅长物理,而且不懂得任何社交礼仪。当年,人们可不觉得当个理科书呆子是件好事。

大概每个人都认识一个像我这样的同学吧。数学非常好,倒不是因为学习认真,反正数学就是好。在我们班,我就是这种学生。

我再补充一些细节吧,不然你该开始可怜我了。我虽然是个书呆子,又是矮个子,但过得也还算顺当。我虽不擅长运动,但也不是个十足的木头人。在学校时,课间休息大家都玩一种叫 brännboll 的棒球游戏。这游戏讲究技巧和速度,两队球员把球扔来扔去,试图打败对方。虽然我从来就不是玩得最好的那个，但在赛前选队员的时候，我常常会很早就被队长选中。

这么说吧，在社交方面我可能是一个呆子，但总体而言，校园生活还是挺不错的。我不用认真学习，也能拿到不错的成绩——只是不错，而不是特别好，这恰恰因为我真的没有认真学习。我在社交方面表现得也还可以。回想起来，其实别人根本不会那么在乎我的鼻子好看不好看，毕竟他们有自己的麻烦事要关心。

现在一想，我才发现其他孩子的着装品位也跟我一样糟糕。我们从小都不讲究衣着，到长大之后，这些又突然成了由别人来决定的事。就说我吧，穿什么都是由那些高科技公司的销售人员来决定的，因为会议上免费派送的 T 恤和夹克就是他们挑的。现在，我基本上只穿文化衫，所以不用去挑选衣服了。而且我太太会帮我拿主意添置衣服，帮我买一些便鞋、袜子啊之类的，所以我再也不需要在着装上伤脑筋了。

现在我也能衬托得起我的大鼻子了。至少目前来说，我已经比我的大鼻子突出了。

外公的计算机

说到早年最开心的回忆，难免要提起我外公的老式电子计算器。这大概谁听了也不觉得奇怪吧。

我的外公莱奥·瓦尔德马尔·特恩奎斯特是赫尔辛基大学的统计学教授。我记得我用他那台计算器算出过大量随机数据的正弦值，玩得乐不可支。这倒不是因为我对答案感兴趣——我想也没多少人在乎答案吧,只是因为那时的计算器跟现在的不一样,不会直接给你答案。它们真的是计算给你看的,而且在它计算的当儿,还对着你眨眼似的不断闪灯,像是在告诉你:"瞧,我还活着呢!我得花十秒钟计算这个公式。同时我会一直对你眨眼睛,让你知道我多么辛劳,干了多少活儿。"

那时候太有意思了。早期的计算器比现在的有意思多了!现在的计算器在计算正弦值之类的简单问题时一点儿也不费力,好像一滴汗都舍不得流。而早期的那些玩意儿在计算的时候,你能看得出它们正在辛苦工作——这不,它们都眨着眼告诉你了。

我不太记得第一次接触计算机时的情形了,但想必是我十一岁的时候。大概是在 1981 年,外公买回来一台康懋达 VIC-20 计算机。此前我在那台神奇的计算器上已经玩了很长时间,想必我第一次见到这台计算机时一定十分欣喜,迫不及待地就开始尝鲜,不过我也不记得具体的情形了。说实话,我连自己什么时候喜欢上计算机都不记得了。起初只是感兴趣,渐渐地我就沉迷其中了。

VIC-20 是最早的家用计算机之一。它是品牌机,不需要组装。你只需要把它连接到电视上,接通电源,它就乖乖"坐"在那儿等你发话了。准备完毕后,屏幕上会出现大写的 READY 字样,还有一个闪烁的光标,就等你发号施令。

VIC-20 最大的问题就是实际功能不多。那时候计算机刚刚起步,商业程序的开发基础都还未成形。那台计算机唯一能做的,就是用 BASIC 语言编程。这正是我外公当时准备用它来干的事。

外公仅仅把这个新玩意儿当成一个玩具,只是恰好它也算是一个升级版的计算器,不仅求正弦值比原先那个老式电子计算器快得多,而且你还能让它一遍又一遍地自动反复计算。有了这台机器,以前在大学里用大型计算机才能做的工作,外公在家也可以完成了。

他希望我能和他一起体验其中的乐趣，也试图培养我对数学的兴趣。

于是，我坐在外公的膝盖上，帮他输入他事先认真写在纸上的程序，因为他还不习惯用键盘。我不知道其他男孩子十一二岁的时候在干什么，我只记得我会待在外公的房间里，学习如何简化算式，并将它们准确无误地输入计算机。我已经不记得那些算式的内容了，我对当时输入的具体内容也全然没有印象，我只记得我坐在那儿帮外公敲了很多代码。这事如果外公一个人做，也许比我们俩一起做更省时间。但也不一定，因为后来我敲键盘越来越熟练，而外公这方面从来就不行。我每天放学回家就敲代码，或者只要妈妈把我送到外公家里，我就敲代码。

后来，我开始研究那台计算机的使用手册，试着把上面的示例程序敲出来。手册里有一些简单的游戏程序示例，可以自己动手编写。如果程序没有出错，就会出现一个人横穿屏幕而过的图像，但画面效果很差。你还可以修改程序，让这个人形走过屏幕的时候留下不同的背景颜色。真的，你完全可以这么干。

那感觉棒极了！

再后来，我开始自己编程。我写的第一个程序跟其他人编写的第一个程序没什么两样。

```
10 PRINT "HELLO
20 GOTO 10
```

这个程序完全就是按指令运行的。它会在屏幕上显示 HELLO，一行又一行，没完没了。直到你觉得厌烦了，终止了程序，它才会停下来。

不过，这只是第一步。有些人编写完这个程序，就在这儿止步了。对他们来说，这只是个愚蠢的程序，让 HELLO 显示一百万次有什么必要呢？尽管如此，这个程序仍是早期的家用计算机使用手册上必备的首个示例程序。

最神奇的就是你还可以修改这个程序的内容。我妹妹说，她记得当时我做了一个修改版本，使它不显示 HELLO，而是无休止地显示 SARA IS THE BEST（萨拉是最棒的）。虽然我平时也不是一个那么贴心的好哥哥，不过显然那一次让她非常感动。

其实我对那件事没有什么印象，因为每次我写完一个程序，立马就会忘了它，继续编写新程序。

芬兰的严冬

说说芬兰吧。十月光景，这里的天空就会蒙上一层压抑的灰黑色，令人难受，看起来好像随时会落下雨点或飘下雪花。人们每天还没起床就知道会是这种天气。之后秋雨刺骨，将夏日的一点儿余热冲洗得荡然无存。冬天雪花飘落，像是带着魔力，天地之间白茫茫一片，万事万物都看似明快欢愉。可惜，这欢愉只能保得住几天，哪怕刺骨的寒冷已经消散，积雪也几个月内都不会融化。

到了一月，要是选择上街，你将漫游在形影朦胧的恍惚中。这是个弥漫着雾霭的季节，这是个必须穿着厚重的衣服出门，还总滑倒在冰球场上的季节。就是那个在小学操场浇上水造出来的冰球场啊，可谁让你非要抄近路穿过那里去搭公交车呢？走在赫尔辛基的街上，你得做好准备不时避开那些步履蹒跚的老太太。九月份的时候，她们可能还只是某些人慈祥优雅的老奶奶，但到了一月某个星期二的早上十一点，说不定她们就因为早餐喝多了伏特加，跟跟跄跄地在人行道上晃荡。这也不能怪她们啊！毕竟再过几个小时天就黑了，而且这天气啥也干不了。不过对于我，倒是有一项室内运动能伴我过冬，那就是编程。

编程的时候，外公多半是陪在我身边的。不过，他也不介意他不在时我待在他的房间里。我向他讨了钱，买来第一本关于计算机的书。那本书是用英语写的，我还得把它翻译过来才能明白。要知道，我英语并不熟练，要理解这些技术术语不是件容易的事。我也花了不少零花钱买计算机杂志，其中有一本登了一个莫尔斯电码的程序，而这个程序最特别的，就是它并不是用 BASIC 语言写成的！它竟然是用一组数字写成的，而且这些数字可以手工转换成计算机能读懂的 0 和 1。

就这样，我发现计算机并非依赖 BASIC 语言运行，而是依赖另一种更加简单的语言。赫尔辛基的孩子都在林子里和父母一起玩曲棍球、滑雪，我却在鼓捣计算机，琢磨它究竟是怎么运行的。其实，那时已经有一些程序可以直接将人可以看懂的数字转换成计算机里的 0 和 1，只是我还不知道。我开始用数字编写程序，再进行手工转换。就这样，我学会用机器语言编程，开始做一些原先怎么也想不到的事。我已经懂得如何让计算机做它能做的事了，并且对所有相关细节了如指掌。于是，我开始思考，如何利用更小的空间让程序运行得更快一些。我和计算机之间没有任何抽象的沟通屏障，所以这事还是相当顺利的。我和机器成了亲密无间的伙伴。

我的十二岁、十三岁、十四岁，就这样过去了。那个年龄的孩子都在外面踢足球，我却觉得外公的计算机更好玩。这台机器犹如一个独立王国，完全由逻辑统治。那时候，我们班上就三个人有计算机，有一个人和我一样会用计算机编写程序。我会主持一周一次的聚会,那是我日程表上唯一的社交活动,当然偶尔也会和他们留宿聚会。

我觉得这样没什么不好,因为计算机很好玩。

后来我爸妈离婚了。爸爸搬到了赫尔辛基的另一处地方。他觉得他的孩子不能只喜好一样东西,于是替我报了名,学他最喜欢的运动——篮球。这简直是个大灾难!我成了球队里个子最矮的队员。打完了一个多赛季之后,我用尽所能,用最难听的语言告诉爸爸,我不打了,是他喜欢篮球,又不是我喜欢篮球。我同父异母的弟弟莱奥比我更有运动细胞。后来,他和百分之九十的芬兰人一样,加入了路德会,而我爸爸是个坚定的不可知论者,这事儿让他意识到自己是一个失败的父亲——其实多年前妹妹萨拉加入天主教时,他已经开始怀疑自己了。

外公不是个乐天派。他那时开始谢顶,身体还有点发福,看上去就是一个心不在焉的老头子教授,内向到难以亲近。总之,他就不是一个外向的人。想象一下,一个眼睛直勾勾的、不知道盯着哪儿的数学家,一边思考着什么,一边不发一语的样子,他就是这样一个人。我怎么也看不透他在想什么。公式的复杂结构分析?还是过道里遇到的那个萨马尔科皮太太?不过,我跟他一个样儿,都以经常出神著称。我待在计算机前的时候,要是被人打扰,就会很烦躁,甚至会发火。关于我这一点,朵芙最有发言权了。

外公给我留下的最深刻的记忆不是他的计算机,而是他在郊外的那间红色小屋。旧时在赫尔辛基,人们在郊外有一座约莫九平方米的夏季度假屋是再平常不过的事了。小屋通常建在大约十四平方米的一小块土地上,人们会去拾掇他们的小花园。这些人往往在市区拥有一间公寓,郊外这么个小地方则是用来种种土豆、修修苹果树或是栽栽玫瑰花的。多半是年长的人才有这般闲情逸致,因为年轻人工作都忙不过来。这些人甭管种什么,都特别喜欢跟人攀比。我外公就在那儿给我种过一株小小的苹果树苗。若是没出意外，如今那株树苗应该还在那儿，除非它由于长势过于喜人，引起了哪个小心眼的邻居的注意，最终在夏季某个短暂的黑夜里，那人悄悄溜进我外公的小院，一斧子把它砍了。

外公带我进了计算机的门，四年之后，他得了脑血栓，后来半身不遂了。大家都很震惊。他在医院躺了一年。虽然他是我的至亲，但当时我并没有感到特别难过。可能是因为我太过保护自己，不愿接受这个事实，又或者是因为我当时年纪还小，对这些事情还不敏感吧。外公变得判若两人，我不喜欢看到他这个模样，所以大约每隔两个星期才去探望一次。妈妈去得比较频繁，妹妹也是，她很早就担当起了家里的好帮手。

外公去世后，他那台机器自然就落到了我手上，也没人和我争抢。

我的家族

我再往前了说吧。

现在芬兰可能是全球数一数二的发达国家，但是在数个世纪之前，当维京人和君士坦丁堡人"做生意"的时候，他们在芬兰只是稍作停留，几乎啥也没干就走了。随后在1155年，芬兰的邻国瑞典派出了生于英国的亨利主教到芬兰传教，建造天主教堂，想要用宗教信仰来加深芬兰人对瑞典的归顺感。这群瑞典传教士占了芬兰的要塞来对抗俄国人，最后打败了俄国，赢得了对芬兰的控制权。之后的几百年里，瑞典政府给住在芬兰的瑞典人分配土地、减免税收，以此激励他们在这块土地上繁衍生息。不过，瑞典对芬兰的统治在1714年被俄国人打断，后者接手统治了芬兰七年。后来，瑞典人又夺回了芬兰。直到1809年，俄国联手拿破仑进攻芬兰，芬兰又落到了俄国人手中。1917年，俄国爆发十月革命，他国对芬兰的统治才终于走到尽头。到了今天，早期瑞典移民的后裔在芬兰已经达到35万人，他们讲瑞典语，占全国人口的5%。

这当中也包括我那怪异的家族。

我外曾祖父的家乡是加普镇，就在瓦沙市附近。他出生于一个不太富裕的农民家庭，六个儿子当中至少有两个拿到了博士学位。这无疑说明了芬兰教育制度的出色，你能够轻易接受高等教育，改变命运。没错，尽管冬季时短暂的白天和进屋非得脱鞋这两件事让人特别恼火，但在这儿读大学是免费的。这一点跟美国就很不同了，美国的孩子在成长过程中总会感觉前途渺茫。这六个儿子当中就有一个是我的外公，他叫莱奥·瓦尔德马尔·特恩奎斯特，就是那个带我接触计算机的老头。

说说我的爷爷吧。是他创造了"托瓦兹"（Torvalds），这个姓源于他的中间名，他原来叫作奥勒·托瓦德·埃利斯·萨克斯贝里。他是个遗腹子，"萨克斯贝里"是他母亲娘家的姓，后来他母亲改嫁了，他就随了继父的姓"卡兰科"。但是爷爷非常不喜欢他的继父，不愿意跟他姓。后来他在自己的中间名"托瓦德"（Torvald）后边加了个s，变成"托瓦兹"，让它的发音听起来更加圆润一些。我倒觉得，他应该想清楚了再改，因为"托瓦德"原意是"雷神托尔的领地"，加了个s之后，原意就完全毁了，还会把讲瑞典语或芬兰语的人搞糊涂，因为他们根本看不出这个词究竟该怎么读。他们都认为这个词应该写成"萨沃兹"（Thorwalds）。现在世界上拢共有二十一位姓托瓦兹的，都和我有血缘关系。我们都得忍受爷爷带给别人的这种困惑。

可能就因为这样，我在网上都是用"林纳斯"这个称呼。没办法，"托瓦兹"就是太令人困惑了嘛。

我的这位爷爷,不是在大学里教书的。他是个记者,也是个诗人。他的第一份工作是在距离赫尔辛基大约一百公里远的一家小镇报社做主编,后来因为经常在上班时间喝酒就被解雇了。他和我奶奶的婚姻也因此触礁。后来,他搬到芬兰西南部的图尔库城,在那里又结了婚,成了一家报社的主编,还出版了几本诗集,只不过嗜酒的毛病始终改不过来。我们会在圣诞节和复活节去探望他,也会去探望奶奶。玛塔奶奶住在赫尔辛基,在那儿,谁都知道她做的烙饼是最棒的。

爷爷五年前过世了。

其实,我从来没读过他的诗集。我爸爸也只是在跟生人聊天的时候,才把这些诗集作为谈资而已。

记者?我们家里多的是记者。我有一个曾祖父辈的长辈,就是记者兼小说家,他叫恩斯特·冯·文特。我也没看过他的书,不过据说没看过也没什么损失。我的父亲叫尼尔斯,大家都管他叫尼奇,他也是个电视广播记者。在 20 世纪 60 年代,我爸爸认识了我妈妈安娜,大家都管她叫米奇。那时候,他们俩都还是叛逆的大学生。据我爸爸说,他当时是学校一个讲瑞典语的学生俱乐部的主席,在一次俱乐部外出活动上认识了我妈妈。那次出游的还有一个人也想得到我妈妈的青睐,于是在大家准备回程的时候,爸爸就指派那个情敌去负责抬行李。就在情敌走开的那会儿,他抓住机会占了我妈妈旁边的座位,还说服我妈妈和他去约会。(人们居然说我是家里的天才!瞧瞧我老爹吧!)

我可以说是在大学校园的示威运动中出生的,说不定还有乔妮·米切尔的音乐在助兴呢。父母的爱巢其实就是祖父母公寓里的一个房间。我的第一张婴儿床是一个洗衣篮子,好在那个时候我还不记事。我差不多三个月大的时候,爸爸应征入了伍。我猜他大概是不愿服兵役的,但没办法,要么去服十一个月的兵役,要么坚持拒服兵役最后去坐牢。后来他成了一名优秀的军人,还是个杰出的神枪手,所以他常得到嘉奖，可以享受周末回家的特权。家里传言说，我妹妹萨拉就是妈妈在爸爸的一次探亲假期间怀上的。那时候，我妈妈除了要应付她的两个金发小淘气之外，还在芬兰新闻社当一名国际新闻编辑。现在，她仍在那儿做图片编辑的工作。

这就是我们家的记者小王国，而我竟奇迹般地逃出了这个王国。除了我之外，妹妹萨拉不仅有自己的新闻翻译业务，同时还在芬兰新闻社工作；同父异母的弟弟莱奥·托瓦兹则是搞摄影的，尽管他很想当导演。由于家人大多是记者，我感觉自己有资格和记者开玩笑，因为我知道他们是怎样的一帮"无赖"。我知道这样说会显得我很不是东西，但这些年来，我们在芬兰的家里来过不少记者客人，有为了挖新闻什么事情都干得出来的，有为了写新闻而胡编乱造的，更有不少似乎有点嗜酒——好吧，不是有点嗜酒，而是几乎酒杯不离手的记者。

这时候，我们就会躲进卧室。我妈妈的心理承受能力应该很强，否则怎能应付得了那帮人？我们住在赫尔辛基市中心附近的罗德伯根社区，住的是一套两居室公寓，它位于斯道拉罗伯兹盖坦大街上一栋不起眼的淡黄色大楼的二楼。萨拉和那个大她十六个月的讨厌哥哥（也就是我）同住一间卧室。家附近有一个西恩布莱卓夫公园，它的名字是根据当地一家酿酒厂老板的名字起的。我总觉得这件事很奇怪，不过一想到有个以办公用品经销商的名字命名的篮球场，这件事也就不足为奇了（我们曾在西恩布莱卓夫公园遇到一只猫，后来家里人就都管那个公园叫"猫园"了）。公园里有一个小小的空屋子，常有鸽子在那儿聚集。公园建在一座小山上，到了冬天，那儿就成了玩雪橇的好场地。另一个玩耍的好去处是我们住的公寓楼后面的水泥地或楼顶。顺着梯子爬五层楼，到楼顶玩捉迷藏可好玩了。

但那些事不管多好玩，都比不上计算机好玩。我在家玩计算，熬通宵都是常事。别的男孩是躲在被窝里悄悄地看"那种"杂志，而我则是先假装睡着，等妈妈走开，再跳起来坐到计算机跟前。当时，聊天室还没流行起来呢。

"林纳斯，该吃饭了！"有时候妈妈叫我吃饭，我都不愿出来。这时，她就会跟她的记者朋友们说我是个很好养的小孩，把我和一台计算机关在一个小黑屋里，再时不时扔一点儿干意面进去就行了。其实她说的八九不离十，谁也不担心我这样的孩子会被人绑架（不过话说回来，我要是真被绑架了，会有人注意到吗？）。以前的计算机对孩子还是挺有好处的，结构比较简单，像我这种呆子都能打开后盖鼓捣一下。现在的计算机可就不一样了，复杂得跟汽车似的，把它们卸了再组装回去变得越来越难了。因此，要搞清楚这里头的门道也越来越难了。你想想看，你对自己的汽车做过比更换滤油器更复杂的活儿吗？

现在的孩子把更多的时间花在了玩游戏上，并且沉迷其中，不再去鼓捣计算机的后盖了。我不是说玩游戏有什么问题，有些游戏还是早些年我编的呢。

我写过一个在深海洞穴里控制潜水艇前进的游戏。那是个标准的游戏概念：整个海底世界倾斜着移动，玩家就是那艘潜水艇，得控制好方向避开洞穴的墙壁和可怕的鱼怪。其实，移动的不是潜水艇，而是那个海底世界和那些鱼。你玩得越久，它们就移动得越快，前进的洞穴也就越窄。那个游戏不可能通关，它也不是为了通关而写的。那种游戏玩上个把星期，就该到下一个游戏了。我写那个游戏主要是为了编程，让这些代码运行起来。

我家里还有其他玩具，像什么飞机模型、轮船模型、汽车模型和铁路模型之类的。我爸爸一度喜欢买一些昂贵的德国火车模型。对此，他的解释是他从小就没玩过火车模型，这可以成为我们父子间的一个共同爱好。这些东西好玩是好玩，但是一点儿都比不上和计算机较劲好玩。我也曾被禁止过玩计算机，但不是因为我花了太多时间玩计算机,而是惩罚我犯的其他错误,比如和萨拉打架。在小学和中学,我们俩之间的竞争还挺激烈的,尤其是在学业上。

我和萨拉之间大部分的竞争并没有坏处。一方面,要不是我老取笑萨拉,她就不会为了把我比下去而写六篇毕业论文了。要知道,在芬兰要想从中学毕业,写五篇论文就够了。另一方面,我现在讲英语不那么蹩脚,也要感谢萨拉。我以前讲英语老带着一口芬兰腔,全靠她不断取笑我,我才奋力摆脱了那口腔调。说起来,我妈妈也揶揄过我——不过多数是取笑我是个呆子,学校有好些女生想得到我这位"数学天才"的辅导,我却不理不睬。

有时候我和萨拉跟爸爸和他女友住在一起,有时候萨拉跟爸爸住,我跟妈妈住。还有些时候,我俩都跟妈妈住。顺便说一下,瑞典语里面没有"功能失调的家庭"(dysfunctional family)这个词。父母离婚后,我们手头很不宽裕。我记得特别清楚,有几次我妈妈不得不把她唯一的投资给典当了——一张赫尔辛基电信公司的股票(现在我是赫尔辛基电信公司的董事了,这也是我任董事的唯一一家公司)。在我们这儿,只要跟他们买一部电话,他们就送一张公司的股票给你。这张股票大约值五百美元吧,每次手头特别紧时,妈妈就不得不把它送到典当行去。我记得跟妈妈去过一次,我感觉很难堪。还有一次,我为了买一只手表攒下了大部分的钱,但妈妈困窘到无法把余钱凑给我,于是她让我去跟外公要。这件事也让我特别尴尬。

有一段时间,我妈妈得通宵上夜班,我和萨拉就得自己料理晚饭了。我们本该去街口的小店赊账买些吃的来填肚子,但我们更愿意买糖果来吃,而且趁妈妈不在,熬夜玩计算机可痛快了。要是别的男孩子,肯定瞅着家里没人的机会,得意扬扬、明目张胆地看"那种"杂志了,哪儿还用得着跟平时那样躲在被窝里才有胆子看啊。

外公中风后不久,外婆好像失去了支柱,身体也开始走下坡路。

她得了一种她自己所谓的"迷糊症",在疗养院一待就是十年。她进疗养院一两年后,我们搬进了她的公寓。那是彼得盖坦大街上一座结实的俄国时期旧公寓楼的一楼,就在赫尔辛基滨水区的一座漂亮的公园旁边。这个公寓有三个卧室,带一个小厨房。萨拉要了最大的卧室,而我这个高瘦小伙儿不计较这些,反正给我一个小黑屋,再时不时给我扔一点儿干意面,我就能活下去。于是,我搬进了最小的那间卧室。我往窗户上挂了厚实的黑窗帘,把阳光挡在窗外。我的计算机就放在窗户旁的一张小桌子上,离我的床也就六十厘米远。

1999年春天——戴维的话

1999年春天,当《圣何塞信使新闻报》星期天刊的编辑让我为林纳斯·托瓦兹采写人物传记时,我只是大概知道有这么个人物。因为就在前一年的春天,以美国网景公司为首的众多公司相继采纳了开放源代码的概念,有的干脆直接用上了Linux操作系统。Linux一时间风头无两。

我对这方面不是很熟悉,但在20世纪90年代初期,我曾在一本涉及Unix操作系统和开放源代码等内容的杂志担任编辑,因此脑子里还残存一些这方面的记忆。在我的印象中,林纳斯当时还在芬兰读大学,他在自己的宿舍里编写了一个Unix操作系统的新版本,功能十分强大,后来他将这个系统免费发布到了互联网上。不过具体情形我已经记不清了。那位编辑打来电话说,在圣何塞最近举办的Linux展览上,林纳斯已经成为众星捧月的风云人物。他敦促我一定要完成任务,还说:"现在这位世界闻名的超级巨星就在我们身边,就在圣克拉拉!"接着,他便把相关的新闻报道传真给我。

第1章 一个书呆子的诞生

林纳斯当时搬到硅谷已有两年，为当时还显得相当神秘的全美达公司（Transmeta Corporation）工作。全美达原本多年来一直致力于研发一种有望颠覆整个计算机行业的微处理器，但不知何故，却给了林纳斯许可，让他得以继续进行他那个耗时的项目。作为Linux操作系统的最高决策人，林纳斯在对该操作系统的所有改动的决策上都最具权威性（事实上，他的追随者们已经着手开展相关的法律工作，以期让林纳斯成为Linux商标的合法持有人）。而且他还有时间周游世界，为彼时蓬勃发展的开源运动做宣传。

然而，林纳斯似乎也成了一个神秘莫测的平民英雄。当他的对手、广受世人膜拜的比尔·盖茨在自己世外桃源般的"行宫"里过着奢华的生活时，林纳斯却带着妻子和蹒跚学步的女儿，住进了圣克拉拉的一间拥挤的复式公寓里。对于许多无须多少才气就能轻易得到巨额财富的好事儿，他显得不以为然。他的出现使那些身在硅谷、为了股票期权而力争上位的小人物们心生疑团：这么一个才华横溢的人物，怎么会对发家致富毫不关心呢？

林纳斯没有助理，不听电话录音，也极少回复电子邮件。我花了好几个星期才跟他通上电话，不过我们一联系上，林纳斯便很爽快地同意在他方便时尽早接受我的采访。我们的采访安排在大约一个月后，也就是1999年5月。出于职业习惯，我总觉得采访时应该使被访者处于一种放松的状态，所以将我们的见面安排在一个能洗芬兰式桑拿浴的场所最适合不过了。我们租来一辆福特野马敞篷车，由摄影师开车，一路驱车前往圣克鲁斯的一家桑拿馆。据说那是旧金山湾区最好的桑拿馆，位于一个"新新人类"风格的度假区里。

全美达公司位于圣克拉拉一个不知名的写字楼群里。林纳斯从公司出来时，手里握着一听开了盖的可乐，身上则是一副典型的程序员装束：牛仔裤、科技会议上派送的T恤、一成不变的短袜配凉鞋。

当我问及短袜配凉鞋是不是程序员的标准着装时,他声称自己在遇见其他程序员之前,就已经喜欢上这种穿法了。他还推测说:"这一定是程序员的天性。"

我们坐在汽车后座,我手上摆弄着录音器,随口问了第一个问题:"你的家人都是搞技术工作的吗?"

"不是,他们大多是记者。"他回答,并补充道,"所以我知道你们就是一帮'无赖'。"

他知道说了这句话后,我肯定不会让他就这么一带而过。

"哦,那你就是从'无赖'堆里混出来的咯?"我回应道。

这位世界上最出色的程序员放声大笑,一不小心将嘴里的可乐喷到摄影师的后颈上,他的脸唰地一下变红了。那个难忘的下午就这么开始了。

这还不止,后来的事情更奇怪。按说芬兰人都十分热衷桑拿浴,但那次却是林纳斯在近三年里头一回去桑拿馆。这位皮肤发白、一丝不挂的超级巨星戴着一副蒙上了水汽的眼镜,坐在桑拿池里最高的位置上,一头金发耷拉在脸上,汗如雨下,流到他那开始发福的肚腩上——我说"开始发福"完全是出于好意。他周围坐了一圈圣克鲁斯人,个个晒得黝黑,正坐在那儿自我陶醉着,用"新新人类"的口吻夸夸其谈。林纳斯看起来不太在意他们,只是自顾自兴高采烈而又地道地谈论起桑拿浴的种种优点。他的脸上挂着幸福满足的笑容。

在我看来,在大多数情况下,住在硅谷的人比其他地方的人要幸福。首先,他们掌控着"经济革命"这艘大船的舵。更重要的是,在硅谷,不管是新人还是老家伙,个个都富得流油,但谁也没见过他们脸上的笑容,除非是在他们的投资经纪人的办公室里。

绝大多数受欢迎的技术人员,甚至大多不那么受人欢迎的技术人员,会有一股强烈的愿望,即想让人知道他们有多么优秀。不仅如此,他们还觉得自己肩负着重大的使命,甚至比维护世界和平还来得重要。但林纳斯却不是这样的。事实上,他并不以自我为中心,和他相处无须一丝防备,这让他在硅谷那帮夸夸其谈的精英中显得分外可爱。他似乎超越了一切,超越了"新新人类",也超越了凭借科技发家致富的亿万富翁。与其说他像是在世界聚光灯下的驯鹿,倒不如说他像是个快乐的外星人,到地球上来告诉我们我们这群自私鬼的生活方式有多么荒诞。

我还觉得,他是个深居简出的人。

林纳斯提到过,传统的芬兰式桑拿浴有一个非常重要的部分,就是蒸完桑拿后几个人围坐一团,一边喝啤酒,一边畅谈天下大事。为此,我们事先在桑拿池周围藏了些福斯特啤酒。蒸完桑拿后,我们取出啤酒,找了个没什么人的热水浴池坐下,一边喝着啤酒,一边让摄影师拍照。出乎我意料的是,林纳斯竟对美国商业史和世界政治都非常熟悉。在他看来,如果商界和政界之间能像欧洲那样采取调和政策,美国肯定能发展得更好。他摘下眼镜放进热水里清洗,嘴里解释着他其实根本不需要戴眼镜,只不过少年时期为了让鼻子显得小一些,才戴起了眼镜。

这时候,一位身穿制服的女经理出现在浴池旁,毫不客气地要求我们把啤酒交给她。虽然桑拿馆是个非常自由的地方,但喝啤酒却是禁止的。

我们别无选择,只能去淋个浴,穿上衣服,然后找间咖啡厅继续谈话。你在硅谷遇上的人,身上大多有一份信徒般疯狂的激情。他们对自己的事业、"杀手级应用"或行业过于专注,而将与之无关的任何事情都不放在眼里。与他们交谈时,听到的除了自我吹嘘还是自我吹嘘。此时,我和林纳斯却坐在一间小酿酒室里,沐浴着阳光,品尝着极不像样的啤酒,任由林纳斯像被放出鸟笼的金丝雀一样，畅谈他对古典摇滚和恐怖小说家迪恩·库恩兹的疯狂迷恋，对荒诞情景喜剧的毫无抵抗力，还有许多不为外人所知的家庭琐事。

他一点儿也没有跻身富人界或权贵界的欲望。我问他，如果见到比尔·盖茨的话想跟他说什么，他却回答说自己连和比尔·盖茨见一面的欲望都没有。"我们之间找不出一点儿关系。"他解释道，"全世界就他一人最擅长的那个领域，我压根就不感兴趣。我对他的事业提不出什么意见，他对我的技术也给不出什么建议。"

就在我们翻山越岭返回圣克拉拉的途中，有一辆黑色的切诺基慢慢跟我们并排行进。车上的人显然是林纳斯的粉丝，他喊了一声："嘿，林纳斯！"接着拿出一部一次性相机，给林纳斯照了一张照片。林纳斯则坐在福特野马敞篷车的后座里，在和煦的微风中露出微笑。

一个星期后，我去他家拜访，那时他正在给孩子们洗澡。他把一岁大的金发女儿从浴缸里捞出来，想找个地方把她放下，好接着把他两岁大的金发女儿从浴缸里捞出来。他把小女儿递到我手上，她随即大叫起来。他的妻子朵芙本来在另一个房间里，这时也赶过来帮忙。

她个子娇小，人也随和，脚踝上有个蓟草的文身。我们一起给孩子们读了瑞典语和英语的睡前故事。后来，我们就待在车库里，身旁围着一堆散乱的行李，这对夫妻提到"在硅谷买一个带院子的像样的房子"这种想法有多么不切实际时，不带一丝辛酸的语气。

更令人惊奇的是，夫妻俩一点儿也没察觉他们的这个想法其实是很有讽刺意味的。再后来，我们一边看着杰伊·莱诺的脱口秀，一边喝着吉尼斯黑啤酒。

在那时，我觉得写书的念头已经蠢蠢欲动了。

中学时代

基本上，我在计算机前坐了整整四年。

当然，我还是会上学的——诺尔森高中，是赫尔辛基五所讲瑞典语的高中当中最好的，也是离我家最近的。在我看来，数学和物理很有趣，所以也就容易学。其他不管什么课，但凡需要死记硬背的，我对它们的兴趣就会立马落到谷底。所以如果读历史意味着得记住黑斯廷斯战役发生的日期，历史课就格外乏味。只有讨论影响一个国家的经济因素时，历史课才变得有点意思。地理课也一样，本来就是嘛，谁会在乎孟加拉国有多少人口啊？不过细想，也许有些人会觉得这些事很重要，只是对于我来说，哪怕上课学的东西至少比统计学有意思一点儿，讲讲诸如季风或者季风形成的原因什么的，我都不会整天做白日梦想着我的计算机，上课也会轻松许多。

体育课完全就是另外一回事了。要是我在这儿"揭秘"，说我其实并不是芬诺斯坎迪亚地区的最强运动员，大概也不会是什么大新闻。不管你信不信，那时候的我真是瘦得皮包骨。去体操馆伸伸胳膊还好，要是赶上足球课或者冰球课，我就只能翘课了。

看看我的学分就知道了。芬兰的中学学分制度是每科 4 分到 10 分。我的数学、物理、生物和大多数其他科目都能拿到 10 分或 9 分，只有体育拿了 7 分，还有一次只拿了 6 分。我的木工课也只拿了 6 分，这门课也不是我的强项。其他同学都做了精致的餐巾架、凳子什么的当作木工课的纪念品，而我唯一得到的，就是这些年来还一直赖在我大拇指里的几根木刺。我得顺便提一下，我家后院里那个精致的秋千是我岳父做的，我的两个女儿在秋千上度过了许多快乐的时光。

我就读的高中和美国大多数城市的高中不同，我的高中不会为天赋异禀或雄心勃勃的学生专门设置课程。那样做的学校不适合芬兰，芬兰的学校不会专门把优等生挑出来，也不会这样对待差等生。不过，每个学校倒是都设有一门特色课程，这门课程不是必修课，却是每个学校特有的、在其他学校学不到的课程。在我们诺尔森高中，这门课就是拉丁语。学拉丁语很有意思，比学芬兰语和英语好玩多了。

可惜我身边说拉丁语的人很少。我特别想有几个伙伴，可以聚在一起用拉丁语说说好笑的段子，或者用拉丁语讨论一下操作系统的设计策略什么的，肯定特好玩。

在学校附近的咖啡馆消磨时间也不错。那家咖啡馆就是我们这些不会躲到学校后面偷偷吸烟的人消遣的地方。那里是我上体育课时的好去处，有时候课间有一小时休息时间，我也会去那儿耗着。

在还有人用计算尺的时代，那里已经是"书呆子们"的天堂了。它也是唯一一家肯让学生赊账的咖啡馆。也就是说，你可以在那里叫东西吃，他们会记下你吃过、喝过的东西，等你手头宽裕了再来把账结了就行。芬兰人对技术特别狂热，估计现在那儿的赊账账目已经记在一个数据库里面了。

我每次去那儿都点一样的东西：一杯可乐，一个甜甜圈。

那时候我那么年轻，就已经那么注重健康饮食了啊！

总的来说，我在学习上比妹妹萨拉好一些，而她善于和人交往，看起来很和气，待人也更为友好。对了，我得加一句，本书的瑞典语版本就是请她翻译的。后来，她在学习上超过了我，因为她参加考试的科目比我多。我的兴趣圈子比较窄，大家都知道，我就是大家班上的那种"数学男"。

不瞒你说，那时候我能带女孩子回家的唯一原因，就是她们要我给她们辅导数学。不过就算是辅导数学，我带女孩回家的次数也不多，而且还都不是我主动提出的。但我爸爸就是心怀幻想，老觉得她们来我家不只是为了补习数学（他认为她们都认同"大鼻子理论"，所以她们都是对我感兴趣才来我家的）。要是她们真想找一个"数学男"来玩点刺激的，找我肯定找错人了，我都没有好好配合过她们。本来就是嘛，我就没听懂过她们说的什么养个大宠物①的话到底是什么意思。我曾经花很长时间照顾邻居家那只 7 公斤重的宠物猫，还是没弄明白这有什么大不了的。

毋庸置疑，我绝对就是个呆子。不过那时候，呆子还只是呆子，不像现在叫"极客"，听着都性感多了。好吧，"极客"其实也不性感，只是比较时髦而已。你所知道的我，除了是个呆子，还很腼腆，你说我这样的人是不是很多余？

所以我还是宁愿坐在计算机前，只有这样我才感到无比快活。

芬兰的中学生毕业时，得戴一顶挂着黑穗的白绒帽子参加毕业典礼，学校会在典礼上给你颁发毕业证书。回到家，所有的亲戚都备好了香槟、鲜花和蛋糕等着给你庆祝。全班同学还会一起到当地的餐馆开个庆祝派对。我毕业的时候这些都有，我记得玩得还算开心吧，不过也没什么特别深刻的印象。但你要是问我当时我那台 68008 芯片的计算机配置，我可以一口气给你背出来。

---

① Heavy Petting，意指挑逗、爱抚，字面意思是"养大型宠物"。——译者注

长大成人

我读大学的第一年里,该拿的学分都拿到了,算得上收获颇丰。这种在规定时间内获得一定学分的计划,在芬兰教育体系里叫作"学习期"。我只在大一这一年里才这么规矩。可能是因为进入新环境让我特别有干劲吧,或者是因为有机会去深入钻研一些课题,要不然就是因为我更享受学习的乐趣,这比起隔三岔五去社交狂欢、喝得醉醺醺吐在伙伴们身上好得多。我大一的表现还算体面,基本无可挑剔。不过你放心,这样的好事再没发生过。我的学术生涯马上就一落千丈了。

大一时我们还没选择主修专业,后来我选了计算机,副修课是物理和数学。不过有一个问题是,堂堂一所赫尔辛基大学,除了我,竟然只有一个讲瑞典语的学生想要主修计算机!他叫作拉尔斯·维尔塞纽斯,我们一起加入了一个讲瑞典语的理科生俱乐部,叫作"频谱"(瑞典语是 Spektrum),后来还挺有意思的。这个俱乐部里大多是学"硬科学"的学生,如物理、化学等。也就是说,基本都是男生。

我们俱乐部的活动室是和另一个俱乐部共用的,他们的成员也讲瑞典语,不过都是学"软科学"的学生,如生物、心理学等。就这样,我们有了跟女生来往的机会,只不过我们当中有些男生还是显得扭扭捏捏的。好吧,其实我们所有人都是那个样子。

频谱俱乐部活动室的很多装饰和美国大学的兄弟会差不多,不同的是,你用不着和其他成员住到一起,也不用和那些对科学不感兴趣的人打交道。我们每个星期三晚上开例会,那时我才知道皮尔森啤酒和麦芽酒有何区别。偶尔我们还会举行伏特加斗酒比赛,不过大多是大学生涯后期的事了。即使是在大学生涯后期,我也有的是时间——

我前后在这所大学待了八年,就得了区区一个硕士学位(2000年6月学校授予我的名誉博士学位,就不算进去了)。

对于大一这一年,我隐约记得的就是搭电车穿梭在教室和卧室之间两点一线的生活,此外还要加上成堆的书籍和计算机设备。我常赖在床上读道格拉斯·亚当斯的科幻恐怖小说,读着读着就把它扔到地上,随手抓起物理课本看一看,接着又滚着下了床,坐到计算机跟前,写起了新的游戏程序。一出卧室就是厨房了,我会跌跌撞撞地晃进去弄点咖啡或者玉米脆片。

我妹妹有时待在家中,有时可能和朋友出去了,要不然就是到爸爸那儿住去了。妈妈有时待在家或者上班去了,要么就是和她的记者朋友们出去。有时朋友来家里找我,我们就一起挤在厨房,一杯接一杯地喝茶,一边看着MTV电视台播的英文版《瘪四与大头蛋》(*Beavis and Butt-head*),一边琢磨着要出门找个地方打打台球,只可惜外面太冷了。

幸运的是,在那段时间,体育课终于从我的生活中消失了。

不过别高兴得太早,这不,下一年体育课又回来了,而且一上就是一整年。在芬兰,每个成年男性都要应征入伍。不少男生都是高中一毕业立马就服兵役,我觉得我先完成一年的大学学业,然后才去服兵役更靠谱一些。

在芬兰服兵役,其实是有选择的:要么入伍服役八个月,要么做十二个月的社会服务。要是你有特殊的宗教原因或者其他重要的理由,两样都可以不干。我没有这样的理由可以脱身,而社会服务又不适合我。

我倒不是反对做社会慈善,我可能是担心贸然选择社会服务有些冒险,说不定社会服务比当兵更无聊呢!呵,真不敢相信我居然这么坦诚。你可以去问问那些选了社会服务的人,要是没有事先挑好要服务的地点就贸然报名，上面就会随便拨一个无趣的地方给你。真要那样，我即使想反对，良心上也会过不去的。虽说我并不特别反对自己逃避爱国义务这件事，但事实证明我还是有良心的：到了紧要关头，举枪或杀敌这种事我恐怕也不会特别反对。

要是你选了服兵役的话，还得面临两个选择：要么按要求做满八个月的普通士兵，要么入读军官培训学校做十一个月的军官。要我说，虽然比做普通士兵要多熬大概 129 600 分钟，但可能还是做军官稍微有意思一点儿吧，而且做军官还能多学到一些东西。

就是这样，你们那位当时体重是 54 公斤的英雄成了芬兰陆军预备役部队的一名少尉。我的岗位是火力校射。这不是什么难事，又不是研究火箭。他们给我大炮的坐标，然后我在地图上找到自己的位置，利用三角测量法求出轰炸目标的位置。我算出坐标，然后把计算结果用无线电或者自己铺的电话线传送出去，让炮兵知道大炮该往哪儿打。

记得我在入伍之前特别紧张，因为我对即将到来的军旅生活一片茫然。有些人因为有哥哥或者其他人可以传授一些当兵的经验，所以他们事先多少知道一些，但没有人告诉我我会遇到什么事情。不过一般来说，谁都知道当兵不是什么好玩的事。军队里的士兵口口相传，将这一事实一年年流传了下来。但我心里还是没底，不知道军队里到底是什么样的，这让我特别紧张。当时的感觉跟现在我让别人读这本书时内心的忐忑不安有几分相似。

在军队那段时间，最苦的就是抬着似乎有几吨重的缆绳在拉普兰的树林里行军。真的，我真觉得那些缆绳有几吨重。进入军官培训校之前，教官会命令你跑步，腰上缠上一大捆缆绳，背上还背着两大捆，一跑就得跑上个该死的十五六公里。不跑步的时候，得乖乖站在那儿待命。

有时还要滑很长时间的雪，到达一个目的地后把帐篷搭起来。那时候我突然意识到，如果上帝的本意是要我们滑雪，他／她／它本该给我们造出玻璃纤维般的细长脚蹼，而不是给我们两只脚。哎，等等！那又如何？我又不信上帝。

搭好帐篷，还要把篝火点起来，然后才能做饭吃。因为已经两天没合眼了，所以你会又冷又饿又累。现在有些人会花大价钱去参加这种户外极限冒险运动，还称之为"重塑人格的经历"。其实他们只要加入芬兰军队就好了。

实际上，我们并不常进行户外马拉松训练，只是偶尔去一次而已。我计算过了，在我服役的十一个月里，有一百多天的时间都是在树林里度过的。芬兰有丰富的森林资源：百分之七十的国土面积被森林覆盖。那段时间，这些森林我好像全都跑了一遍。

作为军官，我的职责就是给一个五人火力校射小组做头儿。就是说，我去搞清楚任务的细节，然后在组员面前让这些任务显得比实际更复杂。但是这种差事挺没意思的，我不是一个好头儿，一点儿也不擅长发布命令。接受命令倒容易上手，诀窍就是你别太往心里去，人家也不是针对你个人。只是我没觉得我的天职在军营，所以不必非把那些差事做到尽善尽美不可。

至少那时候不是。

我有没有提过拉普兰的冬天有多冷？

现在想起来，我当时真的很讨厌去拉普兰。不过去拉普兰行军恰恰属于这种情况：甭管过程多么折腾，只要一结束，那段时光立马就成了最美好的经历。在我之后的生活中，这段经历也成了我和每一个芬兰男子聊天时的谈资。说真的，有些人甚至觉得芬兰要求所有男性服兵役，最主要的原因是为了让他们在余生中喝啤酒侃大山的时候都有共同话题可聊。大家都经历过一些相同的奇事，所有人都痛恨军队，但也都乐意谈起在军队里的日子。

爱洗桑拿的国家

趁我们还没绕开这个话题，我再给你说一说芬兰吧。我们这儿的驯鹿最多了，恐怕比世界上任何地方的都多。芬兰的酒鬼和探戈舞迷也相当多。试试在芬兰过上一个冬天，你就会明白芬兰人为什么爱喝酒了。至于人们热衷跳探戈，我就不知道为什么了。但幸好，喜欢跳探戈的人大多集中在乡村小镇，你不可能会撞见他们。

最近有一项调查说，芬兰的男士是全欧洲最有男子气概的。这一定是因为我们常吃驯鹿肉，要不就是因为我们花大把时间蒸桑拿。我们这儿的桑拿馆子简直比汽车还多。没有人知道这种像宗教一样的风俗是怎么来的，但芬兰还真有这么一些地方，人们会先把桑拿室给建好了，然后再开始造房子。很多公寓楼会在一楼或顶楼设一间桑拿室，给每户人家分一个自家去蒸桑拿的时间段——比如星期四晚上七点到八点（通常星期四和星期五是桑拿日）。把各家的时间错开了，就不必担心去桑拿室会尴尬地撞见赤条条的邻居了。在一些偏远的地区，小孩子是在桑拿室里出生的，因为只有那儿有足够的热水。按某些地方的风俗，桑拿室也是老人家离世的地方。顺便说一句，这些风俗我家可没有，我家的传统是全程躺在那里蒸。

芬兰人还有很多特殊的品性，跟世界上其他地方的人都不一样。举个例子，芬兰人大多比较沉默，你几乎找不到话痨子。他们只是聚在一起，但个个沉默寡言，不怎么聊天。这种习惯在我家也没有，我可以大方地称我们一家子为"异类"。

芬兰人凡事都能安之若素，因为他们有着坚定的决心，对困境能够默默忍受，才能熬得过俄国的统治，挺得过血腥的战争，受得了恶劣的天气吧。不过现如今，这种隐忍的性格似乎有点怪。德国作家贝托尔特·布莱希特在第二次世界大战期间曾在芬兰小住过一段时间，他在著作中对芬兰人的一段描述后来广为流传。那段话写的是火车站一家咖啡馆里的顾客："他们会说两种语言，却始终保持沉默。"后来他一得了机会，立马离开了芬兰，经由符拉迪沃斯托克去了美国。

即使是今天，你随便走进一个芬兰的酒吧，尤其是那些小城市的酒吧，很有可能还会看到几个面无表情的顾客，一脸茫然地盯着空气发呆。芬兰人重视并尊重个人隐私，个人隐私在芬兰可是件大事，所以很少有人会走到陌生人跟前搭讪。芬兰人还有一个地方让人摸不透，就是他们其实十分友善，但有机会发现这个优点的人不多。

芬兰人不乐意面对面交谈，所以我们这儿自然就成了移动手机的理想市场。我们对这种新鲜玩意儿有种特殊的依赖感，这股热情其他国家都无法匹敌。哪个国家人均拥有最多的驯鹿我不太清楚——不过仔细想想可能是挪威，但问到世界上哪个国家人均拥有的手机数量最多，包括男人、女人甚至孩子，不用猜，一定是芬兰。甚至有人说，芬兰人一出生就应该把手机"缝"在身上。

芬兰人的手机用途比其他地方的人多多了。我们习惯互相发短信交流，还有人用手机在中学的考试中作弊（把问题发给朋友，然后等着朋友发回答案）。我们还会使用手机里的计算器，几乎没几个美国人知道手机里有计算器呢。下一步，就该给坐在同一间咖啡厅里另一张桌子旁的孤独的人打电话，然后通过手机聊大了。先不说诺基亚的非凡成就，光是移动手机的出现就使芬兰发生了自桑拿诞生以来的最大变化，更何况天晓得桑拿是谁发明的。

手机在芬兰能大受欢迎，其实也是意料之中的，因为芬兰一直以来都能非常迅速地接纳新技术，而芬兰人对新技术也信心十足。举个例子，和世界上其他地方的人不同，芬兰人习惯用电子银行支付账单或处理其他银行业务,而美国人对这种"伪电子"科技就不屑一顾,很少有人用。芬兰人均拥有的互联网结点设备(比如主机、网桥、路由器等)比世界上其他国家都多。有人把芬兰人对科技的领悟力归功于其强大的教育体系——芬兰人的受教育率是全世界之最,上大学还不用缴学费,所以有些学生会在大学里待上六七年,像我就待了八年。一个人花大量的时间待在大学里,再怎么不济也能学到一点儿东西。也有人说,当年为了凑齐给俄国的战争赔款,芬兰搞起了航运工业基础建设,科技这才开始发展起来。

林纳斯谈童年——戴维的话

林纳斯和我坐在餐桌旁边。我们刚从一个赛车场兼击球练习场回来。朵芙正在收拾买回来的日用品,帕特里夏和丹妮拉正在争夺我带来的一本书。我把桌上的企鹅布娃娃和一大罐花生酱推到旁边,打开了录音器,请林纳斯谈一谈他的童年。

"其实吧,我不太记得我的童年了。"他淡淡地说。

"怎么可能呢?也就是没多少年前的事啊!"

"要不问朵芙吧。我最不会记事了,别人叫什么、长什么样,或者我做过什么,我都不记得。我连家里的电话号码都得问她。我会记得事物的规律和组织原理,但具体的事我记不住。我想不起来童年的生活细节了,不记得以前的事是怎么发生的,也不记得小时候的我都在想些什么了。"

"那么,比如说,你以前有没有好朋友?"

"有几个。我不擅长和别人交往。我现在这方面比以前好了很多很多。"

"那以前的生活是什么样的？比如说，你有没有印象某个星期天早上起床之后，跟妹妹和父母一起出去玩？"

"我父母很早就分开了。"

"他们分开的时候，你多大？"

"可能是六岁，或者十岁吧，我不记得了。"

"圣诞节呢？有没有哪个圣诞节让你印象深刻？"

"哦对了！我隐约记得，大家打扮得漂漂亮亮的，一起去图尔库我爷爷家里。复活节也是这样过的。除了这个，就不记得别的了。"

"要不说说你的第一台计算机？"

"那是一台当时很出名的 VIC-20，我外公买的。它被送来的时候装在一个盒子里。"

"多大的盒子？能装下一双雪地靴吗？"

"能，差不多就是那么大。"

"那你外公呢，你记不记得关于他的事情？"

"外公应该是和我最亲近的亲人了，不过我也不太记得……好吧，他有些发福，但是不胖，还有点谢顶。他不太合群，有几分像一个心不在焉的教授，其实他本来就是个心不在焉的教授。我以前常坐在他膝盖上，替他敲键盘写程序。"

"你还记不记得他身上的味道？"

"不记得。这是哪门子的问题啊？"

"每个人的外公都有一个味道嘛！像廉价的古龙水啦，波本威士忌啦，雪茄啦。他是什么味道？"

"这我就不知道了。我太专注在计算机上了，没注意到别的。"

第 2 章
一个操作系统的诞生

旧时的计算机

开过的车、干过的工作、住过的地方，或者是约会过的异性……有人用这些来追忆往昔，而我则以用过的计算机来划分过去。

小时候，我只用过三台计算机。前面提过的从外公那得到的康懋达 VIC-20，是最早的"家用"计算机之一，也是现在人们常说的 PC（个人计算机）的前身。后来，康懋达 64 接替了 VIC-20。紧随其后的是 Amiga，我记得当时这款计算机在欧洲特别受欢迎。不过，这三款机器从来没有像 PC，甚至是苹果 Ⅱ（Apple Ⅱ）那样真正地时兴起来。我还在玩那台 VIC 的时候，苹果 Ⅱ 就已经很流行了。

那些年，PC 还没普及，家用计算机的大多数程序是用汇编语言写的（真不敢相信，我已经开始用"那些年"这种话作为句子的开头了！）。在当时的各种计算机上，操作系统都是厂家自造的，就跟 PC 上有个 DOS 操作系统一样。计算机的种类不同，其操作系统也有着明显的差异，要么特别简单，要么功能稍微强大一些。就拿 DOS 来说吧，它只有一个程序加载器和一个基础语言环境。那时的计算机还没有什么技术标准，所以有不少公司扎堆抢占市场。康懋达公司在当时那些公司中算是相对有点名气的。

后来，我玩腻了 VIC-20，开始攒钱买新一代计算机。当时，这对我来说是一件大事。前面我说过，对于家人某个时候住过什么地方这种事，还有其他的很多事情，我都记不清了，但对得到第二台计算机的经过,我却记忆犹新。

我攒下了一些圣诞节和生日的红包(我的生日是12月28日,所以这两个日子就凑到了一起)。那年暑假,我还加入了赫尔辛基一些公园的清洁队,靠打工赚了点钱。赫尔辛基很多公园没有好好美化和保养,看上去就像杂草丛生的娱乐场所或茂密得过了头的绿地。我们的活儿就是把那些丛生的灌木锯掉,或是捡枯树枝——这活儿还挺有意思的,我一向就喜欢户外活动嘛。我还一度送过报纸——勉强算是送报吧,不过递送的不是报纸,而是广告宣传册。回头想想,我其实不那么喜欢打暑期工,不过当时我还是去干了。但总体来说,我攒下的钱更多还是来自学校的助学金。

在芬兰,人们给学校捐款不是什么新鲜事,甚至连公立小学都有人捐款,所以学生从小学四年级开始就有钱拿了。发钱的方式全看捐款人的意愿,他们想怎么发就怎么发。我记得我们学校当时有一笔捐款,是准备发给班里最讨人喜欢的同学的。那是六年级时的事,我们还真投票决定了究竟谁能得到这笔钱。我得补充一句,赢的人不是我。这笔赏金总共200马克,当时也就值40美元左右吧。不过对于一个六年级学生来说,仅仅因为讨人喜欢就能拿到这笔钱,简直是太赚了。

通常在某一门课或某项运动中拔尖的学生都能得到助学金。很多助学金由学校酌情发放,有的则是由政府拨款。有些时候,一些款项还会随着时间推移而逐渐缩水。我记得有一笔助学金只有差不多1便士。遇上这种情况,学校就会凑些钱补上去,让这些奖金多少显得不那么寒酸。当然,即便如此,这笔钱也多不了多少。这样做的目的,不外乎是把派发助学金的传统延续下去。芬兰的学校十分重视这种传统,这样做的确挺好的。

因此,我每年都能以"数学天才"的名义得到一笔助学金。到了高中,助学金的数目就更多了,最高能达到大约500美元。我买第二台计算机的钱大部分都是这么来的,因为仅凭每周那点零花钱肯定是不够的。为了这台计算机,我还向爸爸借了点钱。

那是在 1986 年或 1987 年,我大约十六七岁。那时,我早已不打篮球了。为了决定买哪一款计算机,我做了十分细致的调查。当时 PC 的质量都不太好,所以我不考虑买 PC。

最终,我挑了一台 Sinclair QL,你们估计都太年轻,不知道这款机器。Sinclair 计算机是家用计算机市场上 32 位计算机的始祖之一。在当时,Sinclair 公司的创始人克莱夫·辛克莱爵士就相当于英国版的斯蒂夫·沃兹尼亚克。他生产计算机配件,然后在美国挂着天美时的牌子出售。没错,就是那家做手表的公司。他们进口 Sinclair 计算机的零件,再打着自己的名号卖出去,早期只卖计算机零配件,后来就开始卖组装好的计算机了。

Sinclair 计算机有专门编写的操作系统,叫作 Q-DOS。我当时对这个系统简直烂熟于心。它有一种还算先进的 Basic 语言,图像处理能力也非常好。Q-DOS 最令我激动的是它的多任务处理能力:你可以同时在系统上运行多个程序。不过,Basic 部分就没有多任务处理能力,所以你不能同时运行多个 Basic 程序。但要是你自己动手用汇编语言写程序,就能让操作系统安排好时间表,分时运行,那样就可以同时处理多个程序了。

这台计算机有一块 8 MB 的 68008 芯片,那是摩托罗拉的第二代 68000 芯片,也是 68000 芯片的简化版。就其内部构造来说,第一代 68000 芯片是 32 位的,但它有一个 16 位的对外接口,用以连接除了 CPU 之外的设备(比如内存或外接式硬件)。因为它一次只能从内存上加载 16 位的数据,所以 16 位的操作通常比 32 位的操作快得多。这种架构非常受欢迎,现今的很多嵌入式设备和汽车还在使用。虽然现在用的芯片不同,但架构还是一模一样的。

我计算机里的 68008 芯片在和 CPU 之外的设备连接时用的则是 8 位接口，虽然每次它和外部设备的互动是 8 位的，但内部还是 32 位的，因此在编程时，使用起来非常不错。

它有 128 KB（可不是 MB 哦）的内存，这在当时对家用计算机来说已经是非常大的了，我那台被它取代的 VIC-20 只有 3.5 KB 的内存。而且它是一台 32 位的机器，所以可以毫不费力地一次性读取所有的内存，这在当时可是空前强大的，也是我选择这台计算机的主要原因。这项技术很有意思，而且我非常喜欢它的 CPU。

我的一个朋友认识一家商店的老板，我本想以折扣价在他店里买，但要很长时间才能到货。于是，我"长途跋涉"去了赫尔辛基最大的书店——学术书店。这家书店有一个计算机专柜，我就在那儿买了这台计算机。

买这台计算机花了将近两千美元。以前的行情就是这样的，入门级的计算机基本上都是两千美元左右。这种行情到了近几年才有所改变，现在只要花五百美元，你就可以买回一台新计算机。这就跟汽车一样，现在没有人肯生产一万美元以下的汽车了。怎么说呢，就是因为不值得嘛。不错，厂家当然也能够造出七千美元的汽车，但是汽车制造商会这样考虑：一个出得起七千美元买辆车的人，肯定也乐得多出三千美元来获得更高的配置，比如说附带空调系统。假如拿今天的入门级汽车和十五年前的作比较，它们的价格相差无几。但实际上，除去通货膨胀的因素外，今天的入门级汽车可能还更便宜一点儿，不过性能可就好得多了。

那个年代的计算机就是这样：它还并不是人人都会买的东西，所以你也只能忍痛被宰了。如果计算机的成本很低，却以很高的价格出售，那么他们也卖不出多少台。但事实上，它们的制造成本是很高的，所以低价卖的话就不划算了。另外，人们总是愿意多花两百美元去买一台性能更好的计算机。

近几年，计算机的生产成本降了不少，即使是低端的机器也做得相当不错。因此，那些愿意多花两百美元，以期买到稍微好一点儿的计算机的顾客也就流失了。既然已经不能用功能优势来吸引顾客，那就只有拼价格了。

我得承认，1987年那会儿，QL这款机型的一个卖点就是它看起来实在是太酷了。

它的整个机身是黑色哑光的，还配有一个黑色键盘。它棱角分明，不是那种徒有其表、有着浑圆边角的机器。在造型方面，它算得上是剑走偏锋。键盘大约有一英寸厚，因为它是和计算机机身连在一起的——那时候很多家用计算机都采用这种设计。键盘的右半部分，也就是在我们认为应该是小键盘的位置，却安置了当时具有革新意义的 Sinclair 微型驱动器（其实也就是两个只能在 Sinclair 计算机上使用的无限循环磁带）。它们的作用相当于现在的磁盘驱动器。由于它是个长长的循环回路，所以你可以不断旋转它，直到转到你需要的磁盘内容上去。事实证明这玩意儿并不好用，因为它不像磁盘驱动器那么可靠。

就这样，我花了两千美元买回了这台 Sinclair QL 计算机。大多数时间，我就是用它来不停地写程序。我总会找一些有趣的事情来做。我曾经有一个 Forth 语言的解释与编译器，纯粹就是拿来玩的。Forth 语言是一种很奇怪的语言，现在已经没有人用了。这种语言挺好玩的，占有一定的利基市场，在20世纪80年代曾被广泛地应用过，但对于非专业技术人员来说，它却很难捉摸，所以从来没有真正流行起来。不过说真的，这种语言其实没有什么用。

那时候，我自己会编写程序设计工具。在最开始为这台机器买的东西中，就有一个是带有 EEPROM 卡（电擦除可编程只读存储器）的扩展槽。EEPROM 卡是一种可以自己利用特殊模块来编写的内存，就算你关了机,卡中的内容也不会丢失。这样一来,我什么时候想要用到这些工具,都可以从 EEPROM 上直接调用,而不用再把它们写入 RAM(随机存取存储器)内存,占用那点儿珍贵的内存来编程了。

来瞧瞧我为什么会对操作系统感兴趣吧:我自己买了一个软盘控制器,所以不必非得用计算机自带的微型驱动器了,但这个软盘控制器上的驱动程序用起来太别扭,所以我只好自己写了一个。在写驱动程序的过程中,我又发现了这个操作系统的一些 bug——有些也不算是 bug 吧,只是我发现实际上它能干的事和说明书上的描述并不相符。之所以能发现这些问题,是因为我写的一些东西在计算机上不能运行。

我的代码一直都……嗯,很完美,所以一定不是代码的问题,而是别处出了错,于是我对这个操作系统进行了反汇编。

关于这个操作系统的书写得都不完整,但你不妨买来读一读,多少会有帮助。你还需要一个反汇编程序,也就是一个能把机器语言转换成汇编语言的工具。这一点非常重要,因为如果只有一个机器语言的版本,你要理解和执行它的指令就非常困难。比如说,如果一个指令跳转到了一个数字地址,而你要想搞清楚这个地址就麻烦多了。一个理想的反汇编程序则会自动给数字地址命名,而且也支持自定义命名。你还可以用它来标识你指定的指令序列。我自己就有一个反汇编程序,用它来建立目录相当不错。要是哪儿出了错,我就可以进入反汇编程序,从它给我标识的路径找到出错的目录。此外,我还能清楚地看到操作系统要干的任何事。有时候,我倒不是因为系统出了错才使用反汇编程序的,而是我想搞清楚某个程序究竟能做些什么。

Sinclair QL 让我反感的一个地方,就是它的操作系统是只读的,不能改写。虽然它确实有"钩子"机制——你可以在钩子机制下切入自己写的代码来接管一些功能,但钩子机制只在某些特定的地方才有。要是能完全替换掉整个操作系统,那就好了!所以说,把操作系统做在 ROM（只读存储器）内存上，真是个馊主意。

虽然我说过"芬兰对高新技术的包容度天下无敌"之类的话，但 Sinclair QL 在芬兰这个欧洲第七大市场里却没能站得住脚。因为 QL 的市场实在太小了，所以当你想为这台极具创新性的高端机器添置升级设备时，只能从英国邮购。而且，你还得翻一大堆产品目录，直到找到一个有你所要设备的商家，然后准备好邮付支票，再苦苦等上几个星期，它才能到货（那个时候亚马逊还未出现，也不能用信用卡支付）。当我想要把内存从 128 KB 扩展到 640 KB 时，也是除此之外，别无他法。我还买了个新的汇编程序，用来把汇编语言转换成机器语言（1 和 0 的组合）。另外，我又买了个编辑器，基本上它就是一个编程时使用的文字处理程序。

当时我买的汇编程序和编辑器都挺好用的，但它们只能存在计算机的微型驱动器上，无法放到 EEPROM 卡里，所以我自己又写了汇编程序和编辑器，以便在编程的时候用。那两个程序都是用汇编语言写的，按现在的标准来看，还真是挺愚蠢的，因为汇编语言既复杂又费时间。我敢说，解决同一个问题，用汇编语言要比用 C 语言多花一百倍的时间，而当时 C 语言已经问世。

我在计算机自带的解释程序上添加了一些命令，这样，我想要编辑点什么的时候，只要让自己的那个编辑器自动运行，它就直接出来了。我的编辑器比计算机自带的那个速度要快得多。编程的时候，屏幕上可以快速地呈现我敲出的字符，这点我很自豪。一般用这样的机器时，要填满一屏幕的字需要特别长的时间，这点从屏幕缓慢的滚动速度上就能看出来。因此我非常得意的是，如果用我的编辑器来写，书写的速度就会快得惊人，甚至连滚动的屏幕都模糊了起来。这件事对我来说非常重要。我的这个改良让这台机器用起来爽快多了，而且只有我知道，为了让机器这样高速运转，自己花费了多少心思。

当时，在我认识的人当中，没有多少像我这样沉迷计算机的。学校有一个计算机俱乐部，但我没有在那儿花多少时间。那个俱乐部只是给那些想了解计算机的孩子开的。我读的那个高中大概只有 250 个学生，我想他们当中也没有人和我一样，从十岁就开始接触计算机。

我玩这台 Sinclair QL 时最常做的事，就是克隆别人的游戏。以前我在 VIC-20 上喜欢玩的游戏，都被我在 Sinclair QL 上做了翻版，有时候我还会增强游戏的功能，不过大部分都没能做得比原版好：机器确实是比原先的高级，但游戏的玩法没能变得更好。

我当时最喜欢的游戏应该是《小行星》(*Asteroid*)，不过我始终没能很好地把它复制下来，因为那时候所有游乐中心的《小行星》游戏的素材图都是矢量图。那些图不是由一个个颗粒（也就是像素）组成的，而是采用 CRT（阴极射线管）的原理：电子枪从 CRT 管后面发射出电子束，然后利用磁力让电子束偏转，这样就可以显示出高清的图像了，而且图像也不会被轻易地复制下来。复制这个游戏并不难，但要把它写在一台没有这种高级图片显示能力的计算机上，那最终的效果和原版的《小行星》肯定是没得比的。

还记得我用汇编语言做过一个《吃豆人》(*Pac Man*) 的翻版。首先，我得记下《吃豆人》中所有的角色都长什么样子，然后再把它们画到一张 16×16 格的纸上，还得给它们上色。如果你有点艺术细胞的话，这活儿估计能干得不错，但你要是跟我一样是个艺术菜鸟，那你画出来的就不是"吃豆人"了，而是"吃豆人"那个没精打采的表弟。

没错，那确实不是一次成功的克隆，但我还是颇为自豪。那款翻版游戏是能玩的，我把它投稿给了一家发表计算机代码的杂志。因为那次之前我也卖过几个程序给一些杂志，所以我觉得这次他们发表这个程序也是理所当然的。

可惜不是。

这个程序有个问题，它是用汇编语言写的。也就是说，你从杂志上誊抄代码的时候，只要出了一丁点儿错误，整个程序就废了。

我自己也写过一些游戏程序。不过，创作游戏是需要花一番心思的。游戏的运行对硬件有很多要求，所以你得非常精通计算机的硬件。这倒不难，但我不懂得如何设计游戏。一款游戏之所以出色，通常不是因为玩起来有多流畅，也不是因为界面有多好看，而是在于它到底有什么吸引你去玩，有什么值得你继续玩。这就好比拍电影，特效做得好是一回事，但你终究得有个故事情节啊。而我写的游戏从来就没有什么故事情节。游戏还需要有发展、有主题，而我写的游戏最多就是越玩速度越快。我弄的那个翻版《吃豆人》就是这样的，有时是迷宫的路线有变化，有时是怪兽追赶你的速度变快。

我为什么会对《吃豆人》这个游戏感兴趣呢？原因之一就是这个游戏力图解决图像闪烁的问题。旧式计算机游戏一般都存在这个问题，除非有特殊的硬件支持，否则你的角色就会闪烁不定。在当时，要让角色到处移动，你得在旧位置把角色图像擦掉，再复制一份图像到新位置上。要是间隔时间把握得不好，玩家就会看到这两个动作之间的空白，也就是出现了闪烁。处理这个问题其实有很多种方法。你可以把角色的新图像先画好，然后再把旧图像擦掉，不过用这个方法得特别注意，千万别把旧图像过渡到新图像的那一部分也给擦掉了。这样处理，就不会再出现烦人的闪烁问题，虽然有时还能看到旧图像被擦掉前留下的阴影，但角色移动的效果已经很不错了。而且往好的方面想，这样做不仅去掉了闪烁，还创造出了动态模糊的效果。这个方案的问题就在于太费钱，而且还要花费大把时间。

游戏能一直引领技术的潮流，而且程序员最先写的程序通常也是游戏，这都是有原因的。其中一部分原因是：最聪明的程序员往往是那些躲在房间里玩的十五岁的孩子（十六年前我是这么认为的，现在我还是这样想的）。此外，还有一个原因：游戏总是能够促进硬件的发展。

看看今天的计算机，大多数用起来还是足够快的，能满足普通人的所有需求。但是要考验硬件的极限，就得靠动作游戏了，比如说时下一些很流行的 3D 游戏。一旦游戏玩到某个阶段，你发现屏幕上该有的没有、该快的不快，立马就能感觉到是计算机的某些硬件存在问题。从根本上说，在众多计算机程序中，游戏是少有的能办到这点的。处理文字的时候，慢上个一两秒你也许不会在意，但是在游戏里，即使是十分之一秒的延迟也会非常明显。以前的游戏很简单，可以说是一些单纯的程序，但看看现在的游戏，程序只占了一小部分。占游戏大头的还有配乐、故事主线之类的。要是把写游戏比作拍电影，那么编程充其量就是剧组的摄像而已。

这台 Sinclair QL 计算机我用了三年。它陪我从高中走到赫尔辛基大学，再从大学走到军队。它很不错，但我们终究还是要分开的。在最后一年里，我发现了它的一些短处。68008 确实是一块不错的 CPU，但我在杂志上看到了新一代的 68020——它支持内存管理和分页等各种功能。当你还在低端计算机上鼓捣旧东西的时候，新型计算机已经能很高效地做一些重要的事情了。

Sinclair QL 真正让我恼火的地方是，尽管操作系统能够进行多任务处理，但它还是会随时崩溃，因为它根本就没有内存保护机制。只要有一个任务干了一点儿不对头的事，整台机器就可能崩溃。

在设计和制作 Sinclair QL 之后，克莱夫·辛克莱爵士在计算机领域就没有新的尝试了。为什么呢？一个原因是这款计算机在商业上没有成功。它的技术很有意思，但是辛克莱研究公司在生产和质量保证上都有问题，产品的宣传上更是差劲。除此之外，计算机市场的竞争也日趋激烈。

到了 20 世纪 80 年代末，你已经完全可以想象得到，未来的某一天，任何人都可能拥有一台计算机，哪怕只是用来做文字处理工作。而种种迹象都表明，PC 有可能实现这一设想。没错，尽管 IBM 的第一批 PC 有各种各样的技术问题，但它们还是潮水般地铺满了商场的货架，卖得特别好。那些米黄色的"小家伙"遍地开花，让许多人认可了 IBM 这个品牌。这已经能说明一切了。PC 还有个吸引人的地方：其外围配件标准统一，而且很容易就能买到。

我读遍了所有关于新款 CPU 的文章，知道哪些 CPU 能满足我的需求。显然，那款 68020 虽然看起来挺不错，但其实没有什么发展潜力。我完全可以考虑给我的计算机换一块专用的升级版 CPU。在那个年代，换 CPU 基本上就相当于重新组装了机器。尽管更换 CPU 是可行的，但它的操作系统还是没有内存管理功能，所以我还得自己写一个内存管理的程序。我是这样考虑的："唉，这样做太费劲了，而且买一块新的 CPU 还特别贵啊！"

另外，给我的计算机买配件也越发困难。买 Sinclair QL 的配件很烦人，你不能像订购西尔斯百货公司的商品那样，只要通过它的商品目录选好商品，直接打个电话就能买到内存。"非得从英国订购不可"这种规矩已经落伍了。当时市面上还没有塑封软件卖，这点我倒不在乎，因为我完全可以自己写。

这件麻烦事倒有个好处。当时，我正打算处理掉这台机器，也决定把外围配件——一块硬盘（当时买硬盘是因为我对计算机自带的微型驱动器已经忍无可忍了）和一个 RAM 扩展内存一并卖了。但是需要这些东西的人寥寥无几，没什么人会上街买这些配件，所以我得在计算机杂志上登个广告，然后守株待兔，祈祷有人送上门。就这样，我认识了我的好朋友约科·维耶鲁迈基。他大概就是除了我之外整个芬兰唯一拥有 Sinclair QL 计算机的人吧。他回复了我的广告，从拉赫蒂搭火车过来，在我这儿买了些配件。后来，他还带我玩起了斯诺克。

上大学

大学的第一年，我住在位于彼得盖坦大街的一座老公寓楼的一楼。那台 Sinclair QL 计算机就搁在窗户旁的桌子上，不过我没有经常用它来编程。一部分原因是我想要专注学业，此外还有一个原因，那就是我没找到好项目可做。没有项目可做，我也就没有了编程的激情。这种时候就该尝试去找一些事情来做，让自己兴奋起来。

因此，我觉得这应该是我入伍的最佳时机了——反正早晚都得入伍。当时我十九岁，对我那台计算机的各种缺点特别恼火，正好手头也没有有趣的编程项目，于是我登上了去拉普兰的火车。

前面我已经提过，关于军队对人的体能要求，以及其他军旅生活，我几乎一无所知。所以当我扛着武器上完了十一个月的"体育课"之后，我觉得我余下几十年完全有资格平静快乐、一动不动地度过，以后我唯一的体力活就是敲键盘写代码，或者是抓着一瓶皮尔森啤酒享受生活，这样才公平。（说实话，离开军队整整十年后，我才第一次做了能称得上是运动的事。有 次，戴维硬拉着我去半月湾玩趴板冲浪。那么大的风浪差点没把我淹死，我的腿还为此酸痛了好几天。）

我在 1990 年 5 月 7 日退伍。虽然朵芙可能会告诉你，我连结婚周年纪念日也记不住。不过，我不可能忘记离开军队的日子。

离开军队后我想做的第一件事，就是弄一只猫来养。

就在我退伍的几个星期前，一个朋友的猫刚下了一窝崽儿。我买下了他的最后一只小猫咪,那是一只漂亮的白色公猫。它刚生下来的几个星期都养在室外,所以在我妈妈的公寓,室内室外都非常好养它。我给它取名"兰迪",这个名字源于《魔戒》里的白袍巫师米斯兰迪尔。它现在十一岁了,而且跟它的主人一样,已经完全适应了加州的生活方式。

不过,那个夏天我确实没好好干过什么正经事。大二的课程要到秋天才开始,我的计算机也一直不怎么正常。于是,我总穿着一件破旧的睡袍瞎晃悠,要不就逗逗兰迪,或者偶尔和朋友聚一聚,好让他们可以笑话我打保龄球和台球的技术。不过,我也花了一点儿时间,畅想了一下我下一台计算机的样子。

这时,作为一名极客,我陷入了一种困境。和任何一个随着68008芯片一起长大的计算机纯化论者一样,我特别看不惯PC。但是到了1986年386芯片出现之后,PC看起来……嗯……开始有了那么一点儿魅力。68020芯片能干的活儿,它全都能胜任。而且到了1990年,随着生产规模的扩大和便宜机器的出现,PC的价格大幅度下跌。我当时特别在乎价格,因为手头实在没有多少钱。所以,先不管别的了,这就是我现在想要的计算机。正因为PC的市场很旺,所以它的升级设备和外接配件都很容易弄到手。尤其在换硬件的时候,我想要的是标准设备,而这一点Sinclair计算机做不到。

我决定不再瞻前顾后,直接跨出一大步,而且换个新的CPU来用应该也挺好玩。于是,我开始把Sinclair QL的零件拆下来卖掉。

每个人都会遇到一本改变自己一生的书。比如说《圣经》《资本论》《相约星期二》《在幼儿园学会需要知道的一切》,诸如此类(如果你们读了本书的引言和我写在序言"生活的意义(一)"里的理论,我诚挚期望,你们会认为本书也有同样的功效)。而改变了我的一生的书,则是安德鲁·塔嫩鲍姆所著的《操作系统:设计与实现》,它让我脱胎换骨，达到了一个全新的高度。

那时候，我选好了秋季学期的课程，其中最令我期待的一门课就是"C语言与Unix"。在暑假等开课的时候，我就买了上头提到的那本教科书，迫不及待地开始读，希望能在开课之前打好基础。在这本书里，阿姆斯特丹自由大学的教授塔嫩鲍姆讨论了他为Unix操作系统编写的教学辅助工具——Minix操作系统。Minix同时也是一个小型的翻版Unix系统。读完了Minix的介绍，了解了Unix系统的理念，知道了这个强大、简洁、漂亮的操作系统能干什么之后，我很快就决定弄一台计算机来玩Unix系统。弄到计算机之后，我会把这个Minix系统放上去跑，这是我能找到的唯一一个相对有用的Unix系统版本了。

通过读这本书，我逐渐了解了Unix系统，对Unix系统的热情也就越来越高。坦白说，我对Unix的热情从来没有淡过。我希望你们也能对某些事情说出同样的话。

从Unix开始

1990年秋季学期开学的时候，赫尔辛基大学拥有了它的第一个Unix操作系统。20世纪60年代后期，这个强大的操作系统诞生于美国电话电报公司（后文简称为AT&T公司）的贝尔实验室，随后在其他地方逐渐发展起来。我上大学的第一年，我们用的是一台VAX计算机，跑的是VMS系统。VMS是个糟糕透顶的操作系统。你要是用过这个系统，肯定说不出"真棒，我想在家也装上这个系统"之类的话。它只会让你一直抱怨："这玩意到底怎么用啊？"这个系统用起来特别麻烦，也没有多少工具。它连起网来也特别困难，因为互联网是在 Unix 系统上运行的。你甚至没法轻易地在 VMS 系统上查看一个文件的大小。不过，VMS 系统非常适合某些操作，比如操作数据库，这一点倒毋庸置疑。但总而言之，它不是那种能让你拍案叫绝的操作系统。

于是学校意识到，是时候淘汰 VAX 和 VMS 这样的旧东西了。当时，学术界对 Unix 系统已经越来越感兴趣了，所以学校就买了一台跑 Ultrix 系统的 MicroVAX 计算机。Ultrix 系统是 DEC 公司（美国数字设备公司）发布的 Unix 系统版本。这算是学校初次试水 Unix 操作系统吧。

那年暑假，我已经等不及想把从塔嫩鲍姆的那本书上学到的知识用在 Unix 上做试验了。对此我非常兴奋，当然我得先把那台 386 计算机弄到手才行。但是我没有办法一次凑齐 18 000 马克去买它。我知道，等到秋季学期开学，我就能用 Sinclair QL 接入学校的 Unix 系统了。等我凑够钱买一台 PC，才能在自己的计算机上运行 Unix 系统。

于是，整个暑假我就做了两件事。第一，把 719 页的《操作系统：设计与实现》读了很多遍；第二，除了第一件事以外，什么都没做。可以这样说，那本红色软封皮的教科书"住"到了我的床上。

赫尔辛基大学给他们的那台 MicroVAX 计算机配了 16 个授权用户。也就是说，"C 语言与 Unix"这门课只能招 32 个学生——我想他们是这样考虑的，白天给 16 个学生使用，晚上给另外 16 个使用。老师跟我们一样，对 Unix 也不熟悉。他一开始就很坦率地告诉了我们这一点，所以这也不是什么大问题。不过，他自己只会提前预习下一章，而我们有时会提前读后面三个章节。于是上课就变成了师生比赛，学生们向老师提一些三章后才会学到的问题，看能不能把老师问倒，看他是不是已经读到了那里。

在 Unix 的世界里，我们都是新手，这门课程也是一边学习一边完善的。但是，从这门课程中可以看到 Unix 系统的背后有一套独特的理念。你在初学 Unix 时就能领会到这一点，后面的课时都是对这个理念的详细解释。

Unix 系统的独特之处，在于它所追求的一整套基本理念。这个操作系统简洁又漂亮，它有"进程"的概念，做任何事情都有一个进程。举个简单的例子吧。shell 命令是一个可以访问操作系统的命令，在 Unix 系统里，它不像在 DOS 系统里那样是被嵌入到操作系统中的。它只是一个任务，和其他的任务没什么两样。这个任务就是读你的键盘动作，然后回写到显示器上。在 Unix 系统里，任何事情是进程使其发生的。此外，就是文件的概念了。

正是这个简单的设计激起了我和大多数人对 Unix 系统的兴趣（好吧，不是大多数人，至少我们这些极客被吸引住了）。你在 Unix 系统上做的几乎所有事情是由六个基本操作完成的（这六个操作叫作"系统调用"，因为这些操作就是你对操作系统的调用，从而令操作系统为你完成任务）。通过这六个基本的系统调用，你几乎可以在 Unix 上完成所有事情。

Unix 系统有一个创建子进程（fork）的概念，这也是 Unix 系统的一个基本操作。当一个进程调用 fork 指令时，它就把自己给复制下来了。这样，你就有了两个一样的进程，新建的子进程一般用来执行（exec）另一个进程——用一个新的程序替换掉它自己。这就是 Unix 系统的第二个基本操作。接着，就是另外的四个系统调用——打开（open）、关闭（close）、读取（read）、写入（write），它们都是用来访问文件的。这六个系统调用组成了 Unix 的基本操作，从而构成了 Unix 系统。

当然，要是往细了说，还得有数不清的系统调用才能完成各种任务。不过，只要你能明白这六个基本的系统调用，你就能掌握 Unix 系统。Unix 系统的美妙之处就在于，就算你要创建复杂的任务，也不需要特别复杂的接口。只要通过一些简单进程之间的交互，就可以创建任何复杂的任务。你要做的，就是在简单的进程之间，创建它们的交流渠道——在 Unix 语言里面这叫作"管道"（pipe），这样就能解决创建复杂任务的问题了。

在一个讨人厌的系统里，你想做任何事情，都需要一些特殊的接口。而 Unix 系统恰恰相反，它直接把搭建用的模块给你，这些模块足以用来执行任何任务。这就是所谓的"简洁"设计。

语言也是一样的道理。英语有二十六个字母，你可以用它们组成任何单词。汉语也是一个例子，每一件你想得出来的东西，汉语中都能有一个字来表达它[①]。汉语一开始用的就是一个复杂的形态，你得用有限的方式把各种复杂的形态给组合起来。这个说起来更像是 VMS 系统的原理，每一个复杂模块的内涵都很有意思，但不能用在其他地方。Windows 的思路大致也是这样的。

另外，Unix 系统还有一个"小即是美"的理念。它有一小套简单的模块，可以组合成无限复杂的表述。物理也是同样的道理。人们通过实验可以找到一些基本的规律，而这些规律本身都是相当简单的。其实，物理的复杂性来自于简单规律之间各种令人难以置信的相互作用。

Unix 系统的简洁并不是天生就有的。要知道，这个有着模块概念的操作系统，可是 AT&T 贝尔实验室的丹尼斯·里奇和肯·汤普森花了大气力辛辛苦苦写出来的！你也千万别把简洁和简单混为一谈。简洁需要良好的设计和卓然的品位，要做到简洁可一点儿都不简单。

再回头来说说人类语言。诸如汉字之类的象形文字，总是先诞生出来，而后再越来越"简化"。不过，要产生具有模块概念的一类东西，还需要更抽象的思维。同样，你也不能将 Unix 的简洁混淆为不够精密，事实恰恰相反。

[①] 此处关于汉语的表述不严谨，汉语中存在"琵琶""乒乓"等双音节语素（语素即语言中最小的音义结合体）。——编者注

Unix 系统的设计初衷并不是很复杂。和计算机上很多其他的东西一样，它的起步也和游戏有关。一开始，有人想在 PDP-11 计算机上玩游戏——其实就是丹尼斯和肯想要玩《太空大战》(*Spacewar!*)[①]，于是 Unix 系统就被开发出来了。这个操作系统不是正式的项目，AT&T 公司也就没有把它看作一个商机。事实上，AT&T 公司是一家受到一定程度管制的垄断企业，它不能销售计算机。因此，Unix 系统的创始人把操作系统连带着源代码许可证书都免费公布了出去，尤其给了很多大学。他们自己也没当回事。

出乎意料的是，Unix 系统在学术界摇身一变，成了一个大项目。到了 1984 年，AT&T 公司被分拆了，它终于获得许可，能够经营计算机业务了。而这个时候，各大学里的计算机专家，尤其是加州大学伯克利分校的计算机专家，他们在比尔·乔伊和马歇尔·柯克·麦库西克等人的指导下，已经研究和改进 Unix 系统好几年了，只是并没有多少研究过程或成果被记录下来，因为人们并不一定会在这种琐事上下功夫。

但是，到了 20 世纪 90 年代初，Unix 系统已经成了所有超级计算机和服务器的首选操作系统了。它已经是个大买卖了。不过还是有问题：当时 Unix 操作系统存在大量的竞争版本，而且这种问题直至今天仍然存在。其中一些衍生自 AT&T 公司严格控制代码基的版本（也就是所谓的"V 系统"），也有一些是从伯克利大学的 BSD 版本衍生来的，另外还有一些以上两种版本的结合体。

有一个 BSD 的衍生版本值得一提，那就是比尔·乔利兹在 BSD 代

[①] 此说法有待考证。另一说法是贝尔实验室退出 Multics 操作系统项目后，肯·汤普森为了继续玩自己给 Multics 写的游戏《太空旅行》(*Space Travel*)，才找上丹尼斯·里奇共同开发出了 Unix。另外，他们最开始使用的设备是 PDP-7 计算机，后来才将 Unix 移植到 PDP-11 上。——编者注

码基的基础上开发的 386BSD 项目。它被发布到了互联网上,后来又派生出了几种风格各异且免费开放的 BSD——NetBSD、FreeBSD 和 OpenBSD,在 Unix 圈内引起了极大的关注。

于是乎,AT&T 公司突然回过味来,告了加州大学伯克利分校一状。原代码的确一直都是属于 AT&T 公司的,只是大部分的后续开发是在加州大学伯克利分校完成的。加州大学的董事们声称他们有权发布他们的 Unix 版本,或是以象征性的价格销售出去。他们还证明自己做了大量的后期开发工作,基本上已经相当于重写了 AT&T 公司所提供的代码。后来,诺勒(Novell)公司买下了 AT&T 公司的 Unix 系统,这场官司就此了结。于是,Unix 系统的一部分不得不从 AT&T 分离出去。

与此同时,一个新系统的诞生正好遇上了这场争端,从而赢得了时间让自己成长并发展起来。可以这么说,这场官司正好让 Linux 系统赶上了抢占市场的好时机。不过,这就有点跑题了。

既然已经跑题了,那我不妨再展开说一说。Unix 系统就是出了名地能吸引那些边缘计算机迷。这个不用争论了,事实就是这样。

其实,Unix 圈确实有一帮"疯子"。但这种"疯"并非热衷集邮的那种疯,也不是想毒死邻居家的狗的那种疯。这种"疯",只是一种非常另类的生活方式。

别忘了,Unix 的早期发展大多发生在 20 世纪 60 年代末与 70 年代初,那时我还睡在我祖父母公寓的洗衣篮里。那帮人就是一群嬉皮士,只不过是技术嬉皮士。"Unix 免费共享"(Unix-must-be-free)这个理念,其实主要还是和时代环境有关,并不是操作系统本身的特质所在。那是个理想主义盛行的时代,到处都是改革、打破权威、自由之爱(真可惜我错过了自由之爱,不过就算赶上了也不知道该怎么个自由法)。于是,Unix 系统相对的开放性(尽管当时是因为商业利益不大才开放的)让这群人特别着迷。

我第一次接触到 Unix 系统开放的一面，大概是在 1991 年，当时拉尔斯·维尔塞纽斯拉着我去赫尔辛基理工大学参加一个活动。赫尔辛基理工大学其实不在赫尔辛基，而是在赫尔辛基毗邻的埃斯波。他们起这个名字，就是想和大城市扯上关系，哪怕只是个名字。那场活动的主讲人是理查德·斯托尔曼。

理查德·斯托尔曼算得上是自由软件的缔造者了。早在 1984 年，他就已经着手研究一个可以替代 Unix 的系统。他把这个系统叫作 GNU。GNU 是"GNU 系统不是 Unix 系统"（GNU is Not Unix）的首字母缩写。这是一个递归式的首字母缩写词，即缩写词也出现在全称里。这种循环首字母缩写的冷笑话只有在计算机圈子才有市场，一般人不觉得好笑。极客们总是能生产出这样的笑料。

更重要的是，理查德·斯托尔曼还写了《自由软件联盟宣言》和自由软件授权证书 GPL（通用公共许可证）。他倡导开放源代码的概念，完全是有意为之。这点和 Unix 系统不同，当年 Unix 的开源只是出于偶然。

我得承认，我并不熟悉社会政治问题，但理查德·斯托尔曼却非常重视这些问题。我对他创立的自由软件基金会及该基金会的主张也不是特别了解。说实话，我不太记得 1991 年他那场演讲的内容了，这也说明那场演讲没有对我产生多大的影响。当时我只对技术感兴趣，政治就免了吧，家庭政治已经够我受的了。不过拉尔斯是个理论家，于是我也就跟着他去听了听。

在理查德身上，我平生第一次看到了典型的蓄着长发、胡子拉碴的黑客形象。当时，这样的人在赫尔辛基并不多见。

虽然我未能透彻理解那场演讲的内容，但多少还是从中受了一些启发。毕竟在后来，我给 Linux 系统采用的也是 GPL 许可证。瞧，我又一次说跑题了。

第一台 386 和终端仿真

1991 年 1 月 2 日，是圣诞假期过后的第一个工作日，商店开门营业。刚过完的圣诞节和我的二十一岁生日，是我得钱最多的两个日子。

我手里抓着圣诞节和生日时拿到的红包，算了一笔账，做了一个非常重要的决定：买一台价格为 18 000 马克（当时差不多 3500 美元）的计算机。但我手头没有那么多钱，于是我打算先付三分之一，剩下的赊账慢慢付。那台计算机我实际支付 15 000 马克，赊的那部分费用在三年之内还清。

我去的是一家小店，就是那种夫妻店，但这家店只有丈夫在经营。我不在乎计算机的品牌，所以就随便挑了一台白色的杂牌计算机。老板递来一张价格表，上面列了可兼容的 CPU 种类、内存大小和硬盘大小。我想要最好的配置：我要 4 MB 的内存，不要 2 MB 的；我要 33 MHz 的 CPU，虽然 16 MHz 的 CPU 买下来也能凑合着用，但我偏不，我就是想要高配。

那时候，你只要告诉店家你要的配件，店家就会给你组装好。放到现在这种互联网与快递十分发达的时代来看，这种交易方式还挺古朴的。店家说三天后就可以来拿，但对于我来说，那三天过得像一个星期那么长。1 月 5 日，我让爸爸开车帮我一起把这个大家伙运了回来。

这台计算机不仅是杂牌，而且一点儿特色都没有。基本上它就是一块灰色的大砖头，所以你应该明白我买它不是因为它看上去有多酷。它有一个 14 英寸的屏幕，长得非常无趣，是我见过的最便宜但也是最剽悍的机器了。顺便说一下，我说它"剽悍"，指的是很少有人像我这样，拥有这样一台强大的机器。它的样子虽然难看，却很实用——我其实不想把它描述成这样的，听起来像是在说沃尔沃旅行车。事实上，我就是想要一台靠得住的机器，而且能够轻松买到必要的升级设备，这就够了。

这台计算机附带了一个简化版的 DOS 系统。我想在这台计算机上跑 Minix 版本的 Unix 系统，所以就订购了一套，结果它居然花了一个多月时间才运到芬兰。哦，当然，我也可以在计算机商店里买一本关于 Minix 系统的书，不过，这个操作系统基本没有什么人用，所以还得先到书店去预订。Minix 系统的价格是含税 169 美元，还要算上汇率，再加上别的费用。当时我就觉得，这简直是在抢钱。老实说，我现在还是这样觉得。那漫长的一个月，我非常沮丧地等着收货，好像过了有六年那么长。即使是在等着买 PC 的那几个月里，我都没有这样沮丧过。

当时正是严冬。每次离开卧室出门，都要冒着极大的风险——弄不好你就会被路边步履蹒跚的老太太给撞到雪地里面去。这些老太太其实应该老老实实待在家里，给家人煮煮卷心菜汤，或者边织毛衣边看电视上的冰球比赛什么的，而不是在曼海姆大街上跌跌撞撞地走着。冬天的这一个月，我基本上都泡在新计算机上了，玩了整整一个月的《波斯王子》。不玩游戏的时候，我就看一些能帮我了解新计算机的书。

终于在一个星期五的下午，Minix 系统到了。当天晚上我就把它给装上了。要安装这个系统，前前后后得用 16 张软盘。我花了整个周末来熟悉这个新系统。最后，我了解了这个系统的优点，更重要的是，我也知道了它的缺点。为了弥补系统的不足，我从学校的计算机上下载了一些我用惯了的程序。总共花了一个月的时间，我才把这个操作系统打造成我的专属系统。

Minix系统的作者是阿姆斯特丹的安德鲁·塔嫩鲍姆教授，他最初是把这个操作系统当作一个教学辅助工具来开发的，所以刻意限制了某些功能。当时网上有一些Minix系统的补丁（也就是一些改进包），比较出名的一块补丁出自澳大利亚黑客布鲁斯·埃文斯之手，他就是Minix 386的缔造者。他给Minix系统打了补丁，使Minix在386计算机上更好用。在买这台计算机之前，我早已在网络上关注Minix新闻组了，所以从一开始，我就下定决心要给新计算机装上这个加强版Minix系统。不过由于授权许可的关系，我得先买一个正版Minix系统，再做大量的工作，才能把埃文斯的补丁打上去。这的确是一个十分浩大的工程。

Minix系统有很多地方让我失望。我最不满意的就是它的终端仿真程序。终端仿真对我来说非常重要，因为我先前就是用这个程序和学校的计算机进行通信的。每次想要接通学校的计算机，用强大的Unix系统工作或者只是上上网，我都要依赖这个终端仿真程序，用我的计算机去访问学校的计算机。

于是我启动了一个项目：编写自己的终端仿真程序。我不想在Minix系统下写这个程序，而是想在裸硬件上写。这个项目也是一个好机会，我可以趁机了解386计算机的硬件工作原理。我前面说过，当时正值赫尔辛基的严冬，而我正好又有一台剽悍的计算机。项目的关键在于搞懂这台计算机的性能并好好利用它。

我打算在裸机上编程，所以我得从BIOS系统入手，这是计算机在启动的时候先读入的ROM代码。它既能读软盘，也能读硬盘。在这个项目中，我是用软盘来运行这个程序的。BIOS系统会读取软盘的第一个扇区，然后开始运行上面的代码。这是我的第一台PC，所以我得先搞清楚整个过程。计算机一般是在"实模式"下启动的，但是为了更好地利用整个CPU并进入32位模式，最好让计算机在"保护模式"

下启动。要实现这个目的，就得做大量复杂的配置。

要想在裸机上写一个终端仿真程序，就得先知道 CPU 的工作原理。说实话，我用汇编语言写程序，一部分的原因就是为了了解 CPU。此外，我还需要了解如何写入屏幕，如何读取键盘的输入，以及如何读写调制解调器（Modem），等等（希望非极客读者不会被我的描述吓跑。你们没有直接跳到下一章去，能一路读到这里实在是不容易啊！）。

我打算实现两条独立的线程：用一条线程读取调制解调器的数据，然后将其显示到屏幕上；用另一条线程读取键盘数据，然后将其写入调制解调器。这样就存在两条双向的管道。这种进程叫作任务转换，而 386 计算机的硬件正好支持这种进程。我觉得这是个很不错的主意。

我最先写的测试程序，是使用一条线程把字母 A 写到屏幕上，再用另一条线程来写字母 B（我承认这个程序听起来不怎么样）。通过编程，我让该操作在一秒钟内多次执行，并用定时器来中止程序运行。于是，程序就这样跑起来：屏幕上先是显示着一长串的字母 A，然后突然之间就变成了一长串字母 B。从实用性上来看，这个程序的确没什么用。不过，要看我的任务转换是不是可行，这是个好办法。我边做边学，做到这一步大概花了一个月的时间。

最后，我更改了这两条线程，让它们一条读调制解调器然后显示到屏幕上，另一条读键盘然后写入到调制解调器上。就这样，我写出了自己的终端仿真程序。

我想看新闻时，就在计算机上插入这个软盘，然后重新启动计算机。这样我就能通过这个程序连接上学校的计算机看新闻了。要是我想要改进这个终端仿真程序包，我就会在计算机启动的时候进入 Minix 系统，然后用它来编程。

我感到特别自豪。

对于我的这个壮举，妹妹萨拉倒是知道，不过当我把终端仿真程序演示给她看时，她在显示器的屏幕上看到一长串字母 A 和一长串字母 B，看了大概五秒钟，然后说了一句"挺好的"就转身走了。显然，她不觉得这有什么大不了的。我意识到这确实不算什么壮举。只不过，有些东西表面上看起来可能没什么，但背后却包含了大量繁杂的工作。这就好像你把一段刚铺好的柏油公路指给别人看，指望这样就能让他明白你耗费了多少人力物力，这根本不可能。能看得出我那个程序背后的艰辛的，大概就只有拉尔斯一个人了。那家伙和我一样讲瑞典语，还和我同一年主修了计算机专业。

当时是三月份，或者四月份吧。不知道彼得盖坦大街上的积雪是不是都化成雪泥了——我不知道，也不在乎。那段时间，我大多穿着睡袍，和我那台不招人喜爱的计算机缠绵不已。窗户上那块厚实的黑窗帘遮得严严实实，把我和阳光隔离开来（外面的世界就更不必说了）。每个月我都得想方设法为这部新计算机还款，这笔欠款得在三年内付清。当时我还不知道，再过一年这笔欠款就可以不用再付了。因为一年之后，我已经开发出了 Linux 系统，到时候我的观众就不只是萨拉和拉尔斯了。一年之后，我在全美达公司的同事彼得·安文，为了帮我付清计算机的钱，在网上发起了募捐活动。

人人都知道，我并不指望通过 Linux 系统赚钱。于是他们有了主意：要不咱们凑点钱，帮林纳斯把计算机的钱还清吧！

这种感觉好极了。

我当时真的是穷得叮当响。我一向认为，做人非常重要的一点，就是不应该跟别人开口要钱。但是当时我没开口，他们就这样把钱给我了……我真的是感激涕零。

我的测试程序变成了一个终端仿真程序包，Linux 操作系统也就由此发端。

小书呆子是如何长成林纳斯的
——戴维的话

《红鲱鱼》(Red Herring)杂志派我去芬兰的奥卢市做采访和报道。奥卢市是一个新兴的高科技中心,虽然十分偏僻,距离北极圈也就几小时车程,但那里却有141家创业公司。我觉得此行实属难得,正好可以借此机会到赫尔辛基拜访林纳斯的父母和他的妹妹萨拉。

林纳斯的父亲叫尼尔斯,大家都管他叫尼奇。在赫尔辛基火车站广场对面的苏可酒店的大堂,他和我见了面。老人衣着整洁,戴着厚厚的眼镜,蓄一副列宁式的胡子。他刚结束芬兰广播公司给他安排在莫斯科的一份历时四年的工作,正在撰写一本关于俄罗斯的书。此外,他正在犹豫是否要接受一份来自美国华盛顿的工作邀请,他觉得华盛顿那地方没什么意思。就在几个月前,他获得了芬兰有名的国家新闻奖,他的前妻安娜后来说这份嘉奖"使他性情温和了许多"。

黄昏时,他驾驶自己的沃尔沃V40轿车载着我去林纳斯长大的地方兜了一圈。那个地方在这个季节一片白雪皑皑。他指着窗外一栋结实的楼房告诉我,那是他们父子曾经就读的小学。我们路过林纳斯祖父的公寓,林纳斯出生后的头三个月就是在那儿度过的。接着我们又来到后来他们家住的那个能看到公园的房子,他们全家在这儿住了七年。林纳斯五岁那年,尼奇曾跑到莫斯科游学。他指着一栋外墙泛黄的公寓大楼告诉我说,他们夫妻俩离婚后,林纳斯和妹妹就住在这儿。公寓楼下有一间录像带商店,林纳斯小的时候那儿还是一家电子用品商店。最后,我们路过了最重要的一栋公寓楼,有五层高,林纳斯的外公外婆就居住在那里,而且林纳斯就在此出生。林纳斯的母亲安娜现在仍住在那儿。那里看起来繁华得就像是圣诞节前夕的曼哈顿上东区。

尼奇风趣、聪明，善于自嘲，他的许多手势、动作和儿子如出一辙。比如说，他说话的时候喜欢用一只手托着下巴，他们咧着嘴笑的时候看上去也非常相像。尼奇和儿子不同的是，他终生热衷体育运动。他在篮球队里打球，一天跑八公里，每天一大早就在结冰的河里冬泳，虽然已经五十五岁，但走起路来精神抖擞，看上去感觉还不到四十岁。他和林纳斯还有一点很不同：他的生活似乎比较讲究，也比他儿子更浪漫。

我们在赫尔辛基市中心一家拥挤的餐厅里吃晚饭。尼奇谈起林纳斯在成长中曾面临的种种困难，而那些都源于尼奇经常在公共场合演讲，还曾经当过一个小公务员。尼奇说林纳斯因为父亲的政治观点，小时候常常被同学们嘲笑，有些父母甚至不让他们的孩子和林纳斯一起玩。尼奇还说，因为常常被嘲笑，所以虽然林纳斯在左翼政治思想的包围下长大，他却一直想要与这些东西划清界限。"他不愿听我谈论我的观点，我一开口他就会离开房间，或者总是用相反的观点和我辩论。我知道因为我，他在学校里总是被人嘲笑。他这些举动是在告诉我'别拖我蹚这浑水'。"

晚饭后，尼奇把我带到他家里，说是我们可以去他家厨房喝啤酒。他家在中心商业区的北边，那里的建筑是 20 世纪 20 年代为工人阶层建造的。我们爬上楼梯进了他的公寓，在门口脱了鞋。他的房子让人联想到 20 世纪 60 年代末兴起的反主流文化：手工编织的灯罩，第三世界的壁挂，还放着盆栽。我们坐在厨房餐桌边上，尼奇一边倒啤酒，一边给我谈做父亲的感受。"做父母的不应该觉得是他们塑造了子女。"他一边说着，一边拿起手机给他的同居女友打电话。他说，林纳斯现在才开始阅读自己这么多年来一直唠叨着要他读的历史书。不过，林纳斯大概永远都不会去读他爷爷写的诗。

我问尼奇是否曾经对计算机编程感兴趣，或者是否曾让林纳斯教他一些基本的计算机操作。他说从来没有。他解释说，父亲和儿子是独立的个体，所以他若是去深入探究林纳斯的兴趣，就等于是"侵犯他的灵魂"。作为一位名人的父亲，尼奇看起来没有任何不适应感。在他获得国家新闻奖后不久，一家报社刊出了他的小传，文中引用他的原话说，即使是在他去学校操场接林纳斯放学的那些日子，别的孩子也会指着他说："快看，那就是林纳斯的爸爸！"

萨拉·托瓦兹坐火车从家中赶来。她住在赫尔辛基西边的一个小城市里，那个城市的路标都是瑞典语在上，芬兰语在下。那里房价低一些，她能买得起一个带爪脚浴缸和桑拿浴室的公寓，并且让她满意的是，那个城市的人在大街上讲的是瑞典语，而非芬兰语。正如她所说的，她是少数中的少数：在年轻的时候，她就皈依了天主教，把自己划到仅占芬兰国民人口百分之十的非路德会成员之中。这导致她那位崇尚不可知论的父亲好几个星期不愿意认这个女儿。

今天她到赫尔辛基来是为了一个政府资助项目，给孩子们讲授"教理问答"课程。她很开朗，精神奕奕，虽然已经二十九岁，却像一个时刻都铆足精神的高中生，热心而忙碌。从她那白皙的皮肤和圆圆的脸蛋上，可以看出她和林纳斯有几分相像。但是和哥哥相比，她显然更善于与人交往。她不停地按手机上的按键，给当天晚些时间要见面的朋友发短信，然后又不停地查看消息。她的翻译业务也做得相当成功。

中午，萨拉带我去见她母亲，计划一起吃个午饭。路上她不时停下来指给我看她小时候待过的地方，比如猫咪公园和小学。她告诉我："由于父母的影响，我和林纳斯都认为苏联是个好地方。我们去过莫斯科，我记得最清楚的就是那里的一家超大的玩具商店，比赫尔辛基的任何商店都要大。"父母离婚时，她只有六岁。"我记得他们告诉我和哥哥，爸爸要搬出去住，再也不回来了。我当时觉得，那也不错，他们以后就不会再吵吵闹闹的了。其实爸爸先前就曾被派到莫斯科长驻工作，所以他不在身边，我们也没有什么不适应的。"萨拉十岁的时候，她选择搬去和父亲住在一起，不再和妈妈、林纳斯住在一起。那时，她父亲已经搬到了邻近的埃斯波城。"我不是不想和妈妈一起住，我只是不想和林纳斯一起住。我搬走之后，除了周末，我们就不用吵架了，否则我们总是吵个不停。后来慢慢长大，也就渐渐不吵架了。"

我们来到她妈妈那间位于一楼的公寓，安娜·托瓦兹见到我们时非常激动。大家平时叫她米奇。她劝我不用理会芬兰的风俗，进门时不用脱鞋："进来吧，我这地方本来就一塌糊涂，你换不换鞋都没关系。"她个子小巧，头发乌黑，思维十分敏捷。我们到了没多久，家里的电话就响了。电话是一位房地产经纪人打来的，她想带我去看和米奇家毗连的一间空置公寓，这样我回美国以后就可以给林纳斯描述一下这间公寓的情况，顺带把房子的相关材料带给他看看，因为林纳斯打算买下这间公寓，作为他在赫尔辛基的临时住所。于是，我们就去了那栋面积颇大的公寓楼。那个房地产经纪人的形象像极了安妮特·贝宁在电影《美国丽人》中扮演的卡萝琳·伯纳姆。在看房子之前，她让我们在鞋子外面套上蓝色的布鞋套。我们看了一会儿后，她用一种讨人厌的愉快语气跟我们介绍，大致说的是："瞧瞧这间房子，那些你不想给太阳晒坏的古董，搁这儿最合适了。"米奇狡黠地瞄了我一眼，对她嘲讽道："噢，您可真会说话，就是说这房子压根儿照不着太阳呗。"

后来，我们回到她家，待在厨房里。米奇坐在长方形的餐桌旁，桌上铺着一张色彩鲜艳的桌布，她把咖啡倒进一个大大的杯子里。和她前夫的公寓一样，她的公寓里到处都是书和工艺品。窗帘是黑白相间的玛丽马克牌窗帘。这间公寓原本有一个厨房和三个卧室，孩子们搬出去以后，米奇就住进了萨拉以前住的那个大房间。后来，她把林纳斯的房间和她旧房间的间隔墙给拆了，腾出一个宽敞的带厨房的客厅。她指着一个空角落对我说："那就是林纳斯以前放计算机的地方，我是不是该在那儿放块牌匾什么的？你说呢？"她烟瘾极大，一根接一根的，讲起话来滔滔不绝，英语说得非常地道，基本上没有停顿："林纳斯可不是你在街上随便能看到的那些呆瓜。"在她房间的墙上悬挂着一面巨大的苏联国旗，那是约科·维耶鲁迈基送给林纳斯的礼物，是约科在一次国际跳台滑雪比赛中买的。林纳斯之前好长时间都把它收在一个抽屉里，后来米奇把它挂在了床头的墙上。

米奇拿出一本相册，里面珍藏着为数不多的家庭照片。有一张是林纳斯大概两三岁，光溜溜地在沙滩上的照片。另有一张林纳斯的，也是两三岁大，在离赫尔辛基不远的一座著名的城堡外面，把手比成手枪对着月亮打。还有一张是林纳斯少年时代的，看上去既瘦弱又别扭。此外还有一张是米奇的，是她参加她那当统计学教授的父亲六十岁生日聚会时照的。她指着她的姐姐和哥哥对我说："她住在纽约，是位心理学家。他是个核物理学家。相比之下，我简直一无是处，对不？但我可是第一个抱孙子的。"她说完又点起了一根高卢香烟。

午餐是在一家以威尔特·张伯伦的名字命名的餐馆里吃的。萨拉在手机上查看这家店有什么推荐菜，米奇则要了好几杯浓缩咖啡。米奇回忆起她和尼奇争吵该不该强迫林纳斯不再用橡皮奶嘴的情形，当时他们给彼此写留言，写好后就放在茶几上。我们谈起了林纳斯记性很差这件事，他总是记不住别人的样貌。萨拉说："你和他一起看过电影就知道，主人公就算只是把身上的红色衬衫换成了黄色的，他也会问：'这个人又是谁？'"米奇和萨拉还谈起了他们全家人去瑞典骑自行车和露营的事情，晚上他们就在夜班渡船上过夜。第一天，萨拉的自行车被偷了，大家只好拿出度假的钱给她买了辆新自行车。他们还在悬崖上扎营。米奇和萨拉去游泳钓鱼的时候，林纳斯一个人待在帐篷里看了一天的书。后来一场强劲的暴风雨来袭，幸好当时林纳斯在里面，不然帐篷准得给吹到波罗的海里去。林纳斯当时在帐篷里呼呼大睡，对那场突如其来的暴风雨浑然不知。

回忆起那段林纳斯一个人躲在房间里对着计算机埋头苦干的日子，米奇哈哈大笑起来。"尼奇老是跟我说：'让他赶紧出去找份差事吧。'不过林纳斯那时候倒挺让我省心，他没什么要求。不管他用计算机在搞些什么，都是他自己的事，那就是林纳斯的特色，他也有权那么做。不过当时他用计算机做什么，我一点儿也不懂。"

现在她和其他人一样，对自己儿子的活动非常了解。米奇和家里人总是会被各种媒体的询问"轰炸"。媒体问的问题他们一般都会转给林纳斯让他回答，林纳斯总是推回去，让他母亲、父亲和妹妹自己想好了回答便是。不过，他们写好回复后，还是会先转给林纳斯确认，确认好了才发给媒体。

几个月前，我曾给米奇发邮件，请她帮我整理林纳斯小时候的事情。

她的回信写得很长，而且非常认真。她的邮件标题是"关于把小书呆子养成林纳斯的经过"。在邮件中，她述说起以前对还在蹒跚学步的儿子的观察，觉得自己依稀能从儿子身上看到她父亲和哥哥那般对科学的执着：

"遇到久久困扰自己的问题时，两眼发直，听不见别人说话，甚至连一个简单的问题都答不上来，只能全神贯注地思考眼前的问题，为了解决这个问题而废寝忘食，并且从不轻易言败，即便在日常生活中不可避免地受到干扰，在排除干扰后，还能愉快且专心地继续思考——如果你见过这样一个人，那你就知道林纳斯是什么样的人了。"

她在邮件里也写到了林纳斯和萨拉兄妹之间的争执和互不妥协的矛盾。譬如，萨拉说："我不喜欢蘑菇/猪肝（之类）的味道！"林纳斯就争着说："你不喜欢也得喜欢！"偶尔，他们也会像真正的兄妹一样,互相尊重:"林纳斯在小时候,有一次曾简洁扼要地向我坦露出他对妹妹的敬佩。那时候他可能只有五岁或者七岁,反正大概就是这个年龄。他当时非常认真地跟我说:'你看,我总是想不出什么新点子,通常都是别人先想到,我再把它们组织出来。萨拉就不一样了,她的点子都是别人从未想到过的。'"

"我再次整理这些往事之后,还是不觉得林纳斯有什么'与众不同'的天赋,而且他也肯定不是'为计算机而生'的——即便不在这方面,他也会把精力放在其他方面。我想,如果是在另一个年代,他也会专注应对其他不同的挑战(其实我希望他别一辈子只卡在 Linux 操作系统这一件事上)。因为我觉得,他的动力不是来源于'计算机',也绝对不是声望或者财富,而是实实在在的好奇心和征服所临难题的愿望,然后用'最佳的方法'去做好每件事,因为事情就该是这么处理的,而且他不会轻易言败。"

"林纳斯是一个什么样的儿子,我想我已经回答了——养大他一点儿都不辛苦,真的。他就喜欢挑战难题,只要遇到一个问题,接下来的事情他都会自己处理了。当他在年少时开始专注于计算机后,他就更不需要什么额外的养育和教导了。就像以前我和萨拉经常说的那样,只要把林纳斯和一台能用的计算机关进小黑屋,再时不时扔一点儿干意面进去,他就非常满足了。"

"当然也有例外……他成长的那些年里,我的心一直悬在嗓子眼:就他这副德行,以后可怎么去结识好女孩儿啊?我只得寄望于一般父母屡试不爽的那个办法——交叉手指祈祷。哎呀,真是上帝保佑:这个方法果真灵验了!他是在大学里教书时认识朵芙的,她能让他好长一段时间不想着他的猫和计算机。很显然,上天真的显灵了,正如以往那样。"

"我唯一的心愿就是他不要过多地被'名声'这个魔鬼缠身(名声

好像没怎么改变他,只是他变得温和了许多,人们接近他时,他也愿意和他们说话了,拒绝别人对他而言似乎也变得为难了。但我想,他的改变并不源于媒体的喧嚣,而是因为他已经是一名丈夫、一名父亲了)。"

很显然,这对母女也常常关注媒体,关注林纳斯的消息。2000年1月底,那天正是全美达公司郑重宣布发布Crusoe处理器的第二天。我们在吃午餐,米奇就问萨拉:"今天报纸上有那谁的什么消息没有?"

当天晚上,米奇在回去工作的路上,坐出租车路过我住的酒店,她给我送来一个松木做的儿童座椅,希望我亲手交给帕特里夏。同时,还让我转交一份空置公寓的平面图给林纳斯。

初次见证林纳斯的成功

我来谈谈第一次见识到林纳斯非凡之举的情景。

大概是在1992年上半年,我又跑到林纳斯家里玩,他家里还是那样,到处乱七八糟的。我也没什么要紧事,只是骑车过去溜达溜达。和平常一样,我一边看MTV上的节目,一边问林纳斯他那个操作系统鼓捣得怎么样了。要是在别的时候,他都是随口搪塞几句。不过这一次,他却领着我,从他们家乱糟糟的厨房径直走进他那个横七竖八的房间里,来到他的计算机跟前。

林纳斯输入了用户名和密码,屏幕上弹出一个命令提示符。他给我展示了一些命令解释程序的基本功能。不过,那些好像没有什么特别的。过了一会儿,他回头望着我,摆出一副林纳斯式的笑容,问我:"看起来像DOS,对吧?"

> 我定神看了个仔细，点点头，觉得没什么特别的，因为它看起来就是 DOS 而已——确实没什么新奇的。其实我当时就该意识到，要是没什么特别的原因，林纳斯肯定不会给展示我那个招牌笑脸的。林纳斯回过头去，同时按下了几个功能键，另一个登录界面出现了。那是一个崭新的登录界面和命令提示符。林纳斯给我看了四个命令提示符，接着解释说，这四个提示符能让计算机上四个不同的用户分别使用。
>
> 就是那一刻，我意识到林纳斯化腐朽为神奇了。当然，这可吓不倒我，在台球桌上，我还是能把他打个落花流水。
>
> ——约科·"艾夫登"·维耶鲁迈基
>
> 对我来说，林纳斯的成功意味着我们的电话总是占线，其他人怎么也打不进电话……之后，人们从世界各地给我家寄来明信片。我想应该就是在那时，我才意识到，在现实世界里，人们真的在使用他所创造的操作系统了。
>
> ——萨拉·托瓦兹

编程的美妙

为什么对编程这么狂热，我自己也解释不来，这里姑且说说看吧。在编程的人看来，编程是世上最有意思的事情了。它要比国际象棋之类的游戏复杂得多，你想要什么规则都可以自己设定。按照你定下的规则，它的结果该是什么，就会是什么。

不过，在外行人看来，编程似乎是地球上最无趣的事。

编程刚开始会令人觉得特别刺激，这个原因倒很好解释：因为你让计算机干什么，它就干什么，不仅没有毫厘偏差，而且永远服从、毫无怨言。

这本身就很有意思。

虽说一开始是计算机的盲从让你对编程入迷，但是单靠这一点，并不足以让你真正喜欢上编程。事实上，计算机的盲从很快就会让编程变得无趣。编程真正让人欲罢不能的魅力是：如果你想要让计算机干什么事，你必须先弄清楚，怎么样才能让它这么干。

我个人觉得，计算机科学和物理科学有不少相似的地方。它们都是在一个非常基础的层面上，探讨整个学科的运作原理。当然，不同的是，在物理科学上，你得去弄清楚这个已存在的世界是如何正常运转的；而在计算机科学上，你得从零开始创造出一个新世界来，而且还得设法让它正常运转。在计算机的世界里，你就是创世者，对这个世界里发生的一切都有最终决定权。如果鼓捣得足够好，你就是这个世界的上帝。当然，这个上帝的地盘就比较小喽。

我这么说，恐怕已经得罪地球上近一半的人了。

但事实就是如此。你可以在计算机上创造出属于自己的新世界，唯一的限制就是计算机本身的性能，还有一点在今天尤为重要，那就是你自己的能力。

比方说造一间树屋吧。你可以造一个带活板门的树屋，这样的树屋实用而稳固。不过这样一间仅为坚固、实用而造的朴素树屋，和一间为了外观漂亮而巧用树木特点来精心雕琢的树屋比起来，人人都看得出来两者间的差别。造树屋是一种将艺术和工程融合起来的活计。编程也是如此，也正因如此，编程才得以成为一件既有魅力又有价值的事。编程时,编程者往往优先考虑的是趣味性、美观性及震撼力,而非实用性。

编程是一个充满创造力的过程。

最开始吸引我进入编程世界的,是我研究计算机工作原理的过程。我在其间获得的最大乐趣,就是发现了计算机和数学的异曲同工之妙:你可以创造出一个世界来,一个自主制定规则的新世界。在物理科学中,你会被客观存在的规律所约束,但是在数学和编程中,只要合乎逻辑,什么规则都行得通。数学问题只要能在数学世界里逻辑自洽,就可以成立,不必受到外部客观逻辑的约束。正如数学家们都知道的,只要逻辑处理得当,就完全可以构建出一套新的数学体系,在新体系中等式"3+3=2"是可以成立的。事实上,在你自己创造的体系里,想干什么都可以。但是,当这个体系渐渐充实起来,变得越来越复杂,你就得格外注意,别弄出一些自相矛盾的逻辑出来。这个美丽新世界要继续美下去,就容不得一点瑕疵。编程和数学一样,也是这么一回事。

人们之所以会对计算机着迷,一个原因就在于计算机可以让人们游历自己创造的新世界,了解这个新世界能被改造成什么样子。在数学中,人们往往是开动脑筋,根据经验来假设,从而得出可能性。举个例子,说到几何学,大部分人想到的是欧几里得几何学。但是计算机能够帮助人们将不同的几何学形象化,而不仅仅局限于欧几里得几何学。有了计算机的辅助,就可以把虚构的世界形象化,亲眼看看这些虚构的世界到底是什么样子的。记得芒德布罗集吗?就是那个基于伯努瓦·芒德布罗等式的分形图像。分形图像是人们利用计算机,对一个纯粹的数学世界的形象化表述。而在计算机出现之前,像这种纯数学,是绝不可能被形象化的。芒德布罗就是在他那个本不存在的世界中,人为地制定了一些规则。虽然分形与客观现实毫无关系,但他们却创造出了一些非常棒的形状。通过计算机和编程，你可以构建新的世界。有时机缘巧合，这个新世界还会特别美妙。

不过，大部分时候，你并不是在创造新世界。你写一个程序，其实只是为了让它执行某个任务而已。在这种情况下，你就不是在创造新世界，而是在这个已存在的计算机世界里解决一个具体问题了。要解决问题，就得好好思考问题。但是，光是坐在计算机前盯着屏幕思考，就能把问题想通，只有一些比较怪异的人才能做到。比如说，像我这种呆子气十足的怪胎就做得到。

计算机上的所有功能要想起作用，都得以操作系统为基础。于是，创造一个操作系统就成了终极挑战。创造一个操作系统，相当于给所有在这部计算机上跑的程序创造了一个全新的生存环境——从根本上说，其实就是在制定这个世界的规则：什么事可以接受、可以做，什么事不可以接受、不可以做。其实，所有的程序都是在制定规则，只不过操作系统制定的是最根本的规则。创造一个操作系统，就相当于为自己创造的一方土地制定宪法，而在计算机上跑的程序则相当于各式各样的普通法律。

有时候，这些普通法律跑不通，那么这时候就要看你的能耐了。你需要找到解决方案，并且能清楚地意识到自己已经循着正确的方式找到了正确答案。

还记得学校里那个总能快速答对问题的家伙吗？他的答案总比其他人来得快，恰恰是因为他没有刻意去寻找正确答案。他未必知道问题本该以什么样的标准思路来解决，他只是以一种合理的思路来考虑问题。因此别人一听到他的答案，就觉得很合乎逻辑。

编程也是如此。你可以靠蛮干来解决问题，跟问题慢慢"磨"，直到它不再是问题为止，看谁磨得过谁。不过这是个愚蠢的办法。你也可以找到正确的方法来解决问题，这样问题就会立马消失。换一个角度看问题,你会突然灵光一闪:问题之所以成为问题,只是因为我原先看问题的方法不对!

要证明这一点,计算机科学方面似乎没有什么好例子,我举一个数学的例子吧。故事讲的是在伟大的德国数学家高斯小时候,有一天,他的老师觉得课本上的题太无趣,为了不让学生们走神,他让大家把从 1 到 100 的数字加起来求和。老师原以为这群小孩子要花一整天的时间来做这道题,没想到才过了五分钟,我们这位初露头角的小数学家就给出了正确答案:5050。他没有从 1 到 100 一个数字一个数字地简单相加,因为那样计算既折腾人又愚蠢到家。他发现,1 加 100 是 101,2 加 99 也是 101,3 加 98 还是 101,一对对算下去,直到 50 加 51 得到最后一个 101。没用多久时间,他就注意到一共有 50 对 101,于是答案就出来了,是 5050。

这个故事也许是虚构的,道理却十分浅显:伟大的数学家不会采用既烦琐又无趣的方法解决问题,因为他们能理解问题背后的真正内涵,并且能利用这个内涵找到更为简便的方法,从而得出答案。这个道理放到计算机科学上,绝对也是一样的。没错,同样的问题,你可以随便写个程序来求和,就现在的计算机技术来看,这就跟打个响指一样简单。但是只有才思敏捷的伟大程序员才知道真正的答案。他们知道怎样采用全新的方法,写出一个漂亮的程序来攻克某个问题,并且最终会证明这个新方法就是正确的方法。

我还是很难解释清楚常常闭关三天冥思苦想却徒劳无功,找不到一个漂亮的好方法来解决难题的编程之事到底有什么好令人着迷的。但是,一旦你找到了解决问题的那个漂亮方法,你就会知道,那种感觉是无与伦比的。

长了腿的终端仿真器

我的终端仿真程序像是长了腿似的。我经常用它登入学校的计算机，查阅电子邮件，或是参加 Minix 新闻组的讨论。但问题在于，我还想下载和上传文件。也就是说，我必须得把东西保存到磁盘上。想要做到这一点，终端仿真程序就需要一个磁盘驱动。此外，我还需要一个文件系统驱动，否则就没有办法查看磁盘组织结构，也就无法将下载的内容保存成文件了。

在那个节骨眼上，我差点就放弃了。再这么干下去，实在太费劲了，也不值得。只不过，反正我也没有其他像样的事情可做了。那年春天我在学校上课，课程也没有什么挑战性。我唯一的课外活动，就是每周三晚上的频谱俱乐部的例会（派对）。我是一个社交"静物"，除了编程和学习以外，实在没有什么别的事可做，也就只有去频谱俱乐部聚会这一件事了。幸好那个春天我还有这个派对撑着，不然我就彻底与世隔绝了。可以说，频谱俱乐部给我的生活嵌入了一个社交生活的框架，当时的聚会我几乎一次不落地参加了。这对我来说非常重要，我有时候甚至为此辗转反侧，希望自己不要因为缺乏社交风度、大鼻子太显眼，或者明显没有女伴而丢脸。这些都是典型的书呆子心理。

说了这么多，其实我想表达的是，当时我实在没有多少有意思的事情可做，而那个磁盘驱动和文件系统驱动的项目还算有趣。于是我告诉自己，那就干这个吧。就这样，我写了一个磁盘驱动。另外，因为我要把文件保存到 Minix 文件系统上，而 Minix 文件系统本身的文档已经非常完善，所以我就让自己的文件系统兼容了 Minix 文件系统。

这样，我就能读取在 Minix 系统下创建的文件，并把它们写入同一个磁盘上，而 Minix 系统也能够通过我的终端仿真程序读取我创建的文件了。

这个项目费了我很大力气，我的日程变成了编程——睡觉——编程——睡觉——编程——吃饭（椒盐卷饼）——编程——睡觉——编程——洗澡（随便冲冲了事）–编程。随着项目逐渐完善，我意识到它越来越像一个操作系统了。于是我改变想法，不再把它当成改进型的终端仿真程序，转而当成一个可运行的操作系统。这个转变应该发生在我被马拉松式编程催眠了的某个时候，当时是白天还是晚上，我也说不清。反正上一秒我还穿着破旧不堪的睡袍，为了终端仿真程序能有更多功能而全力敲着代码，下一秒我就突然意识到，既然它的功能已如此之多，那么只要我再加把劲，它就能破茧成蝶，变成一个新操作系统。

我把它称为"终端仿真程序中的 GNU-Emacs"。GNU-Emacs 最初只是一个编辑器，不过它的创建者们给它增加了一大堆功能。他们的本意是让它成为一个可通过编程进行自定制的编辑器，没想到这个可定制性却反客为主，令其他功能黯然失色。于是，GNU-Emacs 就变成了一个"地狱来客"。除了没有厨房水槽，它几乎什么功能都有——GNU-Emacs 编辑器有几次还真用了厨房水槽的图案来做图标呢。这个编辑器的出名之处在于，由于其使用过程需要进行大量的编程工作，所以它拥有的函数数量远超任何编辑器所需。我的终端仿真程序也是这样的，它的功能不断地被我拓展，已经不再是一个纯粹的终端仿真程序了。

发件人：torvalds@klaava.Helsinki.Fi（林纳斯·贝内迪克特·托瓦兹）
收件人：comp.os.minix 新闻组
主题：GCC 编译器 1.40 版和一个有关 POSIX 的问题
消息 ID：<1991Jul3,100050.9886@klaava.Helsinki.Fi>
发送时间：1991 年 7 月 3 日 10:00:50（GMT，格林尼治时间）

各位网友大家好！

我目前正在 Minix 系统下做一个项目，所以对 POSIX 标准定义很感兴趣。不知道有没有人能给我提供一个最新版的 POSIX 规则（最好是以一种机器可读的格式）？要是能有 FTP 地址就更好了。

好吧，如果有人说这个芬兰书呆子在有意探究自己在计算机领域的能耐，那么这封邮件应该就是最早的公开证据了。POSIX 标准有一大堆冗长的规则，分别适用于 Unix 系统里的数百个系统调用。计算机要执行操作，从读取、写入、打开、关闭开始，就需要这些规则。POSIX 是 Unix 系统标准的一个体系，由多家公司的协议标准组成，程序员在开发工作中要共同遵守这一套准则。对开发工作来说，标准是非常重要的。有了一套统一的标准，程序员在某个操作系统下写的应用软件，就能在其他版本的操作系统上运行。那些系统调用（尤其是重要的调用）能给我提供一个操作系统所需的全部函数，这样我就能以自己的方式编写代码，逐个实现这些函数，而且按照 POSIX 标准来写程序，将来我的源代码也能给别人使用。

那时候我还不知道，我原本可以直接从网上买到 POSIX 标准的复印件，不过也无所谓了。就算我付得起那笔钱，我也等不起那么长的货期，要知道，不管什么东西运到芬兰，都需要特别长的时间。于是，我就在新闻组上发了封邮件，希望能够从某个 FTP 站点上免费下载一份。

结果，没有人能给我提供 POSIX 标准的资料链接，所以我只好进行 B 计划。我在学校里找到了太阳微系统公司（后文简称为 Sun 公司）的 Unix 系统的用户手册，学校的一台 Sun 服务器上就运行着这个系统。这本手册上有一个基本版的系统调用标准，我可以先凑合着用。我先从这本手册上研究某个系统调用的功能，然后着手实现这些功能。不过这本手册除了指出启动这个调用会出现什么结果以外，并没有明说实现的具体步骤。此外，我也从安德鲁·塔嫩鲍姆的书和其他资料中收集了一些系统调用。最后，终于有人给我送来了几卷厚厚的关于 POSIX 标准的材料。

当然了，我的求助电邮也没有石沉大海。任何一个懂行的人（也只有懂行的人才会上 Minix 新闻组）都看得出来，我的项目是要开发一个操作系统。不然我要 POSIX 规则来干什么呢？这条求助信息引起了赫尔辛基理工大学的助教阿里·莱姆克的注意（要不是对理论研究更感兴趣，我应该会去那里上学）。阿里热心地回复了我，提出可以在他们学校的 FTP 站点上给我创建一个子目录，到时候我可以把我的操作系统发布上去，以便有兴趣的人去下载。

Linux 的诞生

阿里·莱姆克准是一个乐观主义者。我还没搞出任何拿得出手的东西，他就早早为我建了一个子目录：ftp.funet.fi。登录密码有了，一切准备就绪，就等我登录和上传东西了。过了大概四个月，我才觉得终于有能拿得出手的东西可分享了，或者说，这些东西最起码能和阿里以及其他几个常通电邮的操作系统狂热分子分享了。

我一开始只想编写一个能替代 Minix 的操作系统。它不必比 Minix 强多少，只要能干平常在 Minix 上干的事，再能干点儿别的小事，我就很满足了。举个例子，Minix 系统不仅是终端仿真程序做得很糟糕，它还不能进行任务控制，暂时不用的程序无法放到后台去。不过，Minix 系统对内存的管理倒是做得十分简洁。顺带提一下，苹果 macOS 系统的内存管理到今天也还是一样，极其简单。

要开发一个操作系统，就要弄明白那些系统调用的功能，然后写出自己的程序，以自己的方式去实现那些系统调用。一般来说，一个操作系统有好几百个系统调用。有些系统调用涉及不少函数，有些则比较简单。有些基础系统调用不光复杂，还得依靠基础设备的支持。就拿"写入"和"读取"来说吧，如果需要将数据写入磁盘或者从磁盘读取数据，就得先创建一个磁盘驱动程序。又比如说，要执行"打开"这个系统调用，就必须创建一整套文件系统层来分析文件名，并通过该系统层在磁盘上查找文件。单单写一个"打开"的系统调用，就得花上好几个月。不过，一旦写出了一个调用，再写其他函数就可以借鉴这一套代码了。

Linux 早期的开发就是这样完成的。那时候，为了把我感兴趣的系统调用程序一个个挑出来，看看能不能鼓捣出一些能运行的东西，我不仅要去看 Sun 公司 Unix 系统的用户手册，而且还要查阅成堆的其他资料，看看能不能找出需要的代码标准。这个过程可真叫人沮丧啊。

之所以会沮丧，是因为项目没有什么变化，你基本上看不到进展。虽然可以做几个简单的测试程序，来测试刚加上的代码是否有问题，不过这种测试收效甚微。鼓捣了一阵子没反应之后，你就会心灰意懒，也不想回头去翻查书里那一串串系统调用的代码，看看是哪儿出了问题，而是直接放弃了，一切也就白干了。一个程序要想真正能够运行，它得足够完整。首先需要运行的是 shell 程序，不然运行其他的东西会非常困难。而且，shell 程序本身就包含了许多必备的系统调用。运行 shell 程序，通过它列出的反馈信息，你就能列出有哪些系统调用还没有实现。

在 Unix 系统中，shell 程序相当于所有程序的母程序。只有运行了 shell 程序，其他二进制程序才能运行 ——二进制程序是用计算机可识别的 1 和 0 编写的程序。无论用何种语言编程，源代码一经编译，就会生成二进制程序。shell 程序使你能先登录上系统。当然，实际上在 Unix 操作系统中，你运行的第一个程序通常被称为 init 进程（初始化进程），但 init 进程需要很多基础设备的支持才能运行。它是一种控制工具，负责监视其他正在运行的程序。如果其他程序都还不能运作，init 进程也就没什么用。

因此，我的操作系统内核首先要做的不是启动 init 进程，而是启动 shell 程序。我已经实现了大概二十五个系统调用，但正如刚才所说，shell 程序才是我真正要运行的第一个程序。可是，我没有去编 shell，而是下载了一个 Bourne shell 的克隆版，叫 Bourne-Again shell，我把它复制到一张磁盘上。这是 Unix 系统早期的一个 shell，可以从互联网上免费下载。它的名字来源于一个糟糕的双关语：编写 Bourne shell 的人名叫伯恩（Bourne），所以这个克隆版叫作 Bourne-Again shell（Born-Again：再生）。另外，这个 shell 正是后来被称为 bash 的 shell。

当你试着从磁盘载入一个真正的程序时，磁盘驱动程序或者载入程序总是会不可避免地产生 bug，因为它们往往无法解析读取到的东西。屏幕上会显示反馈信息，告诉你程序的运行情况。这非常重要，你可以从中了解到是哪个环节出了纰漏。

就这样，我进入了一个新的阶段。当我载入 shell 程序，屏幕上就会生成反馈信息,告诉我有哪些必要的系统调用还没有实现。我启动操作系统并运行 shell 程序,接着就能收到一些类似于"512 号系统调用没有执行"的反馈。我日夜盯着系统调用的反馈,试着去辨别哪一条调用出了错。比起机械地参考书里的系统调用列表,再一一在计算机上实现,这个过程可好玩多了——你能亲眼看见每一条调用的实现情况。

大概是八月底或者九月初,我终于让 shell 程序跑起来了!完成了这一步,后面的工作就轻松多了。

这件事可不得了。

当 shell 程序运行妥当以后,我就马不停蹄地开始编译其他几个程序,比如 cp 程序(复制)和 ls 程序(获取目录列表)等。这些程序跟 shell 程序相比,简直是小菜一碟。做这些程序所需要准备的,在做 shell 程序时已经备好了。一旦 shell 程序运行了,就相当于进度从接近于 0 瞬间飞蹿到 100,因为所有准备工作都已到位。有时,我会有一种自己在"创世"的错觉,因为在此之前,还没有什么能真正运行起来。

没错,我感到非常满足。这种满足感非常重要,因为那个暑假我除了在计算机前工作,其他的什么也没干。这样讲一点都不夸张。每年的四月到八月,绝对是芬兰一年之中最美妙的时光。大家要么驾船在群岛间游玩,要么在海滩上晒日光浴,要么在避暑别墅里蒸桑拿。而我却没日没夜地工作到不辨日期。那些厚重的黑色窗帘不分昼夜地把阳光和整个世界挡在窗外。在那些天的白天——也可能是晚上,我会翻滚着下床,径直坐到离床不到六十厘米的椅子上,投向计算机的怀抱。爸爸显然整天催促妈妈,让她督促我找一份暑期工作,不过妈妈倒不在乎:因为我很让她省心。萨拉对我有点恼火,因为那段时间电话线总是被我占着上网(她翻译这句话的时候可能会不留情面的)。毫不夸张地说,我的世界里就只有计算机,我和计算机以外的世界没有任何联系。好吧，也许每个星期会有那么一次，朋友路过我家时会敲敲我的窗户。要是我刚好没有在鼓捣什么重要的代码，我就会让他进屋（来访的朋友都是男的——这一点我绝对没记错，女孩们觉得极客很酷是很久以后的事了）。我们会喝喝茶，或者挤在厨房里看个把小时的 MTV 节目。对了，现在想起来，约科（我管他叫"艾夫登"——Avuton，这个词在芬兰语中的意思是"屠龙者"，不过那是另外一个故事了）也会时不时来敲我的窗户，我们会出去喝喝啤酒、打打台球什么的。老实说，那时候我的生活也就是这样，没别的了。

可我一点儿也不觉得自己是计算机呆子——那种可悲的、脸色惨白的失败者。shell 程序能够运行，意味着我已经为一个可行的操作系统打好了基础。更何况，我当时乐在其中。shell 程序运行成功后，我开始测试它的内置程序。接着，我又编译了足够多的新程序，这下我总算能干些正事了。我从 Minix 系统中取了所有能用的东西，然后把 shell 程序移动到一个特殊的分区。这个分区是我专门为新操作系统准备的，私底下我管这个系统叫 Linux。

坦白说，我压根没想把它用 Linux 这个名字发布出去，因为那太自以为是了。那我当时为最终发布准备的名字是啥呢？是 Freax。知道是什么意思吧？就是给 Freaks（怪胎）换个不可少的"x 结尾"。事实上，在我早期完成的一些文件中（就是那些说明如何编译源代码的文件），大概有半年左右的时间吧，你都能看到我用的是 Freax 这个词。不过这无所谓，当时我还没有发布给任何人，所以它不需要名字。

开放源代码

发件人：torvalds@klaava.Helsinki.Fi（林纳斯·本尼迪克特·托瓦兹）

收件人：comp.os.minix 新闻组

主题：在 Minix 系统中你最想看到什么呢？

摘要：关于我的新操作系统的小小民意调查

信息编号：<1991Aug25.205708.9541@ klaava.Helsinki.Fi>

使用 Minix 系统的朋友们，大家好！我正在编写一个（免费的）能用在 386（486）AT 机上的操作系统（纯粹是个人爱好，不是像 GNU 那种大型的专业系统）。打从四月份起，我就开始酝酿这个系统了，现在它火候快到了。我的操作系统和 Minix 系统有点雷同（特别是文件系统的物理排列方式，主要是因为它实用），所以我希望能得到你们的一些意见。在使用 Minix 的过程中，你们有什么满意或者不满意的地方，都欢迎来信提出。

我已经移植了 bash 程序（1.08 版）和 GCC 编译器（1.40 版），似乎一切正常。也就是说，接下来几个月我会做一些实用的东西，所以我想知道，大多数人在系统特性方面有何需求。什么意见都行，不过我不能保证每一项意见都能实现 :-)

林纳斯（torvalds@kruuna.helsinki.fi）

又及：对了，我这个系统不受任何 Minix 代码的限制，而且它有一个多线程文件系统。它不能移植（比如说使用 386 计算机进行任务切换等），而且它可能只支持 AT 硬盘，因为我手头只有这个 :-(

在 Minix 的用户圈子里，一些操作系统的狂热分子对我的系统十分感兴趣。关于 Minix 系统特性的意见我没收到多少，倒是收到不少其他问题。

提问：给我们再详细介绍一下这个操作系统吧！它需要 MMU（内存管理单元）吗？

回复：需要。

再问：在编写这个系统时，C 语言占了多大分量？安装过程有什么困难？你说"不能安装"估计没有多少人会相信哦：-)，比如我就很想把这个系统装在我的 Amiga 计算机上。

回复：系统基本上都是用 C 语言写的，但大多数人也许不会认为我写的是 C 语言。只要是我能想到的 386 计算机的特性，都写在这个操作系统里了，写的过程中，我也系统地了解了 386 计算机。我自己写的一些"C"文件，说它是汇编程序也差不多。

我前面提到，它需要 MMU 来进行分页（暂时不能放到磁盘里去）和分段。正是因为这个分段功能，所以系统只能用于 386 计算机。（计算机为每一个任务的代码和数据都留有 64 MB 的分段，也就是说 4 GB 的话，最多能供 64 个任务使用。有人需要 64 MB 以上的空间存储任务吗？好吧，你可真行。）

甚至有几个家伙提出想给我的试用版做测试。

到了这一步，发布 Linux 基本上是板上钉钉的事了，我很习惯于这样与别人交换程序。真正需要考量的，是我何时比较放心地向人们展示我的工作成果，或者更准确地说，是在什么时候发布，我将来回头想起来才不至于感到羞愧。

说到底，我想实现的是一个编译器和一个实实在在的环境，让我能够在 Linux 里自主编程，而不用再依赖 Minix 系统。尽管还没实现，但当 GNU shell 程序运行起来的时候，我还是自豪极了，很想让整个世界都看到它。而且，我也想看看大家有什么意见。

当 shell 程序成功运行时，我已经为操作系统编写了几个基本的二进制程序。虽然这时它还没什么实际用途，但你会发现这和 Unix 很相似。它运行起来确实有点像 Unix，但就是蹩脚，相当蹩脚。

我决定把它发布出去，但并不打算公开告知所有人。我只通过私人邮件通知了少数几个人，告诉他们我已经将操作系统上传到了 FTP 上。这些人包括 Minix 圈名人布鲁斯·埃文斯，还有阿里·莱姆克。我上传了 Linux 系统的源代码和一些二进制程序，以便别人拿到系统能直接使用。我还告诉他们要运行整个系统所要做的准备。要运行 Linux，他们仍需要安装一个 386 版的 Minix 系统，还得配备一个 GCC 编译器。事实上，这个编译器还必须是我的版本，于是我把这个编译器也发布出去了。

给要发布的版本编号是有规矩的，不过基本上只是个心理作用。如果你认为某个版本可以拿得出手，就可以将它的版本号定为 1.0。在那之前的版本，你也可以编上号，以表明在达到 1.0 版本前还需要完成大量的工作。我琢磨着，把 Linux 上传到 FTP 上时，把它的版本号定为 0.01。大家也就能明白，这个东西还很不成熟。

没错，我还清楚地记得那个日子：1991 年 9 月 17 日。

我想，应该没几个人会特地去确认这个日子对不对。那时候，他们忙着安装那个指定的编译器，清理出空的分区以便启动系统，编译我写的内核，然后启动 shell 程序。当然了，那时候 Linux 系统也就只能运行 shell 程序。你可以打印出源代码，大概也就 1 万行吧，要是用小字体打印，肯定连 100 页纸都用不了（不过现在，Linux 系统的代码大约要 1000 万行了）。

我发布操作系统的一个主要原因，是为了证明我不是在说大话，我是实实在在做了这件事。在网络上夸夸其谈太容易了。做没做到没什么关系，在网络上虚张声势的大有人在。所以，在朝着一大帮人喊话说要编写一个操作系统之后，我还能够说出："看，我真做出来了。我没有忽悠你们，这就是我的工作成果……"这种感觉真是太棒了！

阿里·莱姆克为 Linux 能在 FTP 上顺利发布铺平了道路。他很讨厌 Freax 这个名字，倒是喜欢我正在使用的另一个名字——Linux，于是他把我的 FTP 地址改成了 pub/OS/Linux。这件事我没怎么坚持，都听他的安排，所以我也可以摸着良心说，我不是什么自负的人——或者半摸着良心说吧，我不是什么自负的人。我当时就想，好吧，这个名字也挺好，而且就算真有什么不好，我也可以理直气壮地把责任推给阿里——我现在就是这么干的。

我前面说过，我的操作系统实际用处不是很大。比如说，一旦程序占用过多内存或者用户乱操作，它就会死机。就算你没有乱操作，仅仅只是运行时间过长，它也会死机。不过，我当时把它发布出去并不是为了能运行，只是给他们看看。当然，也是给人们称赞的。

所以，发布这个系统不为什么，只是为了和那几个热衷于开发新操作系统的朋友分享而已。他们就是一些纯粹的技术发烧友，甚至可以说在技术圈子里，他们对操作系统的兴趣都无人能及。

他们的反应无一例外都非常正面，不过基本上是这样子的："要是它也有这种功能就更好了""它看起来是挺不错的，可惜我的计算机跑不起来"。

我还记得有个网友给我发来邮件说，他非常喜欢我的操作系统，然后花了至少一个段落来说明系统的种种优点。紧接着，他告诉我，我的操作系统把他的硬盘一口吞掉了，还说我的磁盘驱动古里古怪什么的。他丢失了所有的工作文件,但还是给予我肯定。能收到这样的邮件真是太有意思了。这封邮件相当于一个 bug 报告,只不过那个 bug 给他捅了很大的娄子。

这才是我想要的反馈意见。我修复了一些 bug,比如那个当内存消耗完了系统就会卡住的毛病。我还做了一个很大的改进,那就是把 GCC 编译器植入到操作系统里面,这样我就能编译一些小型的程序了。这也意味着,用户不需要再专门下载我的 GCC 编译器,也可以直接运行操作系统了。

Linux 能换来金钱吗?

曾经,真汉子都会自己动手写设备驱动。你,是否渴望回到那个时候?

——Linux 0.02 版本发布宣言

十月初我发布了 Linux 0.02 版本,这个版本修复了上一版的一些 bug,还新增了少量程序。十一月,我又发布了 0.03 版本。

我本可以在 1991 年底就收手不干,因为那时我已经完成了大量有意思的工作。虽说一切并非已完美无瑕,但在软件设计的世界里,一旦解决了根本问题,你很容易就会对它失去兴趣。我当时正好陷于这种境地,单单给软件修复 bug 可拴不住我的心。幸好接下来发生了两件事,我才有了继续下去的动力:第一,我不小心损坏了存放 Minix 系统的分区;第二,人们不断给我发来反馈意见。

当时，我虽然能进入 Linux 系统，但仍以 Minix 操作系统作为主要开发环境。我在 Linux 操作系统环境下做得最多的事，就是用我写的终端仿真程序在学校的计算机上查阅电子邮件和浏览新闻。但学校的计算机通常都很忙碌，老是登录不上，于是我写了一个自动拨号程序来登录。就在那年十二月的某一天，我忘了用调制解调器拨号，竟然用硬盘去自动拨号了：我应该通过串行线路 /dev/tty1 自动拨号的，却不小心用 /dev/hda1 去自动拨号了，那可是硬盘分区啊！结果，硬盘分区中一些最重要的数据被盖掉了，而那个分区恰好是用来存放 Minix 系统文件的。没错，这意味着我再也无法进入 Minix 系统了。

事到如今，我只好做出重要抉择：要么重新安装 Minix 系统，要么放弃 Minix 系统——反正 Linux 已经够好了，Minix 系统不用也罢。我可以在 Linux 这个开发环境中，通过自己编程来编译 Linux！如果需要用到 Minix 上的某个功能，我就把这个功能写到 Linux 上去。搁着原有的操作环境不用，让我的系统成为运行环境，这个想法够前卫吧！这是很重大的一步，于是我把十一月底发布的新版本定为 0.10 版本，几个星期之后，我又发布了 0.11 版本。

这才是真正意义上的开始：终于开始有人使用 Linux 系统，并用它来做一些事情了。在此之前，我收到的反馈无一例外都是要求修复 bug，但到了现在，反馈意见全都是要求新增功能了。我还记得，由于内存不足，我破天荒出了家门，把内存从 4 MB 升级到了 8 MB。此外，还有人问我，Linux 是否会支持浮点协处理器，为此我还特地出门买了一个。这个新增的硬件让我的计算机实现了浮点数学运算。

十二月时，德国有个家伙在尝试编译内核时无法运行 GCC 编译器，因为他的计算机内存只有 2 MB，而当时启动 GCC 需要占用 1 MB 以上的内存。他问我能否改进，让 Linux 用一个比较小的编译器来进行编译，以便节约内存。虽然我自己觉得增加这个特性没什么必要，但还是愿意为他做这个改进。这个程序叫作"分页到磁盘"（page-to-disk），有了这个改进，哪怕用户的计算机只有 2 MB 的内存，也能利用磁盘增加内存的空间，以便使用时不会占用过多的内存空间。这个改进是在 1991 年的圣诞节前后做的。我记得挺清楚，12 月 23 日，我还在尝试着让分页到磁盘的程序运行起来。12 月 24 日，程序好像已经能运行了，但是隔段时间就会让系统崩溃。到了 12 月 25 日，程序终于做好了。这可以算是我专门为了满足别人的需求而定制的首个功能。

我对此非常自豪。

圣诞节那天，我和家人在奶奶家过节，大家吃着火腿，品尝着几种不同做法的鲱鱼。关于 Linux，我一个字也没有跟他们提起。Linux 的用户天天都在增加，其中有些人就来自那些我曾经想去旅游的国家，比如澳大利亚和美国，而如今这些国家的用户却常常给我发邮件。别问我为什么，反正我就是觉得没必要和我的父母、妹妹或者其他亲戚谈论这些事。他们完全不懂计算机。我就是觉得，就算我告诉他们，他们也未必明白这是怎么回事。

能够引起他们注意的，无非就是我占用电话线拨号上网这件事。在当时的赫尔辛基，夜间的电话费用是固定的，所以我尽可能把大部分工作放到晚上去做。偶尔我也会在白天一直占着电话线。本来我想多弄一根电话线，但我妈妈公寓所在的那栋大楼实在是太旧了，根本没有多余的电话线接口，管理处也不愿费心再多拉一根线。那时，除了和朋友煲电话粥外，萨拉也无所事事——起码当时我是这么觉得的——所以，我们有时会为了这条线而吵架，动真格的那种哦！有时她正和朋友通话，我会强行启动调制解调器拨号，这时她就会听到"嘀、嘀、嘀、嘀……"的拨号音，通话就断了。不过，她多少也能理解,因为如果我这么干,就表示我确实非常非常需要上网查阅邮件。我可从没说过我是世界上最好的哥哥。

分页到磁盘程序的确是一大进步,因为 Minix 没有这个功能。这个程序包含在 Linux 0.12 版本中,它是在 1992 年 1 月的第一个星期发布的。刚一发布,人们就立马拿 Linux 和 Minix 作比较,不仅和 Minix 比较,还和马克·威廉斯公司开发的小型 Unix 版本 Coherent 作比较。不过从一开始,Linux 的分页到磁盘功能就让它在竞争中脱颖而出。

从此,Linux 声名鹊起。眨眼间,很多原本的 Minix 用户就改用 Linux 了。Linux 当时并未实现 Minix 系统的所有功能,但它实现的功能基本上都是用户最需要的。而且它还有一个杀手锏是用户最为青睐的:分页到磁盘程序。有了这个功能,用户的计算机内存再有限,也可以运行比内存大的程序。也就是说,当计算机内存不足的时候,可以将计算机较早前被占用的内存挪到磁盘上,记录下这块内存的新路径,然后继续用这块内存来跑原来的程序。Linux 的这个特性算是 1992 年新年伊始的一件大事,火了好几个星期呢。

到了一月份,Linux 的用户从五个人、十个人、二十个人,一下子增加到几百人。之前的那些人经常和我通电邮,我都能叫得出他们的名字,但后来的这些新用户我就不认识了。竟然有我不认识的 Linux 用户,当时觉得真有趣。

大约就在那时,网上流传着一个恶作剧。有一封连环信里说,一个叫克雷格的可怜男孩身患癌症,生命垂危,呼吁网友们给他寄明信片以示支持。结果那只是某个家伙想出来的恶作剧。我估计根本就没有克雷格这个人,更不用说他得癌症这件事了。但这个恶作剧招来了上百万张明信片倒是事实,所以,当我也向 Linux 用户索要明信片而不是报酬时,确实有点半开玩笑的意思,我就想让他们觉得"不会吧,又来一个骗明信片的"。其实,在当时的个人计算机界,共享软件有一个不成文的规定:你要是下载了一款软件,最好能给软件作者汇上10美元作为报酬。当时我就收到过一些邮件,问我要不要给我汇30美元左右过来之类的问题。关于这件事,我得说几句。

现在想来,我要是接受那些钱,应该也能派上用场。当时我的学生贷款大概已经累积到了5000美元,每个月还得再拿出50美元偿还计算机的费用。除此之外,另外两项主要支出就是比萨和啤酒了。还好我全心全意扑在Linux上,那段时间基本不怎么出门,顶多一个星期一次。我也不需要存钱和女孩子约会,虽然我可以存点钱拿来添置一些新的硬件设备,但也不是什么必要的支出。要是换了别人,也许就会接受那些钱作为编程的报酬,为辛苦工作的单亲妈妈分担点房租了。我当时怎么就没想到这一点呢?这都怪我。

当时,我对Linux用户的分布更感兴趣。与钞票相比,明信片更能让我开心。漫天飞来的明信片真叫人欣喜啊:有新西兰的、日本的、荷兰的,还有从大洋彼岸的美国寄来的……我们家通常由萨拉分拣邮件,看到平日里与自己争来斗去的哥哥有这么多远方的朋友,她一下子就对我心生敬意。那是她第一次意识到,原来她哥一直霸着电话线并不是在瞎胡闹,而是把时间都花在了一些可能很有用的事上。那些明信片得有好几百张,不过我记不清把它们弄哪儿去了,兴许是在某次搬家时弄丢了吧。为此,艾夫登还说我是他认识的"最不念旧的人"。

事实上,我之所以拒绝别人的捐赠,也有其他经过深思熟虑的原因。最初发布Linux时,我觉得自己是在循着几个世纪以来的科学家和学者们的脚步前进,而他们的成就也是建立在前人努力的基础上。借用艾萨克·牛顿爵士的话,"我站在巨人的肩上"。我不仅要将我的软件与他人共享,让他们觉得我的工作是有用处的,而且还想收到他们的反馈（好吧，当然也要赞美啦）。他们的反馈意见让我有机会改良系统，要是我反而问他们索取报酬的话，就显得太不知好歹了。我想，如果我不是在芬兰长大，可能就不会这么想了。在我们老家芬兰，只要有谁显露出一丝贪婪，人们不是嫉妒他，就是猜疑他（诺基亚当初在国内也受到这样的"礼遇"，直到它在全球赚了大钱，让很多芬兰人富起来之后，人们猜疑、鄙视的态度才开始有所改变）。当然了，若不是我有一个顽固的学院派外公和一个坚定的左翼父亲，而我也是在他们的潜移默化中成长起来的话，我肯定也不会干这种不要钱的活儿。

不管怎么说，我不愿意把 Linux 拿来卖，也不想失去 Linux 的控制权，所以，我也不想其他人拿 Linux 去卖。早在九月份我上传第一个版本的时候，就在附带的版权声明上将这一点说得很清楚了。根据 19 世纪欧洲的《伯尔尼公约》中的规定，作品版权出售之前，原作者一直享有其版权。作为 Linux 版权的所有者，我就有权利制定规则：只要不用于出售，用户可免费使用该操作系统。如果用户对操作系统做任何修改或者改进，必须把源代码无偿分享给他人使用（而不是以二进制代码的形式公开，因为二进制代码无法公开）。若用户不同意上述规则，则无权复制任何代码或对其进行任何操作。

不妨设身处地想一下，如果你把整整六个月的心血倾注到一个系统上，肯定希望它能有用处，也想从中收获点什么，但你肯定不想别人拿你的成果白白地占便宜吧。我希望人们能够看到和使用这个系统，并且能无拘无束地修改和完善它，但我同时也想要确保自己能够及时掌握他们所做的任何改动。我希望能一直有权使用源代码，这样的话，一旦有人做出改进，我就可以直接拿来为自己所用。我一直坚信，要使 Linux 发展成为十全十美的系统，就必须保持免费和开源。一旦牵扯上金钱，一切都会变得云谲波诡。只要不牵扯到金钱，我们这个圈子就不会有贪欲了。

虽然我无意用 Linux 索取什么报酬，但别人可不这么想。他们把操作系统下载到软盘上，然后卖给别人并索要报酬，一点儿都不害臊。到了二月份，参加 Unix 系统用户交流会的人，几乎人人手上都有一张装着 Linux 系统的软盘。开始有人问我，他们能不能象征性地收点费用，收个 5 美元就好，以此补偿软盘的成本和花费的时间。但问题是，这样做侵犯的是我的版权啊。

我想，是时候好好反省一下"Linux 是非卖品"这种态度了。当时，Linux 的版权问题在网上也引发了热议，这倒给我吃了一颗定心丸——没有人敢再随便窃取和出售我的劳动成果了，这原本是我最大的担忧呢。至少，要是真有谁这么做了，他也逃不过众人的谴责。要是有谁想篡夺 Linux 并把它搞成商业项目，必然会在网上掀起轩然大波，会有数不清的黑客人物谴责道："嘿，那可是 Linux 系统！你不能这么做！"当然，他们用的词可不会这么礼貌。

事情的发展势头可谓排山倒海：世界各地的黑客每天都在分享他们的修改意见。我们正在协力开发世界上最好的操作系统，开弓没有回头箭。基于这种现实情况，再加上 Linux 已为大众熟知，我觉得有人用它来获利也无可厚非。

不过，在我把自己说成大慈善家之前，得先提到另外一个影响我决定的关键因素。事实上，为了使 Linux 系统能跑起来，真得仰仗从网上下载的那么多好用的工具——我确实是站在了巨人的肩上。在这些自由软件中，最重要的要数 GCC 编译器，它是理查德·斯托尔曼的智慧结晶，受到通用公共许可证（GPL）的版权保护。GPL 也被称为"公共版权"或"著佐权"（copyleft）。按照 GPL 条款规定，钱不是问题，只要有人愿意买，你开价 100 万美元都行，但你必须给他相应的源代码；而且，当对方获得或买断了你的源代码文件，他也就相应地拥有了你的所有权利。这招儿相当高明！但是，一帮顽固的 GPL 狂热分子认为，所有的软件创新都应该按 GPL 条款向全世界无偿公开，这一点我不能认同，我始终认为开发者应该有权处置他自己的发明。

因此，我撤下了原来的版权声明，采用了 GPL 许可证。这个许可证当初是斯托尔曼亲自撰写的，还有律师帮着审了稿（正因为有律师参与，所以整个文件的篇幅可不短呢）。

新的版权声明随同 0.12 版本一起发布。我记得发布之后的那天晚上，我整夜都合不上眼，心里忐忑不安，因担心 Linux 系统牵扯到什么商业利益而紧张不已。现在回想起来，这种担心有些多余，因为在当时，Linux 能涉及的商业利益确实微乎其微。但不知怎么的，我就是不放心。那时我主要担心的一点（现在依然放心不下），就是某些人会将 Linux 占为己有，而且丝毫不尊重我的版权。我还担心，要是有个美国人侵犯了我的版权，我还真不知道该告谁去——到现在我还是很担心这个事。状告某人侵权不难，但我担忧的是有些人还是非要侵权，除非有相关法令明令禁止此类行为。

与此同时，还有一种挥之不去的担忧笼罩着我——有些国家的企业并不认可 GPL 许可证的效力。实际上，有些国家的法律体系中没有相应的法规阻止他们侵犯版权。确切地说，他们觉得严惩侵权行为太费事，并不划算。一些大型软件公司和唱片行业都曾为维权付出很大的努力，但收效甚微。还好，事实缓和了我的担忧。虽然确实有人会侵犯我的版权，但总归是暂时的，他们实际上也尊重我的版权，而且会在系统改进上给我反馈，帮助我改善操作系统的核心功能。他们是参与内核升级过程中的一分子，这是在助我一臂之力。相反，那些漠视 GPL 的人从升级中占不到什么便宜，他们的顾客也会离他们远去。起码我是这么希望的。

总的来说，我会从两个方面看待版权问题。比如说，有人每月挣50美元，你能要求他花250美元买软件吗？用五个月的薪水买吃的，然后复制一盘盗版软件，我觉得也无可厚非。从道德上来说，这种侵权行为是说得过去的。追究这些"侵权者"的行为既不道德，也不明智。放到 Linux 系统上说，要是某人只不过将 Linux 用在私人用途上而没有遵守 GPL 原则，又有谁在乎呢？但要是有人唯利是图，拿 Linux 去赚外快，不管这事发生在美国还是非洲，也不管侵权程度如何，我都认为是不道德的。

贪婪从来就不是什么好事。

Minix 与 Linux 之争

引人注意不全是好事。Linux 系统崭露头角并且还能取代 Minix 系统这件事，引得 Minix 的设计者安德鲁·塔嫩鲍姆不断攻击 Linux 系统。我虽说从来都不擅长和别人争吵，但也不得不站出来为 Linux 和我的个人尊严与他对抗。我们都是书呆子，所以一切论战都是通过电子邮件来进行的。

不过，也难怪他会气得浑身冒火了。在网上还没有出现专门的 Linux 新闻组之前，我一般都通过 Minix 的新闻组发布关于 Linux 系统的消息，或者在 Minix 新闻组上寻找对 Linux 系统感兴趣的网友。我这样做，他能乐意才怪！

怎么说呢？作为 Minix 新闻组的创始人，他自然不愿看到我入侵他的领地。另外，他显然也不太乐意的是，Minix 系统竟被一个来自芬兰这个被积雪覆盖的荒蛮之地的名不见经传的玩意儿给比下去了，更不用说这个新玩意儿还招揽了众多开发者去参与。同时，安德鲁也不认同我构建操作系统的方式。当时有一帮计算机学者主张以微内核方式创建操作系统，安德鲁就属于该阵营。他采用微内核理念开发了 Minix 系统，而他当时手头正在做的 Amoeba 系统，用的也是微内核。

在 20 世纪 80 年代末和 90 年代初，微内核理念十分盛行，而 Linux 系统的成功对它造成了威胁，于是安德鲁就不断地在网上发帖子抹黑 Linux。

微内核理论认为，操作系统非常复杂，我们必须通过模块化来降低其复杂性。微内核理论的原则是：内核作为操作系统的基本核心，其本身的功能越少越好，它的主要功能应该只是通信。计算机所提供的各种不同服务，都要通过微内核之间的通信渠道来实现。因此，采用微内核方法，就得尽量分割操作系统的问题空间，让每个问题空间都尽量简单。

我觉得这种方法很愚蠢。没错，每个模块是可以做得很简洁，但比起让内核担负起所有功能来说，模块间的交互可就复杂多了。Linux 系统采取的就是让内核担负起所有功能的做法。想想人的大脑就知道了。大脑中每一个单独的部分都不复杂，但是它们之间的相互作用使大脑成为一个高度复杂的系统。这是一个"1+1>2"的情况。举个例子，如果你把一个复杂问题一分为二，然后就以为两个"半问题"的复杂程度都只有原先的一半了，那你就忽略了一个事实：这两个"半问题"之间的联系你还没考虑呢！于是问题又复杂起来。微内核原理是要把内核分割为五十个独立模块，每个模块承担五十分之一的复杂性。但这些人都忽略了这个事实：各独立模块之间的联系比原来的系统要复杂得多，更何况，每个模块也并不简单。

以上，就是我反驳微内核理念最重要的理由。他们想要实现系统简化，却搞错了方法。

相比之下，Linux 系统则要小巧得多，运行起来也十分简单。它并不采用微内核所倡导的那种强制的模块化结构，所以跟 Minix 比起来，Linux 执行什么任务都更为直截了当。早些时候，我就发现 Minix 有一个毛病，比如说系统上同时有五个程序要运行，它们分别要读取五个不同的文件，那么这五个任务得一个个执行。换句话说，五个进程会向文件系统发送五次请求："我能读取一下某文件吗？"而文件系统的后台程序是这样工作的：先接受一个请求，做出回应，然后再接受下一个请求，再做出回应……

Linux 系统是个宏内核系统。在 Linux 下，这五个进程会分别向内核发起一个系统调用。内核必须非常仔细才不会混淆这几个调用，但是它会有条不紊地将资源分配给这些进程，让它们能同时顺利地执行各自的任务。这个优势让 Linux 系统用起来更加快捷和高效。

Minix 系统的另一个毛病是，虽然你拿到了源代码，但同时许可证也给了你诸多限制。就拿布鲁斯·埃文斯来说吧，他为 Minix 系统做了十分重要的改进，让 Minix 用起来更为顺手，但是因为 Minix 系统对修改权限进行了限制，他没法把他所做的改进直接合并到原系统上，只能以补丁的方式开发出来。从实用性的角度看，这就造成了诸多不便。要是他直接发布这个系统给人们升级，那就是非法行为，而用户哪怕只是想弄到一个可用的操作系统，也要经过多个步骤，这太不实用了！

1992 年初，我终于耐不住性子，打算和安德鲁·塔嫩鲍姆正面交锋。原因是下面这个帖子，想象一下，换作是你，在一个风雪交加的早晨，登录了新闻组后不经意看到这样的文章，你能不发火吗？以下是帖子的原文（未经删改）。

发自：ast@cs.vu.nl（安迪·塔嫩鲍姆）
发至：新闻组 comp.os.minix
主题：Linux 系统过时了
发送时间：1992 年 1 月 29 日 12:12:50（格林尼治时间）

前段时间我在美国待了几个星期，上不了 Linux 小组，所以没来得及对 Linux 系统发表什么评论（这也不是说，如果上得了新闻组，我就一定会评论），但 Linux 确实值得我说几句。

众所周知，Minix 系统对我来说就是个业余爱好。平时晚上写书写闷了，或者 CNN 频道没有关于大规模战争、重大改革和参议院听证会等直播节目可看时，我就会研究研究 Minix。我真正的职业是大学教授及操作系统领域的研究员。

出于我的职业判断，对于操作系统未来十年甚至更长远的发展动向，我想我多少还是有些发言权的。操作系统的发展动向主要表现在以下两方面。

（1）是用微内核还是宏内核

以前的绝大多数操作系统采用了宏内核，也就是说，整个操作系统是一个单独在"内核模式"下运行的 a.out 文件。这个二进制文件对程序管理、内存管理、文件系统和其他程序都一手包办。这种宏内核系统的代表有 Unix 系统、MS-DOS 系统、VMS 系统、MVS 系统、OS/360 系统、MULTICS 系统等。

另一种则是基于微内核的操作系统，这种操作系统的大多数进程是以独立进程的方式在内核外部运行的。各个独立进程之间通过传递信息进行通信，而内核的作用主要就是负责信息传递、中断处理、低级进程管理，还有可能会涉及 I/O。采用微内核形式的系统有 RC4000

系统、Amoeba 系统、Chorus 系统、Mach 内核，以及还没有发布的 Windows NT 系统。

在针对两种操作系统的利弊发表长篇大论之前，我先总结一句：微内核系统已经胜利了。在专门从事操作系统开发的行家看来，这一点是毫无疑义的。Minix 就是一种基于微内核的系统，它的文件系统和内存管理系统都是以独立进程的方式在内核外部运行的，它的 I/O 驱动程序也是独立运行的。而 Linux 则是一个宏内核系统（这实在是不小的倒退，一跃回到 20 世纪 70 年代）。

（2）可移植性

Minix 的设计特点决定了它具有合理的可移植性，并且已经从英特尔系列产品移植到了 680x0 处理器（雅达利 ST、Amiga 计算机和苹果公司的 Macintosh 计算机），以及 SPARC 处理器和 NS32016 处理器上。Linux 则基本上只能用于 80x86 处理器，根本无法和 Minix 相提并论。

大家别误会，我对 Linux 系统并没有恶意，它确实能得到那些想从 Minix 系统转而使用 BSD Unix 系统的人的青睐。但是老实说，我会建议那些想拥有"现代"和"免费"操作系统的朋友找一个以微内核为基础的、可移植的操作系统，比如说 GNU 之类的。

安迪·塔嫩鲍姆（ast@cs.vu.nl）

我觉得，我必须站出来捍卫我的尊严，于是我这样回复他。

发自：torvalds@klaava.Helsinki.FI（林纳斯·贝内迪克特·托瓦兹）

主题：回复：Linux 系统过时了

发送时间：1992 年 1 月 29 日 23:14:26（格林尼治时间）

来自组织：赫尔辛基大学

既然你以这种主题发帖，恐怕我不得不回应一下。不管怎么说，我先给那些已经听厌了 Linux 相关议论的 Minix 用户道个歉：我很想置身事外，但现在我必须站出来说两句！

在帖子 <12595@star.cs.vu.nl> 中，ast@cs.vu.nl（安迪·塔嫩鲍姆）写道：

"前段时间我在美国待了几个星期，上不了 Linux 小组，所以没来得及对 Linux 系统发表什么评论（这也不是说，如果上得了新闻组，我就一定会评论），但 Linux 确实值得我说几句。"

"众所周知，Minix 系统对我来说就是个业余爱好。平时晚上写书写闷了，或者 CNN 频道没有关于大规模战争、重大改革和参议院听证会等直播节目可看时，我就会研究研究 Minix。我真正的职业是大学教授及操作系统领域的研究员。"

你就用这个作为 Minix 系统有诸多限制的借口？不好意思，你输了。说到借口，我比你多多了，但 Linux 系统几乎在所有方面都完败 Minix 系统。另外，你别忘了，Minix 系统大部分漂亮的代码似乎是布鲁斯·埃文斯写的。

反驳一：你说你把 Minix 系统当作业余爱好？少来了，看看现在是谁在用 Minix 赚钱，又是谁在免费发布 Linux？假如你让 Minix 系统免费，那我不会再对这一点有任何微词。再来说说所谓"业余"吧。Linux 系统，很大程度就是一个业余爱好（但可不是玩玩就算的，要做就做到最好）：我挣不到一分钱，它也跟我的学业课程无关。Linux 系统完全是我利用自己的空闲时间，用自己的机器做出来的。

反驳二：你是一位教授兼研究员，哟，这对 Minix 系统功能上的诸多限制来说，真是一个天大的好借口啊！我只希望（并假设）Amoeba 系统不会像 Minix 一样差劲。

（1）是用微内核还是宏内核

没错，Linux 是宏内核系统，我也同意微内核更好一些。要不是你的帖子气势汹汹,我大概能认同你的大部分观点。从理论的角度(以及审美的角度)看,Linux系统输了。要是GNU内核去年春天就已完善,我也不需要自己去折腾Linux这个项目了——可惜它当时还没有完善,事实上到现在,它都还没有完善。因此,在操作的便利性上来说,Linux大获全胜。

Minix是一个基于微内核的系统,(略去几句无关紧要的话,否则会错过重点)而Linux是一个宏内核系统。

如果微内核是判断内核优劣的唯一标准,那你可能说对了。不过你没有提及的是,Minix系统并没有好好发挥微内核的长处,而且内核在执行实时多任务处理时真的有问题。要是我做的操作系统总在多线程文件系统上出问题,我可没脸急急忙忙跑出来责备别人。相反,我会竭尽全力,躲起来改进我的系统,不让别人发现我在该问题上的惨败。

(是,我知道已经有针对Minix多线程文件系统的修改了,但那些始终只是小打小闹。布鲁斯·埃文斯跟我说,竞态条件的问题太多了。)

(2)可移植性

"可移植性是为那些写不出新程序的人准备的。"

——我,刚说的(作挖苦状)

事实上,Linux在可移植性上做得比Minix好。"这怎么可能?"你一定会这么说。这是真的,但不是在你说的那个方面,我尽我所能使Linux系统符合开发标准(当时我手头还没有任何POSIX标准)。把程序移植到Linux上要比移植到Minix上容易得多。

可移植性确实挺重要,这一点我同意,但它的可移植性得有意义才行。强求一个操作系统具有高可移植性,有何必要呢?能连上可移植的 API 就够了。操作系统的要义是利用硬件的特性，用一系列高级的系统调用把它们隐藏在后台。Linux 就是这样做的：比起其他内核，它更大程度地利用了 386 机器的特性。当然，这会让其内核的可移植性降低，但这也大大简化了系统的设计。这是一个取舍，它至少让 Linux 系统得以诞生。

Linux 操作系统本身可移植性不高，这一点我也认同。去年一月我买了一台 386 机器，Linux 项目可以算是我了解 386 机器的渠道。我知道，要做一个真正有用的系统，很多东西的设计都必须在可移植性方面考虑周全。但那只是最初的设计方案，而且去年四月我开工写 Linux 的时候，并没有想到真的有人会有兴趣使用。我这样说并不是为自己找借口，我也很高兴我当时想错了。后来我把源代码免费发布出去，虽然移植起来不太方便，但人人都可以免费使用。

林纳斯

又及，抱歉，有时候我说话比较刺耳，要是没有其他操作系统可选的话，Minix 确实已经够好了。要是你手头有五到十台闲置的 386 机器，那 Amoeba 系统可能也挺好的，但是我肯定没有那么多闲置机器。我一般不发火，但是一旦扯上 Linux 系统，我可不是好惹的:)

关于这个问题，我们后来还来来回回舌战了几轮，一轮比一轮激烈。我极少与人进行如此激烈的争论，但我想说的是：在 Linux 系统问世初期，就已经出现了反对的声音（可能我的重点是参加网络新闻组的时候，一定要格外小心，否则你将永远无法摆脱你写过的错别字和语法错误）。

他甚至可以不把 Linux 当回事
——戴维的话

午后,我们沿着一条清澈的小溪散步,把家人和朋友都留在了露营地。我们在位于加州东部山脊(Eastern Sierra)的格罗弗温泉州立公园扎了营,准备在那儿度过连着国庆日(7月4日)的整个周末。那里风景宜人,简直就是《国家地理》杂志照片的原版。其时,恰逢遇到一片开满山花的草地,在远处悬崖峭壁的映衬下显得十分漂亮。林纳斯大声赞道:"这就是所谓的'柯达一刻'吧!"在溪边,我们停下来歇息,娓娓谈起 Linux 的扬名历程,讲它如何从新闻组发烧友(他基本并不认识这些人)的宠儿,逐渐成长为受大众追捧的自由软件骄子。

"依我看,那段时间你一定志得意满吧?"我说道,"那几年你足不出户,窝在房间里埋头苦干,世界虽大,你却几乎只和 CPU 沟通。但突然间,关注你和 Linux 系统的人从这个星球的各个角落里冒了出来。这个圈子一直在不断地壮大,而你成了唯一的焦点,他们对你的每个动向都寄予关注……"

"没有那么了不起啦,我自己都没什么印象。"他回答说,"我一直都觉得这没有什么。那时,我的确总是把 Linux 系统放在心上,但那主要是因为总有问题等着我去解决。要这么说的话,我确实是时时在想着它。它对我主要还是一个智力上的大挑战,但要是从情感上来说,那不算什么大事。"

"我很高兴那时有很多人在这个项目上激励着我继续干下去。我常常以为自己已经看到了尽头,只差一步就大功告成。但这一步从未到来,因为人们不停地给我继续干下去的理由,不停地扔给我更多棘手的难题。正因为有这些事情,这个项目才一直都那么有意思。要是没有这些人,我可能老早就把精力放到其他项目上去了,就跟以前一样,写完一个程序就接着写另一个,从来不拖泥带水,那样才叫好玩。不过我觉得,比起那些人和那些事,当时我应该还是更在乎自己的大鼻子之类的问题吧。"

几个星期后,我们在斯坦福购物中心买东西。面对琳琅满目的跑步鞋,林纳斯挑了半天,也没挑到合适的。导购员问他:"您一般每个星期跑多少公里呢?"林纳斯咧嘴笑了。过去十年,他跑过的总里程数可能还不到两公里。对他来说,锻炼从来都不是首要任务。只有在力不从心的时候,林纳斯才会下决心去减个几公斤。

林纳斯一边拍拍自己发福的肚子,一边开玩笑道:"朵芙一定拜托过你,让你帮我去掉这圈肥肉吧?"

"回去告诉她,她答应付给我的支票这周还没寄到。"我回答说。

随后,我们就驾着车在斯坦福大学的校园里兜来兜去,想要找个正规的停车位。大概过了半个小时,我们在做好伸展运动后就开始慢跑。我们打算沿着狭窄的泥泞小道跑过校园里一潭已经干涸的湖,再穿过树林,顺着山道直奔最终目标:山顶那个巨大的卫星接收站。结果,登顶计划失败了。头两公里,我一边迈着轻快的步伐飞跑,一边惊讶林纳斯竟能紧紧跟着我。很快,他就气喘吁吁,最后还是撑不住了。几分钟后,我们就伸直四肢,躺在湖边的草地上休息了。

"对于 Linux 系统的成功,你家里人是什么反应?"我问林纳斯,"他们一定非常激动吧?"

"他们好像没有注意到这件事。"林纳斯回答,"当然,我不是说他们一点儿也不关心。我这辈子大部分时间用在了编程上,在他们看来,我写 Linux 和平时写其他程序没什么两样,都是待在自己房间里不怎么出来。"

"那么，你应该跟父母提起过 Linux 系统吧？比方说，你爸爸开车载你外出，你跟他聊天的时候，难道就没有顺口说过：'哎，老爸，说了你可能不信，你知道我经常鼓捣的那些程序吧？现在有好几百个用户了呢！'？"

"没说过。"他回答说，"我就是觉得，这事没必要非得和家人、朋友分享不可。我不喜欢在别人面前炫耀自己。我还记得，在我写 Linux 系统的时候，拉尔斯已经决定要买 XENIX 系统了，那是 SCO 公司的 Unix 系统版本。我应该没有记错，当时他忐忑地跟我解释说：'你千万别误会，我不是不看好你的 Linux 系统。'其实我根本就不介意。当然，他后来转变了态度，但是我也没觉得 Linux 有多了不起。Linux 系统有用户当然是好事，他们能给我反馈一些意见，但这有什么大不了的呢？我又不是想要传播什么福音。有人用我的代码，我自豪过，但从来没有非得和别人分享这份自豪的念头。对我来说，这绝不是世界上最重要的事。这么说吧，就算外头有一百个人在用我的软件，也不代表我做的软件就特别厉害。我就是觉得写 Linux 的过程很好玩，到今天我还是这么想的。"

我没有掩饰自己的疑惑，接着问道："这么说，你还真没想过告诉父母、亲戚和朋友这些事啊？！难道你对自己获得的成功一点儿都不感到激动吗？"

他迟疑了几秒钟，然后回答我："当时有没有激动过，我想不起来了。"

林纳斯买了一辆新车，宝马 Z3，一款单排座敞篷跑车，林纳斯说这辆车是"好玩"的最佳诠释。这辆车泛着蓝色的金属光泽，一看就是男孩们小时候常玩的那种玩具汽车的配色。林纳斯最喜欢明黄色，但这款车没有明黄色，所以他才买了蓝色。宝马车的那种黄色，他觉得"看起来跟尿液似的"。之前那几年，在圣克拉拉全美达公司的停车场，他总是尽可能地把他的庞蒂亚克轿车停在离公司大楼入口最近的地方。现在，他把宝马车停在离他办公室窗户最近的地方，按他的说法是这样车子能有个遮阳挡雨的地方。我觉得他就是想一边在计算机前工作，一边好好欣赏他的新车。

记得一年多以前，我们第一次出去旅行的时候，就是翻山越岭去圣克鲁斯那次，我特地租了一辆白色的福特野马牌敞篷车。那次短途旅行的路上，林纳斯对停在桑拿馆和酿酒厂外面的跑车特别留心，看了又看。而如今，我们就坐在他自己的跑车里翻山越岭。车在蜿蜒的17号公路上飞驰，他的微笑始终挂在脸上。

"这辆跑车衬得上你。"我说。

我从仪表板上的储物盒里找出一叠CD。

"平克·弗洛伊德乐队？"我问道，"谁人乐队（the Who）、贾妮斯·乔普林……你平时喜欢听这些歌？"

"这些歌我从小听到大。小时候我从没在音乐上花过钱，这些CD是偶然在家里找到的。应该是我妈妈的，不过我记得她应该最喜欢埃尔维斯·科斯特洛。"

那是一个星期五的午后，阳光灿烂，空气中弥漫着加州的气息，这些使得我们所有的感官都愉悦了起来。宝石蓝的天空映入眼帘，火辣辣的阳光明媚而温暖，山中桉树的芳香和清新空气甜甜的味道扑面而来，改装后的车载音响传来平克·弗洛伊德乐队那散漫又迷幻的音乐。我们从摩托车手旁边呼啸而过的时候，想必他们会把我们看成那种浑身涂满防晒霜、哼着老掉牙的摇滚歌曲、俗不可耐的大龄青年。幸好，并没有多少车从林纳斯的宝马边经过。

在圣克鲁斯以北不远处的1号高速公路上，我们靠边停车（四周的车顿时相形见绌），一路走到一个没什么人的沙滩，把毛巾铺开，伸直四肢躺在温暖的阳光里。稍后，我从背包里拿出录音机，又问起了林纳斯早年的故事。

　　他在沙滩上画了一个方框，代表他的卧室，然后指出床和计算机的位置。"我一般翻身下床后就开机看邮件。"他边说边在方框里比画着，"有时候，我一连几天都不踏出房门半步。我查看邮件，不是想看谁给我发了邮件，而是想看看有没有谁给我解决了某个难题，所以查看邮件更像是在问，今天我会迎战什么新问题呢？或者说，我遇到的难题，谁有解决方案了吗？"

　　林纳斯告诉我说，他当时的社交生活只能用"可悲"二字形容。后来，他又觉得这样说太可怜了，于是修正道："这么说吧，顶多比可悲略胜一筹。"

　　"其实，我并没有成为一个完全的隐士。"他说，"但是，即使Linux逐渐成功，我还是一如既往地不善社交。你要是留心就会发现，我从来不会打电话和别人联系。一直都是这样，我从来就不打电话。我的朋友大多数是那种会主动联系别人的人，但我不是。你想想，你和一个女人交往，但是从不给她打电话，结果可想而知。所以那个时候，我仅有的几个朋友会习惯性地来敲我的窗户，等着我给他们开门，然后进来喝杯茶。我想，那时候没有人会注意到我有什么不一样——哟，林纳斯好像在做什么重要的项目，说不定某天他能改变世界呢！我不觉得当时有谁会这么想。"

　　在那些日子里，林纳斯唯一有规律的社交活动就是每周的频谱俱乐部聚会，在聚会上他会和一帮理科生同学交流。不过，这些社交活动给林纳斯带来的焦虑显然要比技术方面的心得多得多。

　　"我有什么好担心的呢？不就是些一般的社交活动嘛。可能'担心'这个词并不准确，但社交活动确实对我的情绪有不少影响。当时我只顾着想女孩子，对Linux系统没有那么关注。在某种程度上，即使是现在，Linux系统也不算最重要。在某种程度上，我甚至可以不把它当回事。

"大学的头几年里,社交活动算是我的头等大事了。我倒是不在乎别人笑我驼背啥的,只是想多认识一些朋友,想要有个圈子。我特别喜欢频谱俱乐部的聚会,一个重要原因就是参加这个圈子的社交活动用不着擅长社交。每周我只在这一个晚上和人社交,其他晚上我就专心待在计算机前。社交活动给了我情感上的满足,这一点 Linux 系统做不到。我从来就没有因为 Linux 系统觉得心灰意懒,也不曾因为它而失眠。

"那个时候真正让我心烦意乱,而且现在想起来都觉得难受的,不是技术本身,而是与技术相关的社交活动。安德鲁·塔嫩鲍姆发过一个帖子,让我特别难堪。换作是别人,我一定会置之不理。倒不是说安德鲁提的技术问题有什么不好,让我难堪的是他将帖子群发了出去,不留一点儿情面……当时,我很在意我在那个圈子里的地位,他却竭尽所能地攻击我。

"Linux 系统能逐步完善和不断发展的一个重要原因,就是我不断收到的反馈。这说明有人在关注 Linux 系统,我也能在这个社交圈子里沾一点儿光。我甚至是那个圈子的领袖。毫无疑问,这事对我来说重要极了,远比让父母知道我在做什么重要得多。当时,我特别重视 Linux 系统的用户。这么说吧,我建立起了一个圈子,圈子里的人也非常敬重我。当然,我当时没有这么自以为是,其实现在也没有,但这个社交圈对我来说真的特别重要,所以我才会对安德鲁·塔嫩鲍姆的指责有那么过激的反应。"

林纳斯告诉我,他和 Minix 系统的开发者塔嫩鲍姆之间的网络论战,由于越来越激烈而不再适合在公众场合进行,最后不得已转用邮件私底下切磋。于是,表面上战火似乎消停了几个月。后来,塔嫩鲍姆发来一封电邮告诉林纳斯,有人在《字节》(*BYTE*)杂志的封底为

> 自己私下做的一款 Linux 商业版刊登了一段五行字的广告。
>
> 　　林纳斯说:"安德鲁最后一次给我发邮件时问我,我是否真的愿意让别人拿我的工作成果来赚钱。我只回复了一个词'没错'。从那以后,我就再没收到他的邮件了。"
>
> 　　过了大概一年的光景,当林纳斯在荷兰进行自己的第一次公开演讲时,他还特地去了一趟塔嫩鲍姆执教的大学,想去拜访他,为此还带上了那本改变了林纳斯一生的书——《操作系统:设计与实现》,打算向他要一个亲笔签名。林纳斯等在他的办公室门口,但不巧,当时塔嫩鲍姆正好去了外地,两人无缘得见。

最后的冲刺

　　那是我第一次发表公开演讲。演讲的前一天晚上,酒店房间里的温度低得快到零度了,我躺在酒店的床上直哆嗦。荷兰和芬兰不同,冬天室内是没有暖气的,而且这个房间不光通风出奇地好,窗户还用的是单层玻璃,仿佛是专为夏天设计的。我睡不着,不仅因为寒冷的天气,还因为在 1993 年 11 月 4 日的这个晚上,我紧张得要命。

　　公开演讲向来是我跨不过去的坎儿。上学那会儿,我们总被逼着做演讲,介绍一些我们费力研究过的东西,比如老鼠或其他什么东西。我总是无法顺利完成那些演讲。我会呆立在原地,结结巴巴说不出话来,然后开始咯咯地傻笑。真的,我平常根本就不会那样傻笑。哪怕有时候被请上讲台给同学们讲解难题，我也觉得很不自在。

　　这一次，我却来到了荷兰的埃德镇。这个地方离阿姆斯特丹不远，坐一个小时的火车就到了。我受邀在荷兰 Unix 系统用户组的十周年庆祝活动上发表演讲。这一次，我要证明给自己看，我能在公开场合演讲。就在一年前，西班牙一个类似的组织也邀请我到他们的活动上发表演讲，我婉拒了。虽然那时候我很渴望出国旅游，但对公开演讲的恐惧生生地打退了我对出游的渴望。（现在我依旧很喜欢旅游，但旅游对我来说已经不那么新奇了，我不再是那个几乎没出过国门的小伙子了。那时候，我只去过瑞典——我们家曾趁着假期去那儿露营过几次，还有莫斯科，我去那儿探望过我爸爸，那时我才六岁。）

　　好好的一次西班牙之旅就这么吹了，再想起来还是有点懊恼，于是当时我说服自己，下次再有人邀请我公开演讲，无论如何都要接受。然而，真到了这一刻，我却躺在床上左思右想，担心自己能不能战胜恐惧站到那么多人面前，能不能张嘴说话，或者会不会更糟糕，比如在四百名观众面前一不小心就咧开嘴傻笑起来之类的。

　　说真的，我心里一团糟。

　　我像往常一样，说些话鼓励自己：观众不是想来看我笑话的，如果他们不喜欢我，压根儿就不会来看我演讲；再说了，我对演讲的主题非常熟悉——我可以说说在编写 Linux 内核的过程中，我是怎么做出那一大堆技术决策的，以及公开源代码的原因。话虽如此，我还是没有把握演讲能成功，我的心像不停运转的火车发动机般忐忑不安。我在床上直哆嗦，却完全不是因为天太冷。

　　那场演讲到底怎么样了呢？我直说了吧，那帮观众还真是富有同情心啊，居然没有人嘲笑我——我站在台上一副张皇失措的模样，先是像抱着救生圈一样死死地盯着 PPT 幻灯片（感谢上天让微软公司发明出这个软件救了我一命），后面又面带羞涩和迟疑地回答他们的问题。实际上，问答环节是整场演讲中最棒的部分。一开始的演讲部分实在谈不上精彩，但结束后，马歇尔·柯克·麦库西克还是走上前来对我说，他觉得我的演讲很有意思。他可是 Unix-BSD 版本的灵魂人物啊！这让我欣喜若狂，我几乎要跪在地上亲吻他的脚以表谢意了。在计算机领域我敬仰的人物不多，而柯克就是其中之一——正是因为在我首次演讲之后，他对我非常友好。

我的首次演讲就像是一次电休克治疗，接下来的那几场演讲也一样。虽然过程有些痛苦，但这些经历让我开始自信了起来。

戴维一直问我，随着 Linux 的日益发展壮大，我在学校的地位发生了多大的变化。说起来，我不记得有哪位教授提起过 Linux 系统，也没看到过有其他学生指着我对他们的朋友说："快看啊，他就是林纳斯。"什么都没有。学校里很多人都知道 Linux 系统，但密切参与 Linux 开发工作的黑客都不是芬兰人。

1992 年秋天，我被计算机科学系选中做助教，以瑞典语讲授计算机基础课程（事情是这样的：我们系里需要一名会说瑞典语的助教，而主修计算机科学且会讲瑞典语的就只有两名学生——拉兹和我。他们其实也没得选）。刚开始，我连上台在黑板上解题都紧张得要命，但没过多久，就已经能将全部注意力集中在教学内容上，不再担心会不会丢脸了。顺带提一下，三年后我升为助理研究员，这意味着我不再需要上台讲课，转而可以靠在计算机实验室里做研究工作来挣薪水了。而且，在实验室里我做得最多的研究其实还是 Linux 系统。有人花钱请我研究 Linux，这可谓开了个好头啊。后来我到全美达公司工作，基本也是研究 Linux。

戴维问："Linux 是从什么时候开始成为一件大事的？"

我回答道:"现在都还没到那个时候呢。"

好吧,我得改改这句话。当越来越多的人不再把 Linux 当成一个玩具,而是开始依赖 Linux 之后,Linux 就开始像回事了。当用户不再只是拿 Linux 摆弄着玩时,我才意识到,要是 Linux 出了什么岔子,我可是得负责任的。或者说,我至少感到自己肩上扛着责任了(我现在还是这么觉得的)。1992 年之前,Linux 顶多算是个玩物,而就在那一年,它一下子变成了某些人生活中不可或缺的一部分,成为他们的生计或者是生意。

这一转变发生在 1992 年春天,那时距离我编写终端仿真程序已过去了大概一年。那年春天,第一代 X 视窗系统开始在 Linux 系统上运行。这意味着 Linux 系统能够支持图形用户界面,而且用户能够同时运行多个视窗了。这个成果得归功于麻省理工学院的 X 视窗项目,这是一项巨大的技术革新。一年前它还没问世的时候,我和拉尔斯曾开玩笑说,总有一天我们能够做出一个 X 系统,而且它能在 Linux 系统上运行得很好。想不到这个愿望这么快就实现了。一位名叫奥雷斯特·兹博罗夫斯基的黑客顺利地将 X 系统植入到了 Linux 系统中。

X 视窗系统是依赖 X 服务器运行的,X 服务器提供了图形用户界面的环境。服务器与客户端进行对话时,客户端就相当于在说:"我要一个视窗,就要这么大的。"这个交互过程是通过套接字层来完成的,或者更正式地说,是通过 Unix 域套接字来完成的。这样实现的是 Unix 系统的内部对话,而套接字还能用来进行网络对话。就像这样,奥雷斯特给 Linux 系统编写了第一个套接字层,以此把 X 系统植入 Linux。奥雷斯特的这个套接字接口只相当于插件,并未整合其他代码。虽然它还不成熟,但是我非常欣赏这个插件,因为 Linux 十分需要这样的插件。

Linux 系统就这样有了图形用户界面，我一时还适应不过来。在有了这个功能的第一年里，我很少使用它，但现在我工作时打开的界面数都数不清，要是没了这个功能，我简直没法活。

奥雷斯特的贡献不仅让 Linux 用户有了图形视窗，还打开了一扇通向未来的大门。那个域套接字是用来支持本地网络运行 X 视窗系统的，我们也可以进一步利用这些套接字，使 Linux 跳出本地网络，去连接外部网络——也就是让 Linux 拥有连接其他计算机的能力。要是没有联网，Linux 能发挥的作用就很有限了，只能供本地用户，或者是在家用调制解调器拨号的用户使用。虽然这些套接字在设计之初从未打算用在发展联网技术上，但是凭着无比乐观的精神，我们还是开始用它们来开发 Linux 网络了。

我抱着极大的信心，认为我们能轻而易举地完成这个目标，所以在编制版本号时也大胆了许多，跨出了一大步。1992 年 3 月，我原本是计划发布 0.13 版本的，但图形用户界面的顺利就位让我信心十足，对于开发出完整、可靠并且支持联网的操作系统的目标，我感觉一下子有了 95% 的把握。所以，我将新发布的版本定为 0.95 版本。

天啊，我可太天真了！无知就更不必说了。

开发网络功能的确很烦人，实际上我们花了将近两年的时间，才弄出一个像样的版本可以发布。刚增加网络功能的时候，各种新问题突然之间就从四处冒出来了。说白了就是安全问题。你不知道网络上都有什么人，也不知道他们想干什么，所以你必须小心谨慎，以防他人发送恶意的垃圾程序来攻击你的计算机系统。除此之外，人们使用的网络设备也各不相同，再加上 TCP/IP 协议的约束，一时半会儿很难解决所有连接超时的问题。整个进度看不到头，好像要被无限期拖延下去。到了 1993 年年底，我们才有了一套基本算是能用的联网功能解决方案，尽管有些人运行起来还不那么顺当。比如那些网络边界低于 8 位的计算机，我们还没能实现它们的联网功能。

由于我乐观过头，将版本的编号直接定为 0.95，后面的事就是我自作自受了。为了 1.0 版本能顺利发布，在接下来的两年中，我们在编号上做了不少疯狂的文章。我们经常为补丁程序和新增的功能发布新版本，但你要知道，95 和 100 之间可没有多少数字啊！在发布了 0.99 版本之后，我们只好在版本号后边增加数字来表明补丁级别，后来又依靠起字母，于是就有了 0.99 版 15A 级，然后是 0.99 版 15B 级，诸如此类的。我们一路追加到了 15Z 级。编到 0.99 版 16 级的时候，我们终于把它改为 1.0 版本了，总算是熬出头了。我们在 1994 年 3 月发布了 1.0 版本，而且是在赫尔辛基大学计算机科学系的礼堂里隆重发布的。

回想起来，完成 1.0 版本的过程还真是一团乱。不过与 Linux 的大受欢迎相比，这点小波折又算什么呢？那时，我们已经拥有了自己的新闻组 comp.os.linux，它是在我和安德鲁·塔嫩鲍姆论战的硝烟中发展壮大起来的，吸引了一群群用户加入。那时有一个叫 Internet Cabal 的互联网社区（那些家伙似乎主宰着互联网），每月都会发布一份非官方的统计报告，显示每个新闻组当月招来了多少新读者。这些数据虽算不上可靠，但对于了解自己站点的知名度（在这里指的是对 Linux 感兴趣的人有多少）还是有参考价值的。

Internet Cabal 每月统计的数据，让我能及时掌握 comp.os.linux 的知名度。说真的，我也确实一直关注着那些数据（我可能是某些人心中的平民英雄，但我从来就不是那些胡说八道的媒体所说的那个只知道科技，满脑子无私、利他的呆子）。到了 1992 年秋天，新闻组的读者估计已经超过了一万人。有很多人加入新闻组来查看 Linux 的动态，但其中有一些并不是 Linux 的用户。每个月公布统计数据时，Internet

Cabal 也会随之公布一份知名度排名前四十的新闻组的简报。如果你的新闻组没能挤进前四十名，也可以从一个特殊的新闻组维护站点取得所有新闻组排名情况的完整报告。当时，我经常得去找这份完整报告。

Linux 新闻组的知名度在排名上一路缓缓爬升，终于有一天，它挤进了前四十名。我的高兴劲儿就甭提了，这事挺酷的。我记得自己还在 comp.os.linux 上发表了一篇文章，得意扬扬地列举出包括 Minix 在内的操作系统的新闻组排名情况，然后说："嘿，快来看啊，我们的知名度比 Windows 的还高呢！"其实吧，当时喜欢 Windows 的人还不上网呢，所以他们几乎不参加新闻组。1993 年，我们还挤进过前五名。那天晚上，我躺在床上兴奋得睡不着觉，一想到 Linux 这么受人欢迎，我就高兴坏了。

相比之下，我现实中的小世界就逊色多了，甚至那根本算不上是人生。我之前也提到过，在这段时间里，彼得·安文在网上组织了一场募捐，募到了 3000 美元，用来帮我偿还买计算机的钱。1993 年底，我终于付清了买计算机的钱。那年圣诞节，我把计算机的 CPU 升级为 486 DX266，后来还用了它好些年。这就是我生活的全部了：除了吃就是睡，勉强读了大学，编写程序，阅读电邮，没别的了。我或多或少也知道，身边的朋友更多的都是在忙着谈恋爱，不过没关系，我并不在意那些。

凭良心说，我的朋友大多也是社交上的失败者。

朵芙

撑过了埃德镇的那场演讲之后,我差点儿就相信,世上再也没有我跨不过去的坎儿了。连站在一群陌生人面前演讲、成为他们注意的焦点我都不怕了,还有什么我不能应付的呢?在其他领域,我也逐渐树立了信心。有关 Linux 的补丁和升级,我必须迅速做出决定。在这个过程中,随着 Linux 用户群的发展壮大,我觉得自己作为领袖是越发称职了。做技术决策倒没什么,难的是在做了技术决策之后,如何圆滑地告诉一个人,我为何倾向于采用另一个人的方案。有时候,我会轻描淡写地说:"某某的补丁用起来很顺手嘛,就用这个好了。"

在裁决程序员们给我发来的技术方案时,我永远只用最好的方案。只有这样,我才能避免偏袒某一方。当然了,也只有这样做,才能让大家信任我——尽管我当时没想这么多——信任让人们愿意做出妥协。如果人们信任某人,他们就会更容易接纳这个人的看法。

当然了,要让别人信任你,没有牢固的基础是不行的。Linux 的程序员们之所以信任我,我想并不是因为我编写了 Linux 内核,而是因为我把 Linux 系统发布到互联网上,而且我同意,如果有任何人想要使用 Linux 或者增加系统功能,除了 Linux 系统内核建设的最终决定权始终属于我之外,一切都是开放的。

Linux 最初只是我一个人的狂欢,我没料到它能在我的计算机之外打开一片新天地。我更加没料到,自己能成为这片新天地的领袖。但一切就这么默默地发生了。我们的核心小组由六个人组成,他们五个人承担了绝大多数关键的开发工作,在维护各自领域的工作中承担着重要责任,就像过滤器一样。

我很早就认识到，作为领导者，最好、最有效的做事方法，并不是让下属去完成领导吩咐的工作，而是让他们做真正想做的工作。好的领导者在自己出错时能及时自知，并且懂得如何及时补救。此外，他们还会听取他人意见，把决策权交给他人。

我换个说法吧。Linux之所以能成功，大部分该归功于我的个人缺点：首先，我很懒；其次，我喜欢占别人劳动成果的便宜。要不然，"Linux开发模式"（这应该是人们给我们的合作方式起的名）就只能局限在六个书呆子的小圈子里，只是日常用邮件交流一下开发心得罢了。这种小打小闹和后来那种集思广益的开发模式相比，简直不可相提并论。成千上万的开发者依靠邮件列表和彼此之间制定的规范进行联系和开发，加之有些企业予以赞助，所以处于开发状态的项目时刻都能维持在四千个左右。作为整个Linux项目的领军人物，我在操作系统内核的争端上，该仲裁的仲裁，该拿主意的拿主意。因此，我的直觉就是，而且永远都是：不要试图去领导。

按照这种集思广益的模式，Linux系统发展得顺风顺水。我把自己不感兴趣的功能都分给别人去做。首先是用户级线程，这个功能与内部代码相反，它和内核无关，而是终端用户能够直接处理的系统外部代码。这些系统功能的维护升级，开始是由志愿者提出后自己负责的，后来所有辅助系统的维护升级工作流程就规范了起来。一切工作按部就班地进行，不用投票表决，不用组织拉票，更不用重新计票，反正大家都知道谁是活跃分子，谁是他们信得过的人。

举个简单的例子，要是有两个人分别在维护类似的软件驱动，我就会把他们的工作成果都发出去测试，然后根据用户的运行结果来决定采用谁的方案。但对用户来说，他们会偏向于支持其中一个人的成果，而反对另一个。或者，如果让两个开发者分别工作，他们开发的方向可能截然不同，最后他们做出的成果可能会有完全不同的用处。

让人们吃惊的是，开放源代码这个模式竟然真行得通。

我想，开源的举措确实让我能更方便了解那些混迹在自由软件世界里的黑客们的心态。(顺便提一下，我一般尽量避免用"黑客"这个词。以前，在和技术人员私下聊天时，我可能会自称黑客。但最近这个词却变味了：有些小毛孩儿闲着没事干，用计算机侵入某些公司的数据中心，这种专搞破坏的恶劣分子也好意思叫"黑客"了！你说他们干什么不行，这种年纪就该去图书馆做志愿者什么的，要不谈谈女朋友也行嘛，干吗非得干这勾当。)

黑客们，哦不，程序员们全身心投入到 Linux 和其他开源项目的工作中，把睡觉、健身、孩子的少年棒球比赛什么的都抛到脑后。没错，有时候连那些本能上的欲望都没了，这都是因为他们太热爱编程了！他们愿意投入到这份全球协作的工作中(是的，Linux 是世界上最大的协作项目)，并且致力于打造全世界最优秀的技术。而且，任何人想要这些技术，就可以直接用——就是这么简单，又是这么好玩。

好啦，我现在听起来像是一个死皮赖脸自吹自擂的家伙了。不过，开放源码的黑客可不是高科技领域的特蕾莎修女。他们的名字和自身的贡献多少是紧紧联系在一起的，你看相关项目的"开发者名单"或者"历史文件"就知道了。最多产的开发者，对那些想拥有源码，并且渴望发掘和雇用顶级程序员的雇主来说，无疑极具吸引力。黑客靠着实实在在干出来的业绩赢得了同行的认可和尊敬，这也是很重要的一个激励因素。再说，人人都想在同行朋友面前有面子、增加知名度、提升社会地位。开放源码恰好给了程序员这样的机会。

不消说，1993 年这一年，跟 1992 年、1991 年及再之前的年份没什么不同，我把大部分的时间花在了计算机上。不过，那年过后，情况就有所变化了。

跟随着我外公教书育人的脚步，我成了赫尔辛基大学的一名助教。从秋季的新学期开始,我就用瑞典语教授"计算机科学入门"这门课了。我就是这样认识朵芙的。我不是说过安德鲁·塔嫩鲍姆的《操作系统:设计与实现》对我一生的影响很深吗?相比之下,朵芙给我带来的影响远比那本书厉害。我就不细说是怎么个影响法了,免得你们会烦。

我教的这门课有十五个学生,朵芙是其中之一。在此之前,她已经取得了一个学前教育专业的学位。虽然她也很想学好计算机这门课,但她的进步没有班里其他同学明显。不过,她最终还是赶上来了。

这门课非常基础——那是 1993 年秋,互联网还没普及。比如有一天我布置的家庭作业,只是让同学们给我发电子邮件。这种作业放在今天听起来就很荒谬了。

其他学生发来的电子邮件都是些简单的文字信息,或者一些没什么意思的课堂笔记。

而朵芙呢,却邀我约会。

朵芙是第一个通过互联网接近我的女人,而我干脆把她娶回了家。

有了这次约会,我们逐渐走进了彼此的生活。朵芙是一名幼儿学前教育的老师,还曾六次获得过芬兰空手道冠军。她来自于一个"正常家庭"——只要别的家庭不像我们家那么离奇,我一般都会用这个词来形容他们。她还有很多朋友。自打我们在一起的那一刻,我就知道她是我命中注定的女人(这个说来话长,我就不赘述了)。反正,我们约会了没几个月,我和我的猫咪兰迪就搬进了她那间拥挤的公寓里。

刚住进朵芙的公寓里时,前两周时间,我甚至懒得把计算机搬过去。从我十一岁那年坐在外公大腿上摆弄计算机开始,忽略服兵役那段时间不计,那两周是我离开计算机最长的一段时间了。别说我唠叨,反正除去服兵役期间,至今那都是我此生离开计算机时间的最长纪录了。不管怎么说,我做到了(我再说一遍,细节没那么有趣啦,就不细说了)。那段时间我和妈妈见过几次,她动不动就喃喃地说"上天真是显灵了"之类的话。相比之下,我觉得爸爸和妹妹只是有点惊讶而已。

没过多久,朵芙就带回来另一只猫给兰迪做伴。我们的生活安排得很好,晚上我们过二人世界,或者和朋友聚聚会。早上五点我们醒来,她去上班,而我会早早到学校去,在别人来找我之前,先看看关于 Linux 的邮件。

第 3 章
舞会之王

1.0 版本闪亮登场

1.0 版本的诞生，意味着 Linux 系统需要开拓一个新的方向：公共关系。其实，就像之前的版本一样，我也非常乐于在新闻组上面写些东西，来向世人介绍新版本，比如说"1.0 版本出来了，你们用用吧"（当然，措辞还可以再斟酌）。

很多人觉得 1.0 版本的发布是件大事，他们希望把它推向市场。当时，有一些刚刚起步的商业公司开始出售 Linux。对他们来说，1.0 版本在心理学上的意义远比技术革新重要。关于这种观点，我不会反对。毕竟，推销一个 0.96 版本的操作系统，实在是不够得体。

我之所以会推出 1.0 版本，是因为这对于我来说是一个里程碑，同时也意味着我暂时不用操心怎么打好补丁，可以专心回到开发工作了，而对于商业公司和 Linux 社团来说，他们则希望能够大张旗鼓地向公众推广 Linux 系统。

我们需要一套得力的公关策略。至于让我一个人包办这个活儿，那就免了吧——发布新闻或者声明这种事情，我可不感兴趣。有些人觉得这种事情他们很在行，自然而然就接手了。这倒和 Linux 系统的开发方式很相像——不知道为什么，这样做还挺成功的。

把 Linux 首个正式版本的发布搞成一桩大事件的主要推手是拉尔斯。他和另外一些人认为，在大学搞正式版的发布最恰当不过了。这确实有道理。要是在我的卧室开发布会，那可就太小了；要是在商业场所发布，又会开创一种不好的先例，坏了规矩：Linux 不想走商业化道路。于是拉尔斯自告奋勇去和学校联系。我们学校的计算机科学系实在很小，小到他可以直接和系里的头头商量这件事。

赫尔辛基大学非常乐意进行这次合作，主动将计算机科学系的大礼堂借给我们，用作 Linux 1.0 版本的发布会场地。他们当然乐意啦！要知道，学校平时可没有什么机会上电视新闻。

我也同意了在发布会上说几句。比起在荷兰埃德镇的那次演讲，这一次远远没有那么可怕。其实，现在想起来，比起埃德镇那次演讲，这一次我反倒有更多困扰。

比如说，我爸爸就坐在观众席上。还有，这次发布会会在芬兰的电视上直播。这可是我生平第一次上电视！我的父母都坐在观众席上看着呢（不过，我肯定他们没有坐在一起），而且朵芙也在现场。这是我爸爸和朵芙第一次见面，所以对我来说，这可不仅仅是 Linux 1.0 版本的发布会那么简单。当时，我正在做演讲之前的最后准备，比如检查幻灯片能否正常播放之类的事情，所以他们见面的时候我并不在场。我猜他们应该是在进场的时候碰上的吧，说不定我的余光还正好瞥见过那一幕。

在这次演讲以及随后几年的每一次演讲中，我都没有过多地提及技术细节，而是着重谈了开放源代码运动。这次演讲挺不错的，至少让计算机科学系的一些人改变了对 Linux 的看法。在此之前，Linux 系统虽说是系里的骄傲，但鼓励与支持也仅是不温不火的。自打这次发布会后，系里才开始更认真地看待 Linux 系统，毕竟，它都上电视新闻了嘛！

这些年来，一直有人认为赫尔辛基大学试图在 Linux 系统的开发工作上揽功。但事实并非如此。系里一直很支持 Linux 的开发，他们甚至给了我一份工作，准许我上班时进行开发。要知道，那时 Linux

还没成气候呢,也没人说过"哎,Linux这东西总有一天会名扬天下,我们来帮忙推一把吧!"之类的,但校方也很乐意成为发布会的重要组成部分,因为这实际上也大大提升了学校的人气,从公关角度上来看,可谓一大胜利。据我所知,现在计算机科学系的瑞典语学生要比过去多了很多,而在此之前,赫尔辛基理工大学在这个领域要更强一些。

妒忌别人的成就可谓芬兰的文化特点之一。随着Linux的风头在全世界越来越盛,很多人开始问我,学校里有没有人眼红。其实正好相反,同事们都非常支持我。他们老早就弃用了X系统终端,转而用上装有Linux系统的PC了。

经过这次发布会,Linux系统在芬兰变得家喻户晓,Linux的大名也传到了海外。当时出现了很多关于Linux系统的新闻报道,记者们尽管对Linux系统一知半解,却都觉得特别新奇。从商业角度来看,1.0版本并没有对那些计算机行业巨头造成太大的威胁,只是在蚕食Minix系统和Coherent系统的市场。可惜,在计算机圈子以外,几乎没有什么人关注Linux。不过还好,人们对它的关注已经远比我起初预期的要多得多了。

不知不觉间,记者(多数是商业性报刊的记者)开始找上门了,而且是真的找到我家来了。朵芙对此不大乐意。你想啊,好好的一个星期六早晨,被一个带着礼物要求采访的日本记者吵醒,谁能高兴得起来?他们送的礼物多是手表,也不知道他们从哪儿听说我喜欢手表,所以都拿手表来当礼物,以便邀请我做采访。我要是接受他们的采访,朵芙就更不高兴了。这种情况持续了好几年,后来我们搬到了新居,一律谢绝记者造访,朵芙才不再抱怨。有时我非常粗心,约了记者来家里做采访,却忘了告诉朵芙,甚至自己都忘了和记者约过。记者到了约定的时间上门后我却不在家,朵芙只好在我回来之前先招待他们。除了记者,一些Linux发烧友网站也开始冒了出来。在法国就有一个网站，登了不少我的近照，但净是一些糗照。比如有一张我在频谱聚会上的照片：袒胸露背，喝着啤酒，看起来还怪有男子气概的……

才怪。

当时并非只有记者和 Linux 黑客才对我感兴趣，一时间也有不少富翁找上我，想跟我谈谈他们的技术问题。Unix 系统一直以来都被视作有巨大潜力的操作系统，主要就是因为它强大的性能和多任务处理能力。所以，原本对 Unix 系统感兴趣的企业家们将注意力转向了 Linux 系统。其中，有一家名为诺勒的网络公司搞了一个闭关开发项目（skunkworks project[①]）——被命名为"窥镜"的基于 Linux 系统的 Unix 桌面。项目看起来倒是不错，可惜却陷入了困境：它没有依据当时的标准规则——公共桌面环境来设计。

1994 年 8 月，诺勒公司邀请我造访他们位于犹他州奥勒姆市的总部，和他们谈谈那个桌面项目。有这么一个免费去美国的机会，我当然愿意！不过我还是提了条件：只要他们能承担我去参观美国另一个城市的开销，我就接受他们的邀请。即使作为一个没见过世面的芬兰小子，我也知道奥勒姆市，乃至盐湖城都不能完全代表美国的其他城市。他们答应了，还建议我去华盛顿看看，但我不想去那儿，我觉得它和其他国家的首都不会有什么差别。他们又建议我去纽约，不过我觉得还是去加州更有意思一些。

在诺勒公司总部，我真的看不出来那帮人有多重视这个项目，反正最后他们肯定是不重视了——他们干脆直接砍掉了这个项目，然后有九个项目相关人去创办了卡尔德拉（Caldera）公司。不过在这次造访中，美国给我留下了深刻的第一印象。不知怎的，我萌生了将来的

[①] skunkworks，语出美国画家阿尔·卡普所著的连环漫画《小阿布纳》（*Li'l Abner*）里的科研重地名称。skunkworks project 是指这样的项目：一个团队专注于一个项目的开发，旨在短时间内快速完成项目工作而不受传统的管理因素的影响。——译者注

某一天可能会在此居住的想法。撇开诺勒公司对 Linux 的投入不说,在迅猛发展的科技世界中,美国似乎正处于核心地位。

　　这次美国之旅,我颇受触动。最先震撼我的是,和欧洲相比,这儿的一切都显得更为新颖。当时,摩门教的 150 周年纪念活动才刚过几年,所以他们主要的教堂都拾掇得干干净净,白得发亮。在欧洲,所有的教堂都老旧不堪,满是岁月留下的痕迹。看惯了欧洲的教堂,再一看摩门教堂,这白得发亮的墙甚至让我联想到迪士尼乐园!它看起来不像是教堂,更像是童话里的城堡。另外,在奥勒姆时,我还试了试酒店的桑拿。我还不如不试呢!那就是个简易版的桑拿,桑拿室的墙壁竟是用塑料做的,里面就比外面热一点点。试完我就想,美国人根本就不懂桑拿!这让我不禁有点想家。

　　不过,我也学到了一些在美国生活的窍门。这就好比游客到了芬兰,会很快明白不能在酒吧随便和陌生人搭话。我也很快明白,在犹他州(后来我才知道在美国其他地方也一样),你不能理性地和别人讨论堕胎和枪支管制。因为可能有一半的机会,你会遇上对这两个问题特别敏感的人,从而很容易就陷入无谓的争吵(这些事真的没必要争执,欧洲人就不会被这些问题烦扰)。美国人之所以强烈地捍卫自己的立场,就是因为他们听到太多对立的声音。事实上,芬兰的人均持枪数可能比任何国家都高,但这些枪支大多是用来打猎的,所以这在芬兰并不是什么大问题。

　　很快,我在美国学到的另一件事就是,根啤[①]太难喝了!

[①] 天哪!根啤(root beer)这玩意儿的口味太独特了,很少有人能一喝就喜欢上吧?我想,根啤应该是禁酒的清教徒发明的吧。清教徒不能喝啤酒,因为啤酒含有酒精,于是他们就调出了一种不含酒精的饮料,这种饮料恰好是用某种植物的根做的,所以他们就管这种饮料叫"根啤酒"。名字里有了"啤酒",人们就被糊弄了,以为这玩意儿是个好东西。一代代过去,就这样糊弄了十代人,人们也就相信这是个好东西了。所以,今天的美国人之所以喜欢根啤,其实是整整十代的基因遗传下来的结果。

离开犹他州,我飞到了旧金山。我一下子就喜欢上了这座城市,非常喜欢。我顶着烈日在这座城市里到处游荡,结果晒伤了皮肤,不得不在室内待了一整天。

我记得自己从金门大桥上徒步走过,边走边望着对岸的马林岬。那时的我兴奋极了,巴不得一步走到对面,在群山的怀抱中畅行。不过,等我总算走到马林岬那一边时,就已经累得走不动了,什么群山啊畅行啊早就抛诸脑后了。当时我肯定料想不到,差不多六年之后,我会坐在海风拂面的马林岬群山顶峰,一边俯瞰着太平洋、旧金山市、旧金山湾、金门大桥,以及笼罩着这一切的雾霭,一边对戴维的录音机诉说这一切。

仅仅一年后,我又回到了美国。这一次的目的地是新奥尔良市,我去给 DECUS(DEC 公司的用户协会)的会议做演讲。会议只有四十人参加,所以演讲对我来说也不是太大的折磨。那次,最棒的是认识了"疯狗"乔恩・霍尔。他是 Digital Unix 的技术营销人员,也是 Unix 的老用户,当时就是他负责把我送到会场做演讲的。"疯狗"最为人所知的是他那长度及胸的大胡子和荒诞的幽默感,他爱打呼噜的习惯就别提了。他现在掌管着 Linux 国际,这个组织的主要工作是支持 Linux 系统和 Linux 用户的需求。此外,他还是我大女儿帕特里夏的教父。

新奥尔良的那场演讲给我带来一个好处:经"疯狗"安排,DEC 公司借给我一台使用了 Alpha 芯片的计算机。除了 PC 之外,这是 Linux 系统第一次植入到其他平台上。在这之前,也有人尝试将 Linux 植入其他硬件平台,比如使用了摩托罗拉 68000 芯片的雅达利 ST 和 Amiga 计算机。但是在这些案例中,Linux 并不能同时兼容两个平台。要想让相应的 Linux 版本正常工作,你就得舍弃一些不能运行的代码,并重写代码来代替它们。然而,Alpha 计算机是首个能完美植入 Linux 系统的平台，在 PC 上能跑的源代码，基本上在 Alpha 计算机上也一样能工作。我还加了一个抽象层，这样源代码就能以不同的方式编译到两种平台上了。也就是说，同一套代码能分别适用于不同的平台。

到了 1995 年 3 月，也就是我们发布 Linux 1.2 版本的时候，Linux 内核已经有了 25 万行代码，诞生还不到一年的技术杂志 *Linux Journal* 的发行量已经达到了 1 万册，而且 Linux 系统也能同时适用于英特尔公司和 DEC 公司的处理器，以及 Sun 公司的 SPARC 处理器了。Linux 跨出了一大步。

版权之争

1995 年，业界涌现出很多 Linux 商业版本，那些 Linux 商业公司也吸引了一大批追随者加入。同年，我在大学里也由助教晋升为助理研究员，这意味着我可以多领些薪水，少上些课。至于我在攻读的硕士学位嘛，内容主要是将 Linux 普及到不同的体系架构上，进展比较慢——可以说简直慢得不行。同年，朵芙开始教我打壁球，每个星期我们都会切磋一次。凭良心说，我俩的球技还算势均力敌呢。

我的小日子过得正甜蜜，一件麻烦事突然冒出来。波士顿的一个投机分子抢注了 Linux 一词的商标。这还不算什么，过分的还在后头：他发邮件给 *Linux Journal* 和其他几个 Linux 公司，向他们索要收入的百分之五，作为使用商标的"酬金"。

听说了这事，我心头一紧，觉得此人似曾相识，因为他的名字挺耳熟的。我搜索了归档的邮件，发现原来在大概一年半以前，这家伙曾主动给我发过一封邮件，问我信不信上帝，还说能给我提供一个前所未有的商机。他给我发邮件那会儿，垃圾邮件还没有成为一个困扰全球的问题。那时真可谓纯真年代，互联网还没有被某些人"快速致富"的歪理邪说侵蚀。不过，我当时也没打算给这个家伙回信，只是觉得这封邮件挺特别，就将它保存了下来。

就这样，我们凭空摊上了这么个危机。我们只是一帮黑客，哪里会想到要主动去检查商标有没有被注册这种事呢？

不过这家伙也不是那种专门抢注商标的，显然他只干过这一回。商标分很多不同的行业类别，而他只在计算机行业下注册了 Linux 的商标。申请人在申请注册时得提交用以佐证的应用程序，当时他向商标管理局提交了一张磁盘，里面装着他所谓的 Linux 程序。

这件事引发了一些恐慌。Linux 圈里所有人都明白，我们得抢回这个商标。但问题是，我们没有一个得力的组织来应战，甚至没有足够的钱来聘请律师。没有哪家公司愿意承担这 1.5 万美元的诉讼费（换成现在，他们每个月买百事激浪饮料都能花掉这么多钱了）。可是在当时，这么一笔钱对一个公司来说可不是小钱。最后 *Linux Journal* 和其他一些公司决定联合提供资金支持，让 Linux 国际出面打这场官司。Linux 国际最初是在澳大利亚创立的，旨在全球范围内推广 Linux 系统，创立者是帕特里克·德克鲁兹，他在 1994 年移居美国。打商标官司的那一年，"疯狗"正担任 Linux 国际的执行理事一职。大家都很信任他，并且到现在都还是如此。

我当时人在芬兰，忙着在壁球上打赢朵芙，或者在斯诺克上打赢"艾夫登"，没有兴趣加入这场官司，只希望这场噩梦能早点结束。我当时的想法是废除这个商标，使他的注册行为无效，因为早先的软件行业已经使用过该词。我们有充分的文字证据证明我们先于那家伙使用 Linux 一词，而且这本来就是事实。不过麻烦的是，律师劝我们说，我们应该打消让 Linux 进入公有领域的念头，因为用这种方法来取消对方的商标很可能会白忙一场。他解释说，能让 Linux 进入公有领域的唯一方法，是将它变成通用名称，但当时 Linux 压根算不上是通用名称。哪怕在今天，商标管理局也不会把它当作通用名称。他认为，要是那样做，我们可能就会输掉官司；即使赢了，这次宣布注册行为无效，也难保今后不会再有人把它注册为商标。

律师给我们的诉讼方案是将商标的所有权转移给某个法人。我把票投给了 Linux 国际，但是很多人反对这个主意。Linux 国际太年轻，未经时间考验，大家普遍担心 Linux 国际会为商业利益所屈服（我得说明一下，其实到现在也没有发生这种事）。此外，大家还普遍担心另一个问题：要是"疯狗"卸任了，谁会是继任者？

于是，大家把目光投向了我。律师建议，鉴于我是这个名词最初的使用者，如果 Linux 的商标由我持有，这场官司打起来就轻松多了。后来我们采用了这个策略，最终达成了庭外和解，似乎这是最简单也最省钱的办法了。和绝大多数庭外和解的案例一样，我不能透露相关的细节。事实上我也不是很清楚，而且我也乐得如此。

我回头再看那个家伙的邮件，其实里面也没提到什么专利的事情。很明显，他当时纯粹是想跟我聊天而已。也许他是想让我付给他一些报酬。又或者，要是我能表现出自己跟他有相同信仰，能从精神上跟他称兄道弟的话，他也许就直接把商标让给我了。谁知道呢？

经过这件事以后，我算是看清楚了，某些表面上的正人君子骨子里坏着呢。不过，当时更让我烦心的是，商标的担子居然丢给了我，大家把我拱出来跟那个家伙抢商标，我可没做错什么啊。

经过这场混战，最终我获得了 Linux 商标的所有权。这就意味着，如果诸如 VA Linux 的这类公司要申请 IPO（首次公开募股），就必须在招股说明书里指出他们公司并不拥有 Linux 商标，哪怕 Linux 一词占了公司名字的一半（在这种情况下，该公司需要通过法律途径向我提出 Linux 一词的使用申请）。不过，这种事情我现在已经习以为常了。

商标风波不过是 Linux 成长过程中某个不起眼的小烦恼罢了，但确实让我们分了心。这事刚消停没多久，又有一件事冒了出来：位于美国俄勒冈州波特兰市的英特尔公司研究实验室有一名工程师，说他们公司在开发新架构的过程中需要用到 Linux 系统，问我有没有兴趣到英特尔实习半年。

我曾跟朵芙含糊地提过有机会可以去美国生活的事情。朵芙知道我很享受那为数不多的几次美国之旅（当然，不包括喝根啤）。我们认为，在美国，机遇要多得多，气候更是不必说。顺便提一下，我确信美国的员工激励体系比欧洲的实际多了，这也会产生更好的工作成果。在芬兰，如果某个员工比其他人的工作做得更好，老板会遮遮掩掩地多给他一点儿薪水。但要是在美国，老板会直接给他远远高于其他人的薪水。这种方法的确很有效。这次实习看来是一次试水美国生活的绝佳机会，或者说是试雨水的绝佳机会，因为波特兰市在太平洋的西北部，经常下雨嘛，哈哈。我俩都觉得我应该把握住这次机会。但我也觉得特别矛盾，还没拿到硕士学位就离开学校的话，总觉得心里有疙瘩，说不过去。也许是外公当过教授，我打心眼里觉得自己不应该辍学。不过后来，我的想法也不要紧了。那位工程师的主管认为，我要是实习六个月，他们就必须向美国移民局申请相应的工作许可证，这当中的审批手续复杂得很。此事只好作罢。

所以，我们还是留在了赫尔辛基。时值 1996 年元旦前夕，芬兰狂欢者们正疯狂地庆祝新年的到来，我也快修完硕士学位了。我只需要再修一门简单的课程，就能攒足学分了。不过，我还得完成论文。我把大学的多数时间奉献给了 Linux，讽刺的是，这竟然是我第一次因为

Linux 而获得学术上的肯定。

1996 年是我有所醒悟的一年。在平均主义盛行的芬兰，按国家强制性规定，一个人如果同一份工作干满三年，就能得到一次升迁。当我升迁后第一次拿到工资条时，我有些震惊：我在大学里竟然已经工作了这么久，久到我都得到升迁了。我不禁自问：难道我一辈子都要耗在大学里吗？难道我注定要成为外公那样的人？还记得我在这本书开头对他的描述吗？谢顶、发福，身上没有什么味道。我开始时不时地在镜子里审视自己：我的发际线已经后移了好几毫米，曾经皮包骨头的瘦杆身体也开始慢慢发福了。我才二十六岁，却平生第一次觉得自己老了。我在大学已经待了七个年头。我想，只要我抓紧一些，应该能很快毕业的。

企鹅到底是谁的主意？——戴维的话

我十岁的女儿凯莉觉得，能收到别人送的企鹅，简直是超级巨星的待遇。在加州东部山脊露营的那天夜晚，月朗星稀，我们围坐在篝火旁边聊天，林纳斯说起英国布里斯托尔的 Linux 系统用户组给他买了一只企鹅。凯莉想不明白，林纳斯有这样一只可爱的小东西，却没心思专门去看看。林纳斯解释道，实际上，他们并不是买了一只企鹅来送给他，而是以他的名义认养了一只企鹅。他说，认养期应该是一年。

托瓦兹一家就着篝火，琢磨着棉花糖可以怎么做。也不知道是谁，烤着烤着棉花糖，随口问了林纳斯一句："你当初为什么会选企鹅作为 Linux 系统的品牌标识呢？"

"用企鹅做标识是我出的主意。"朵芙说,"很多人问林纳斯,'是不是该有个标识了?',他才开始考虑这件事。他先从自己见过的标识入手。当时许多开发 Linux 系统的公司有自己的 Linux 标识,其中一家公司用的是一个粉红色的三角形。据我所知,这个图标在国际上有其他意思,于是我把这个情况告诉了林纳斯。他说,他想要的是一个好看且有亲和力的标识。"

"那时我就想到了企鹅。有一次在澳大利亚,林纳斯被动物园里一只可爱的小企鹅咬了一口。他很喜欢用手去逗小动物,响尾蛇什么的他都敢用手去拨弄。动物园里的企鹅,个子大概有三十厘米高。他居然把手伸进笼子里去逗其中一只企鹅玩,还把手指当成鱼,要喂它吃呢。这下把企鹅招来了,还咬了他的手指一口:咦,这玩意儿好像不是鱼啊!虽然被企鹅咬了一口,但他还是很喜爱这种动物。从那以后,他像是被企鹅下了迷魂药似的,只要一有机会,他就去看企鹅。"

"所以,他选品牌标识那会儿,我就跟他说:'为什么不拿企鹅做标识呢?反正你也很喜欢企鹅。'他说:'说得对,我想想看。'"

林纳斯坐在一边,和朵芙中间隔着大概三个人的位置,听到这儿,他摇了摇头。

"怎么会,才不是她出的主意呢。"他说,"她说得不对。"

看来,林纳斯和朵芙在这个问题上有分歧。要知道,他们两口子素常很少拌嘴。在带孩子和操持家务方面,朵芙是把好手,照顾名人丈夫也很有一手,她还能用空手道的技巧阻挡记者的纠缠。当然,林纳斯也非常乐意出点力,比如偶尔叠叠衣服,或者早上泡泡卡布奇诺什么的。即便开十个小时的车出去长途旅行,路上一对小女儿不停地要这个要那个,林纳斯和朵芙都能配合默契,从容处理。他们夫妇间的关系,就像做工精巧的斯堪的纳维亚沙发床一样,平实又不失优雅。

我们后来找到了分歧的症结所在。

按照林纳斯的说法，刚开始朵芙可能提起过企鹅的事情，但只能算是语焉不详地随口一说。正式把那个冰天雪地里的小东西选为Linux的官方吉祥物的决定，实际上是林纳斯经过与Linux两位高级别成员商讨后才最终敲定的。

关于这一点，朵芙有她的理解："起初他还说这个想法很一般呢，就因为那是我提出来的。后来，他接着考虑标识的事情。有一次我们在波士顿跟'疯狗'和亨利·霍尔见面，聊着聊着就说起了标识的事。我对他们说：'用企鹅怎么样？你们不觉得它很好看吗？'他们也表示赞同。我想，就是那一次讨论，林纳斯才最终认同了这个想法。"

"亨利·霍尔说他认识一个画家，能让他帮忙画图，但接着就没下文了。后来据我所知，林纳斯在网上发帖，看谁有兴趣给他提供企鹅图案。"最终，他选择了拉里·尤因提交的企鹅图案。拉里是一名平面设计师，任职于得克萨斯农工大学的科学计算学院。

当然，不是随便什么企鹅都能拿来当标识的。首先，林纳斯希望这只企鹅看起来爽透了，就像灌了一大瓶啤酒，刚刚爽完。除此之外，这只企鹅还得举世无双才行。其他企鹅都是黑喙、黑脚蹼的，Linux这只企鹅偏偏是黄喙、黄脚蹼的，不留神看的话，还以为它亲爹是只鸭子呢。它就像是达菲鸭跑去南极玩了一圈，和当地的一只企鹅糊里糊涂地生下的孩子。

接受全美达的邀请

在 1996 年，有两个关于我的消息在 Linux 圈子里引起了同样的关注：第一，我决定到全美达公司工作；第二，我和朵芙可算搞清楚怎么样才能怀上孩子，并且成功怀孕了，我们将在 1996 年底迎来我们盼望已久的小生命。

1996 年春，朵芙怀孕的消息泄露出去后，Linux 新闻组上一些较为活跃的用户就想知道，我是如何在维护 Linux 系统和照顾家庭之间找到平衡的。几个月之后，当大家知道我终于要离开赫尔辛基大学，到硅谷为神秘的全美达公司工作的时候，一场世俗的大讨论就此展开：走出中立的学术氛围，进入市侩的商业环境后，我还能坚持开放源代码的理念吗？要知道，全美达公司的投资人之一就是保罗·艾伦，他可是微软的创始人之一。因此，反对的声音有很多，甚至有人认为，这是一场精心策划的为了控制 Linux 的惊天阴谋。

提到这些，我并不是想说那些忠实的 Linux 用户在杞人忧天，只是……饶了我吧！事实上，不管是 1996 年 12 月帕特里夏的出生（以及十六个月之后丹妮拉的出生，四十八个月之后塞莱斯特的出生），还是我从 1997 年 2 月起在全美达的工作，都没有导致 Linux 系统垮台。由始至终我都清楚，如果真发生什么对 Linux 的工作产生不良影响的事情，我一定会在必要时当机立断，把 Linux 托付给我信任的人。

我又跑题了。

1996 年，正值春夏交替时，我完成了硕士学位的最后一门课程。差不多这个时候，我接到彼得·安文的信。还记得彼得吗？他是 Linux 圈子的一个发烧友，三年前他在网上组织募捐，为我付清了我那第一台 PC 的欠款。和其他混迹在 Linux 新闻组的人一样，他知道我快毕业了。那时，他在全美达已工作了将近一年，找了个机会和老板提起了我，说芬兰有这么一个家伙，招揽过来对公司大有用处。他趁着到瑞典探望母亲的机会，顺道和我简单地见了一面。他把全美达捧上了天——但实际上他也说不出什么，因为全美达一向都在"潜藏模式"下运作，所以他其实也不能透露太多细节。当时的圈子里也有一些传言，说这家公司在开发"可编程芯片"。不管怎么样，能和彼得见上一面感觉真好。

回到加州一个星期后，彼得给我发了一封电邮，问我什么时候能动身过去。这次与一年前英特尔公司找我的情况截然不同，当时是有个工程师想聘用我做实习生，但是由于证件手续问题没能成行。

我想，能去加州转转，就当是旅游一趟，也挺好玩的。

这是我生平第一次应聘。我什么也没有准备：没有简历，也不知道全美达公司是干什么的，就连全美达的所在地我都感觉是完全陌生的。

对于能不能拿下这份工作，我倒不担心。我更关心的是，要是拿下了这份工作，也就意味着我得搬到美国去。这样一想，我就无法把这次会面看作一次单纯的工作面试了。更重要的是，我能借着这个机会看看全美达那些家伙到底是干什么的。说起来，那是一次相当古怪的面试。

全美达之行的第一天结束后，我回到位于全美达总部写字楼对街的酒店里。我的时差还没倒过来，但我已经觉得这儿挺有意思的了，不过我也感觉全美达那些家伙都是疯子。他们没有在做芯片，没有在做任何硬件，所有工作都是靠模拟程序完成的。而且，看着他们用模拟器登入 Windows 系统 3.11 版本玩纸牌游戏，我还感觉他们干不成什么事，这次美国之行似乎白来了。那一天结束之后，我不禁怀疑自己完全是在浪费时间。我记得十分清楚，当时我是这样想的：大概没戏了吧？无论是全美达公司的技术革新，还是我的新工作，都没戏了吧？

管他呢，先睡一觉，明天再考虑。不过，我几乎整晚都没睡着。我躺在床上，满脑子想着全美达公司的那些计划。一时间，我开始幻想在我家后院里种一棵棕榈树，又反复思考白天所看到的模拟器的运行情况。那是个非常难忘的夜晚，我总也睡不踏实。不过，那次再怎么辗转反侧，其实都不如埃德镇的那场演讲的前一天晚上那么焦虑得令我战栗。

第二天早上醒来，不知怎么的，我感觉很兴奋。到了第二天晚上，心情更是异常兴奋。就是从那时起，我开始感到有点压力了。

在接受全美达的工作之前，我和很多人谈过这件事。正当外头风传这件事时，我又陆续收到其他的工作邀请。在芬兰，有一家电视公司向我发出邀请，当时他们多少算是用上 Linux 系统了。通过"疯狗"的介绍，我还收到了 DEC 公司的邀请（无意冒犯，但波士顿的冬天不比赫尔辛基强多少——好吧，或许强一点儿）。我还和红帽公司谈过，他们邀请我加入，并承诺会提供比全美达公司更高的薪酬——但他们根本就不知道全美达的薪酬是多少（因为我也不知道，我还没有和全美达谈到待遇问题）。红帽公司甚至承诺，不管全美达给我多少期权，他们都愿给我更多。但是我没有兴趣为任何 Linux 公司工作，即便它外在条件得天独厚，坐落在气候宜人的北卡罗来纳州的中心。

就这样，我虽然没有正式投递简历，却一下收到了五份工作邀请。显然，全美达是最令我心动的。

我接受了全美达的邀请。我感觉挺别扭的。第一件要做的事就是通知赫尔辛基大学我要走了。要说我在全美达参观的第二天晚上开始感到有压力，那么到了此时，则是切切实实感受到了压力。这件事对我来说是巨大的一步，一旦踏出去就没有回头路。我们家会添一个孩子，还会移居到另一个国家，离开赫尔辛基大学这所"安乐窝"——

不过还得先把论文写完。回想起来，一时间作出那么大的改变也挺好的。不过在当时看来，那的确是很疯狂的决定。

我没有就此事发布正式的声明（当然了，为什么要发布呢？），不过网络上关于此事的消息不胫而走，随之出现的还有先前我提过的那场大讨论——我在邪恶贪婪的商业环境中是否还会坚守 Linux 系统的开源理念，以及在给小孩换尿布时如何兼顾 Linux 系统？当时，人们是这样看 Linux 系统的：只有在单纯的大学生手里开发，Linux 才能成为现在这样的情况，这些并非诸事安顿的成年人所能做到的。我想，我能理解他们为什么对我"长大"的事情那么紧张了。

我在一个漫长的周末里写完了论文，赶在把朵芙送进医院前几分钟，把论文交了上去。四十个小时之后，帕特里夏出生了。那天是 1996 年 12 月 5 日。做父亲似乎是世界上最自然不过的事情了。

接下来的几个星期，我们忙着带孩子，当然也操心赴美签证的审批，这种等待可真是漫长。我们觉得要是结了婚，可能会对签证的审批有帮助，所以一月的某一天（我忘了具体是哪天了，跟日期相关的事情我总得问朵芙），我们去政府部门正式领了结婚证。我们只邀请了三位见证人：朵芙父母和我妈（我爸当时在莫斯科）。那段时间还挺尴尬的。我们还不知道审批手续什么时候能办完，但是大部分的行李已经寄到美国去了。我们举办了一个和乔迁派对相反的搬家派对，借此和朋友们道别。有二十个人挤进了我们那间收拾一空的一居室公寓里，按照良好的芬兰传统，喝了个酩酊大醉。

后来，我们的签证终于批下来了。1997 年 2 月 17 日这天，我们登上了去往旧金山的早班机。我记得赫尔辛基那天的气温是零下 18°C。我还记得道别的那一刻，朵芙的家人都哭了，他们家人之间的关系很亲密。我倒是不记得我的家人有没有在场了。我想，他们一定是去了的。也可能没有。

我们在美国下了飞机,抱着一个婴儿和两只猫过了海关。彼得·安文特地到机场接我们。我们租了一辆车,直奔圣克拉拉市那处我们几个月前花了好长时间选定的公寓。一路过来的感觉很奇妙,也很虚幻,尤其是这里的气温,竟然与芬兰相差了整整39℃。

我们的行李还得两个月后才到。第一天晚上,我们就睡在一张随行带来的充气床垫上。第二天,我们出门买了一张真正的床。在新家具抵达加州之前,帕特里夏只能睡在她的婴儿车里。这事一直困扰着朵芙,不过戴维就说,这算是生命的一种循环——想当年我出生的头三个月就是在洗衣篮里度过的。那段时间,我们很少下厨(其实现在也是),也不知道去哪儿吃饭。大多数时候,我们是在当地商场里的餐饮部或是快餐店解决吃饭问题的。我还记得我跟朵芙说,真得找些新的吃饭去处了。

由于刚搬来美国,我又疲于应付全美达的新工作,所以刚开始的几个月我都没有在Linux系统上花多少时间。这份新工作占用了我大部分的时间,而工作之余我都陪着朵芙和帕特里夏,一起去了解这个陌生的地方。那段时间,我忙得不可开交。当时也没什么钱。没错,我那时的薪水还算高,但全都花在了买新家具上。买车也是一件麻烦事,因为我们在美国压根没有信用记录,所以没法贷款。就连安装电话这种小事,也得费尽力气证明我们确实是付得起电话费的。

那时,我的计算机还在一艘货船上,它正驶过非洲之角,缓缓向美国驶来。那是我第一次那么长时间没在网上弄出动静,这让很多人担心。仿佛大家都觉得,这下好了,那家伙现在给商业公司打工啦,哪还有时间理我们……

很多人也曾直言不讳地问我:这是不是意味着,作为一个免费的操作系统,Linux会渐渐销声匿迹?我解释说,根据我和全美达公司的协议,我可以继续开发Linux系统。而且,就我自己来说,也不会丢下 Linux 系统不管。（其实我只是停下来喘了口气而已，并没有放弃 Linux。我不知道怎么才能说清楚这一点。）

说说我在全美达王国的生活吧。

我无法向别人解释清楚，为什么搬到美国并涉足商业领域不会改变我对 Linux 系统的初衷。这是全美达公司的保密协定在作怪。是的，全美达是当时最神秘的公司了。对于可以对外透露些什么，公司立了一条规矩，非常简单：啥也不能说。这件事着实让 Linux 系统那帮人怀疑，我是不是加入了什么邪教，担心我最终还能不能浪子回头。我到底在这里干什么，连我妈妈都不知道。不过，就算我可以告诉她，她也不会感兴趣的。

我在全美达的工作其实并没有那么神秘。他们指派给我做的第一件事，就是修复全美达 Linux 系统里的一些问题。全美达公司有很多装有多处理器的计算机都在用 Linux 系统。我从来没有处理过 Linux SMP（对称多处理）的问题，这才发现很多东西都未能按预期运行。这事对我来说是极大的侮辱，我非修复它不可！

我在那儿真正的工作，其实是"软球"（softball，垒球）队队员。哦不，我指的是软件（software）团队成员。我们不常打垒球。硅谷的联赛都不让我们参加，除非我们肯透露自己都在忙活些什么。

我不知道别人对全美达的名字有多熟悉。我写下这些文字时，我们正处在 IPO 前的静默期（天哪！求求你们，买我们的股票吧），凡事都不能声张。尽管已经按照证交会的相关要求开启了"潜藏模式"，但全美达已不再神秘。希望到本书出版之时，全美达的大名已经人尽皆知，人人都来买（听到"买"，你们一定以为我要说的是"股票"吧）我们的 CPU，买一个也行，能多买几个更好。这下，你该知道全美达偷偷摸摸干的是什么事了吧？与 CPU 相关的硬件设备。

实际上，全美达的业务不仅仅局限于硬件设备。这对我倒没有什么影响，坦白说，就算你敲破我的脑袋，我也分不清晶体管和二极管的区别。同样的道理，全美达做的虽说只是硬件设备，但依靠聪明的软件，一块普通的 CPU 芯片（比如一块标准的英特尔兼容的 32 位 CPU 芯片）也可以拥有更为强大的功能。随着硬件尺寸越来越小，CPU 所需要的晶体管必将越来越少，机器的耗电量也会越来越低。这一点人人都看得出，在当下这个移动时代中，其意义越来越重要。全美达公司之所以有一个那么庞大的软件团队，恰恰就是为了研发出聪明的软件。我也是为此才加入了全美达。

这一切都挺适合我的。这是一家非 Linux 公司，而且他们搞的技术还挺有意思的（可不只是有意思——我到现在还没听说过有哪一家公司曾认真考虑过，或尝试过全美达的做法）。而且这技术还是在我熟悉的领域：利用低级语言，为高深的 80x86 系列 CPU 写程序。说到这个，你一定会回想到，当初 Linux 项目之所以能够启动，恰恰就是因为我想要了解我那第一台 PC 的 CPU。

全美达不是一家 Linux 公司，这一点对我也很重要。千万别误会，我非常喜欢在全美达干修复 Linux 问题的工作，而且也参与过一些内部的 Linux 项目（事实上，如今已经很难找到一家正经的技术公司不涉及 Linux 项目了）。不过在全美达，Linux 不是主要项目，这恰恰就是我想要的。我得以继续 Linux 的开发工作，同时又不必为了迎合公司对 Linux 系统的目标需求，在技术上做出让步。我可以继续将开发 Linux 系统当作一项业余爱好，除了对技术的考虑，没有其他的东西可以左右我的决定。

于是，我白天就在全美达上班，编写和维护 "x86 解释程序"。直到今天，这个程序依然在使用，不过现在是别人负责维护了。基本上，这个解释程序是全美达软件的一部分，负责读取和执行 CPU 的指令（换言之，它把 80x86 架构的语言指令逐个给 "解释" 出来）。后来，我也做过其他的工作,不过这个解释程序就是我进入千奇百怪的硬件仿真世界的敲门砖。

到了晚上,我就睡觉。

我和全美达公司的协议很明确:公司在一定程度上默许我在上班时做 Linux 的开发工作。相信我,我从中可占了不少便宜。

有些人喜欢加班加点干活,非得轮上两班、三班甚至四班的活儿不可。我不是那种人。不管是全美达的项目还是 Linux 的任务,我都不会牺牲睡眠时间。好吧,如果你非要听真话,其实是我非常爱睡觉。有些人觉得这只是懒惰的借口,我只想一把抓起枕头朝他们扔过去。我有一个超级高明的借口,而且自己也对它坚信不疑——如果你多花一点儿时间睡觉,比如说,睡足十个小时,你可能会损失一些工作时间,但是一旦睡足了觉,那么在醒着的几个小时里,思维就会一直保持敏捷,大脑的状态就会像六缸发动机火力全开那样——或者就四缸吧,都差不多。

欢迎来到硅谷

欢迎来到硅谷。来到这个陌生的"星系",我首先要做的一件事,就是拜访其中的几颗巨星。

史蒂夫·乔布斯的秘书给我发来一封邮件,说史蒂夫很想约见我,希望我抽出一两个小时赴约。虽然不清楚是怎么回事,但我还是爽快地答应了。

我们在苹果公司位于"无限循环"①大道的总部见了面。那次与我会面的,除了乔布斯之外,还有他们公司的首席工程师阿维·泰瓦尼安。当时,苹果公司正着手开发Mac OS X系统,该系统基于Unix系统,一直推迟到2000年9月才发布。那次会面没有太多礼节上的寒暄,乔布斯主要向我说的是,在桌面操作系统领域,目前只有两个玩家:微软和苹果。他认为,我要是肯为Linux着想,就应该跟苹果公司同坐一条船,然后把那些参加开源运动的人笼络到苹果公司麾下,共同进行Mac OS X系统的开发。

要不是想了解Mac OS X这个新系统,我早就借故溜了。这个操作系统采用的是卡内基梅隆大学研发的Mach内核。在20世纪90年代中期,Mach内核被认为有望成为一种终极操作系统,很多人对它抱有兴趣。IBM和苹果公司还成立过一家名为Taligent的公司,这是一家命运多舛的合资公司,他们开发的操作系统使用的就是Mach内核。

乔布斯特地指出,Mach的底层内核是开源的。他这不是欲盖弥彰吗?就算操作系统的根本(底层内核)是开源的,但在此基础上开发的Mac系统却不是开源的,这样做有什么意义呢?

我个人并不看好Mach内核,不过他并不知道我的看法。说实话,我觉得那东西简直是垃圾。Mach在设计上不单有一些已知的不该犯的毛病,甚至还出现了一些只有其自身才会出现的问题。人们对微内核的诟病之一是其运行性能。为了使微内核的运行效能脱胎换骨,很多人进行了大量研究。所有这些研究的最终成果就汇聚成了Mach内核,从而导致Mach成为一种非常复杂却又自成体系的操作系统。可惜,它运转起来照旧磕磕巴巴。

---

① 无限循环(Infinite Loop),是环绕苹果办公园区六栋主要建筑物的一条环形街道。从1到6,每栋大楼都标示有相应的数字,比如"IL1""IL3"。从地图上来看,这些建筑物呈顺时针排列。这个名称取自编程中的"无限循环"的概念。——编者注

当 Mach 还是大学科研项目时，阿维·泰瓦尼安就是其研究团队中的一员了。他和史蒂夫说起对 Mach 系统问题的看法，听着还挺有意思。不过，在基本的技术层面上，我和他们的观点截然不同，所以实在找不到任何理由来说服自己拉拢开源运动或者 Linux 的积极分子掺和苹果的计划。当然，他们劝我这么做的原因，我是能理解的。他们目睹了 Linux 开发背后那股强大的凝聚力，可惜他们看得还是不够明白。我觉得史蒂夫当时应该没有看出 Linux 的潜力——虽然二者的用户群并不相同，但在未来，Linux 也许能拥有比苹果还要多的用户。当然，时至今日，我认为他已经不再像三年前那样不把 Linux 看成桌面操作系统领域的对手了。

我解释了自己不喜欢 Mach 的理由，不过没有什么效果，这种话他们显然听多了。当然，这也不是不能理解。我铁了心要捍卫 Linux 系统，而泰瓦尼安则在尽力捍卫 Mach。他俩谈论技术层面的问题时，听起来挺有意思。可那又有什么用呢？最明显的缺陷就摆在那儿啊！他们想用新操作系统来支持现有的 Mac 应用程序，也就是说他们希望新操作系统具有优越的兼容性，以便兼容所有的旧程序。难道他们以为，像添加插件似地植入新系统，现存的所有 Mac 应用就能顺利运转了吗？可是，旧 Mac 系统的一个棘手问题是缺乏内存保护功能，而现有的方案并不能解决这个问题。只有全新的 Mac 系统才有内存保护功能。这样能行吗？我想不通。

我和史蒂夫的世界观存在根本分歧。史蒂夫就是史蒂夫，跟媒体描述的没什么两样。他只对自己的目标感兴趣，尤其市场这一块，他极为看重。而我只对技术感兴趣，所以他的目标和言论打动不了我。他一直在强调，要是我想进入桌面操作系统的市场，就应该与苹果联手。但我心想：我不在乎啊！为什么我就应该对苹果的事情感兴趣？我就是不感兴趣，我就是觉得苹果没意思。我的人生目标可不是抢占桌面操作系统的市场啊（当然，这事后来确实发生了，但那从来就不是我的目标）。

他本以为说服我不用费多少口舌，认为我理所当然会对他的提议感兴趣。他怎么也想不到（也无法想象）这世界上竟然会有人对提升 Mac 的市场份额一点儿也不感兴趣。当他知道我一点儿也不关心 Mac 市场的大小，也不关心微软市场的大小时，确实非常惊讶。但是，他事先并不了解我有多讨厌 Mach 内核，所以我也不怪他。

尽管我并不认同他几乎所有的观点，但我还是挺喜欢这个人的。

与乔布斯的会面就是这样的情形，接下来说说我第一次见到比尔·乔伊的事吧。那次，我是当着他的面拂袖而去的。

我第一次和他见面时，其实并没有意识到他是谁。当时，我正在参加 Jini 的预演会。Jini 是 Sun 公司开发的交互式代理语言，是 Java 语言的一种拓展。Jini 意图在不同的系统间建立一种无缝的网络连接。比方说，你有一台能识别 Jini 语言的打印机，那么在同一网络中，其他任何一种同样能识别 Jini 语言的设备就也能自动使用 Jini 指令。

Sun 公司把这次会议安排在 JavaWorld 大会期间，算是一场非正式的预演会，他们邀请了我和十几位嘉宾，这些人当中有从事开源工作的，也有其他技术人员。会议就在圣何塞市中心的一家酒店内举行。Sun 公司认为他们和我们这些嘉宾是一类人，他们声称自己是在开源环境下研发 Jini 的，所以才会邀请我们来参加会议。

我到了现场，才知道原来比尔·乔伊也在场。他一直是 Unix 系统 BSD 衍生版的核心人物，后来加入了 Sun 公司，担任首席科学家。我以前从未见过他，所以当他走近我并自我介绍时，我一时还没反应过来。我不是冲着他去参加发布会的，而是为了了解 Sun 公司如何看待开源理念，以及他们加入开源项目的具体方式。过了一会儿，比尔就开始介绍他们为何要把 Jini 做成开源产品，并向我们演示了一个功能有限的版本。

接着，他们开始讲解系统授权许可的事。那真可怕，而且太愚蠢了！实际上，他们的意思就是，如果有人想使用这个系统，哪怕只是部分出于商业目的，他们都不会完全公开源代码。我顿感失望。原来，他们举行这个会议的真实目的，不过是想借助"开源"之名来兜售自己的封闭系统。这种所谓的"开源"软件虽然源代码是可读的，但如果用户要进行修改或者将其整合到自己的系统中时，就必须向 Sun 公司提出授权申请。这就意味着，假如红帽公司想要推出一个能识别 Jini 语言的新版 Linux，则必须就 Jini 技术向 Sun 公司提出授权申请。

为了证实我的理解，我向他们提了几个问题。

然后，我便愤然离场。

气死我了！他们只不过是把人叫到那儿去，公开鼓吹他们的"开源"理念，这场会议跟真正意义的开源运动一点儿都不沾边。听完他们的回答，我直接说："算了吧，我对这些没兴趣。"然后就离场了。

我的理解是，他们邀请我去，纯粹只是想通知我一声，如果我在会议中表现出某种兴趣，那最好不过了，这样他们就能在媒体上做些文章。但他们想错了，我是不会让他们得逞的，这样也许他们会得到教训。后来，显然有人说服了他们，他们公开了 StarOffice 的代码。所以，我觉得开源只是时间问题罢了。

后来我听说，当天他们的会议继续进行，会后还举行了晚宴，其他人都留了下来。

我和比尔·乔伊的第二次见面，就没有那么尴尬了。那次会议后过了大概一年半，有一天他邀我去吃寿司。

他的秘书给我打电话，约好了时间。比尔在科罗拉多州生活和工作，但每个月会抽出一个星期到硅谷走一趟。我们去了帕洛阿尔托市的富贵寿司店，这家店是硅谷相当出名的日本寿司店。不过，它和我去过的某些寿司店还是没得比的，我随口就可以说出几家：旧金山的河豚寿司店，那家店会一直循环播放日本动画片；旧金山教会区的玩转东京料理店，那儿常有时尚人士光顾；与旧金山一桥之隔的索萨利托市的兰寿司店，人气很旺；哦，还有桑尼维尔市的濑户寿司店，在我去过的寿司店中，他们家的香辣金枪鱼寿司做得最好吃。

那天，我们在富贵寿司店，比尔想来点真正的日本辣酱——山葵芥辣。这事儿挺有意思。当时我还不知道芥末酱的底细，经比尔解释才听懂。原来，在美国，绝大多数日本餐厅用的辣酱，基本上都是染色的辣根酱。但事实上，山葵只有日本才有[①]，它们生长在溪水中，很难大规模种植。比尔把个中原委解释给服务员听，但她听后仍是一头雾水。虽然她是日本人，但她以为辣酱就只有一种，所以比尔只好请她去问问大厨。

他们来回沟通，我在一旁看得不亦乐乎。这是一顿充满社交味的晚餐，他也直接向我表明了来意：要是我有兴趣为 Sun 公司工作的话，只需跟他说一句，他即刻替我安排。但那晚谈得更多的还是他跟 Sun 公司之间的关系。开始，他回忆了自己作为主力为 Unix 系统 BSD 版本忙活了五年的经历，以及他对 Sun 公司为他提供的商业支持的感激。他认为，Sun 公司能为他提供商业支持，对他来讲真的非常重要。他自己早期那段研究 Unix 的经历，让我觉得非常有意思。那天没尝到正宗的山葵酱，我倒觉得没什么。我记得十分真切的是，当时我觉得比尔是我所认识的硅谷精英中最友善、最有趣的一个。

一晃三年过去了，后来我在《连线》（*Wired*）杂志上看到了他写的一篇关于技术愿景与展望的文章，也就是那篇消极过头的《未来不需要我们》（*The Future Doesn't Need Us*）。我对此有些失望。就算未

[①] 山葵并非日本才有，在我们云南省等地区也多有种植。——编者注

来不需要我们,也没必要这么悲观嘛。

我不想逐条批驳他文中的观点,但我对此还是有一个大致看法的。我相信,对于人类来说,最可悲的事莫过于一代代走下去,到头来却发现所走的方向与进化的主流方向背道而驰。比尔似乎认为,诸如基因改造之类的技术进步会泯灭人性。人们总认为,毕竟我们是"人类",因而与我们不同的东西就通通没有"人性"。实际上,随着人类不断进化,一万年以后,按今天的标准,我们估计就都不能算是"人类"了——只是人类的另一种形态罢了。

从比尔的文章可以看出,他非常担忧技术进步会导致人性丧失。我的感觉是,阻止进化是违背自然规律的,也是徒劳的。与其找两只不同品种的狗,通过杂交培育出理想的新品种,我们还不如求助于遗传学。这种事情也会不可避免地发生在人类身上。我认为,通过遗传学的自然选择来改变人类是可取的,总好过让人类永远保持现状。总之,不管人类和社会朝着哪个方向发展,只要我们能够摸清其中的规律,就比杞人忧天本身有意思多了。没人能阻止科技的发展,而且,人类在对世界运转及人类进化的认知方面所取得的一切进展,同样也无法阻止。这一切发展得实在迅猛,有些人会觉得很可怕,比如比尔·乔伊。但我认为,这是自然进化的必然性。

我在对未来的看法和开源运动上反对乔伊的意见,在一些技术发展问题上也反对史蒂夫·乔布斯的观点。看上去,我似乎把我在硅谷的头几年都拿来反对别人了,但事实并非如此,我还是写了很多代码的,还经常带帕特里夏去宠物公园玩,我还花心思拓展了知识面——比如说了解到日本辣酱的真相。

一夜功成名就

犹如一夜春风，成功悄然而至。

你有没有见过那种鼓吹式的新闻组？他们通过吹嘘自己、贬低他人的方法来吹捧一个东西。你上去看看就知道了，他们整天说的就是"我的系统比你的好"之类的废话。这种宣传话术可以看成某种形式的在线自嗨。

为什么要提到这种新闻组呢？因为他们虽然总是发表一些胡话，倒也提供了不少关于当下科技走向的线索。当商业公司开始把Linux系统当作新宠时，最先对这类商业支持发表议论的，既不是正儿八经的媒体，也不是弗莱电子商店里闲聊八卦的收银员或顾客，而是这类新闻组。

先让我回忆一下。1998年春，一个新生命降临到我的世界：丹妮拉·约兰达·托瓦兹。她是我生命中第三位金发姑娘。她是在4月16日出生的，成了托瓦兹家族第一位美国公民。就跟萨拉和我一样，她和帕特里夏正好也相差十六个月。不过我敢说，她俩之间肯定不会像我和萨拉那样充满火药味。在朵芙的温和管教下（还有她的空手道功夫），这种事是不会发生的。

丹妮拉出生两星期之前，我们的开源社区"自由软件社区"（直到最近才改了名字）跨出了前所未有的一大步。当时，网景公司在一个叫Mozilla的项目中开放了浏览器技术的源代码。一方面，这让新闻组上的人都非常激动，因为这个举措让大众看到了开源的前景；另一方面，这件事也让一些人相当紧张，包括我。当时网景公司的处境还挺麻烦的，主要是它和微软之间的摩擦，而这个开源行动则更像是绝地求生。（具有讽刺意味的是，网景浏览器其根源本来就是开源的，它最早是伊利诺伊大学的一个项目。）

新闻组上的人担心网景会把这件事搞砸，从而给开源理念带来恶名。因为这样一来，业内就会有两个鼎鼎大名的开源项目：Mozilla 和 Linux。要是两者中较为知名的网景出了什么岔子，那 Linux 的名声势必也会受到牵连。

在很大程度上，网景确实搞砸了。这要怪他们没能调动起开发者的长久热情。网景公司的开源运动只是提供了一大堆源代码，而真正参与到代码建构工作中的还是只有网景的人。

这个项目似乎注定会失败。除了规模过于庞大外，还有另外一个原因：尽管已经开源，但他们并没把所有东西都开源。只有开发版本的源代码被公开了，而在发布时，该版本已经出现了很多问题。另外，网景的浏览器也没能实现 GPL 授权，因为并不是所有代码都属于他们，例如 Java 部分就是 Sun 公司授权给他们用的。新闻组上并不是人人都认同网景公司用这种方法获得版权。大体上讲，这样坐享其成，当然是有好处的。不过如果你是理查德·斯托尔曼，就未必会欣赏这样的好处。

我认为，网景公司走出开源这一步是非常好的。这不是某个人的功劳，但我记得埃里克·雷蒙德对此事非常上心，他对开源的这种进展欣喜若狂。就在一年前，他出版了一本书，叫作《大教堂与集市》，这本书详尽阐述了开源的理念及历史，被认为是网景公司做出开源决策的幕后推手之一。他热衷于传播开源理念，还曾经多次走访网景公司，试图说服网景开放他们的浏览器代码，而我就只去过一次。事实上，埃里克早已带着开源理念走访过多家公司，相比之下，我只关心技术，对技术传教没什么兴趣。

Mozilla 浏览器发布出来还不到二十四小时，一个自称"Mozilla

秘密小组"的澳大利亚团队就创建了一个加密模块。在那时,非美国公民无法使用美国本土开发的加密技术。突然间,一群澳大利亚人解决了这个问题,美国以外的人都能用上这种加密技术了。不过,这玩意儿也有问题。当时的出口限制法规致使 Mozilla 项目不能直接使用这些来自澳大利亚的代码,这些代码要是进了美国,就不能再出口了。也就是说,网景公司伟大开源实验中最早的一次成功尝试,不能并入 Mozilla 项目中。

我们都非常担心,因为网景公司的开源实验受到不少媒体的关注。在他们宣布开源的第一年里,我们都如履薄冰。谁都不想对网景作出负面的评价,生怕在媒体上给开源理念惹下坏名声,把其他本想涉足开源领域的公司给吓跑。

不过,就在网景开源两个月后,Sun 公司也加入到开源运动中,宣称他们将成为第一个加盟 Linux 国际组织的大型硬件设备商。他们的服务器将支持使用 Linux 系统。尽管 Jini 项目授权机制含糊不清,但他们还是决定重视 Linux 系统。知道这个消息后,新闻组里充溢着沾沾自喜的欢呼声。Sun 公司的加入,也使得对 Linux 开发工作的讨论不再仅限于新闻组内,行业媒体也开始报道 Linux 的消息了。突然之间,圈外人也有了兴趣——当然,大部分都是懂技术的圈外人。

随后,IBM 也加入了我们。

IBM 一直给人墨守成规的印象,所以那年六月,他们宣布将销售和支持 Apache 系统时,大家都十分惊讶。Apache 是当时在 Web 服务器上最普及的 Linux 商业版本。你可以在 IBM 版 Unix 系统——AIX 系统上运行 Apache 系统。许多 IBM 计算机用户都会自行安装一个 Apache,所以 IBM 看到了商机。一定是 IBM 的人注意到,大多数的服务器卖出去之后会被用户装上 Apache 系统,于是他们盘算着:要是把这个系统预装到服务器里,满足了这一类用户的需求,那服务器一定会卖得更好。也可能是另外一种情形，比如多名用户反馈称，除非 IBM 的机器能跑 Apache 系统，否则他们就不买了，从而使得 IBM 调整了策略。

相比之下，在计算机上安装 Linux 系统比较简单。不过对大多数公司来说，一个由来已久的大问题是：要是什么地方出了问题，我们该找谁呢？显然，像红帽之类能够提供技术支持的 Linux 公司也为数不少，不过 IBM 还是在用户心理上占得优势，很多人会下意识地认为 IBM 的服务更胜一筹。IBM 刚开始加入开源大军时，很多人都觉得他们只是随口说说，当不得真。然而事实并非如此。IBM 先是试着在服务器上运行和支持 Linux 系统，然后就逐渐大步挺进 Linux 世界了：继大型服务器之后，小型 PC 服务器、普通 PC，最后连笔记本式计算机都用上了 Linux 系统。2001 年，IBM 还宣布斥资 10 亿美元用于 Linux 项目的开发。

IBM 在自家的 Linux 项目上投入巨大。我想，他们能看上 Linux 的一个原因是他们可以放手去做，根本无须考虑版权问题。IBM 曾在版权问题上惹过大麻烦，还被微软耍过。当年，他们和微软合作开发 OS/2 操作系统，结果整出了一个加强版的 Windows 系统。微软不想与 IBM 共享市场份额，于是不再支持 OS/2 系统，从合作中抽身而退，转而开发了 Windows NT 系统，IBM 在 OS/2 项目上投入的几十亿美元就这样打了水漂。后来，IBM 又在 Java 的版权问题上被折腾了个半死。我想，Linux 不会让他们受这种窝囊气，他们应该挺高兴的吧。

IBM 的加入无疑是 Linux 开发阵营遇到过的最好的事了。新闻组里满是激动的气氛——不是之前网景公司带来的那种偏执的激动，也丝毫不是新闻组中周期性萌生的那种分化 Linux 爱好者群体的反商业化躁动。

到了七月，英孚美软件公司（Informix）宣布将对 Linux 系统开放他们的数据库接口。也就是说,即使你的计算机装的是 Linux 系统,你也能用它来运行英孚美的数据库。这在当时不算什么大不了的事。虽然英孚美公司一直身陷财政危机,但它仍是数据库三大巨头之一。对英孚美的这一举动,Linux 圈内表示了适当的赞赏,并且在 Linux 宣传论坛上发了不少自夸的帖子。

在接下来的几周内,甲骨文公司(Oracle)也不动声色地跟上英孚美的步伐。甲骨文公司可谓数据库界的王者,在其正式宣布之前很早就有了传闻(主要是在新闻组上),说他们有一些面向 Linux 系统的内部接口。而且,由于甲骨文本来面向的就是 Unix 服务器,所以跨越到 Linux,其实也并不是什么大事。不过,要是你一直关注 Linux 新闻组,你就会知道,我们当时感觉 Linux 已经开始登堂入室了。虽说在技术层面上,甲骨文的加入毫无进步可言,但这件事给我们带来了极大的心理影响。

和 IBM 一样,甲骨文的这一举动不仅被 Linux 的圈内人所瞩目,还引起了一些企业管理决策者的关注(有人也喜欢称他们为"那些穿西装的")。他们再也不能说无法使用 Linux 系统了,因为他们工作所依赖的数据库现在已经能在 Linux 上运行了。

虽然这些新闻令人十分欣喜,但是并没有影响我的生活。朵芙和我忙着逗弄我们那俩可爱的孩子。家庭生活以外的时间,不管是在家还是在公司,我多半花在 Linux 的维护工作上。为了保证我的维护工作不"偏爱"任何一个版本的 Linux,我在公司用的是红帽的版本,在家里用的是欧洲的一个版本——SuSE 系统。有一天,我觉得自己缺乏运动,于是决定以后每天骑自行车上下班。我家距离全美达的总部大约十公里。那天是星期一,一路骑过去虽然并没有上坡路,但是逆风骑车的挑战性实在超出了我的想象。十小时以后,等我下班出门一看,风已经变了方向,骑回去还是逆风。于是我给朵芙打电话,让她开车过来接我。当然了,我再也没有骑车上下班。

我列出这些无关痛痒的生活细节只是想说明:Linux系统的开发对我的日常生活并没有造成什么影响。大部分的开发活动还是由各个Linux公司掌握在自己手上。有些企业的领导要么在行业刊物上看到Linux的风头正盛,要么听人提起过,就对它产生了好奇。于是,这些公司里早已对Linux系统非常熟悉的技术人员开始受到公司领导的重视。他们会问这些技术人员,Linux这玩意儿到底有什么好,值得大家这么大惊小怪的。一旦明白了它的优势所在,他们就毫不犹豫地让自家的服务器都用上Linux系统。

世界各地都有公司的IT部门在上演这种变革,但它大多还是发生在美国。做出这种决定的公司很多,但很少是因为Linux免费,因为Linux软件本身只是这项投资的一小部分,接踵而来的服务和维护才是最花钱的。那些穿西装的之所以决定加入Linux,一般是因为一个非常简单的原因:就技术而言,Linux比市面上其他竞品操作系统要强大,无论是Windows NT系统,还是各种不同版本的Unix系统。另外一点也很重要,大家都受够了,不想再听从微软或其他同样会强迫你去做这做那的公司。对开发人员而言,Linux系统要比其他操作系统自由得多。最初那批人之所以加入Linux项目,就是因为他们能自由地拿到源代码,这在商业软件的开发中是不可思议的。

从这个角度来说,从我在卧室里发布0.01版本开始,Linux系统几乎没有太大变化。比起其他操作系统,Linux更加灵活。在Linux系统里,你就是自己的老板。而且,至少在Web服务器里,它不像那些互相竞争的操作系统那么"臃肿",有许多多余的功能设计。

另一个对Linux十分有利的特点是:尽管Linux系统作为Web服务器的操作系统已经十分普及,它却没有占领任何一个利基市场。这一点对于理解Linux系统的成功非常有帮助。

大型机就是一个利基市场。基本上，Unix 系统也可划分为一系列利基市场，比如美国国防部的超级计算机，还有银行系统的计算机，它们装的都是 Unix 系统，这些都能赚大钱。为什么卖大型机操作系统或其他知名系统的人能赚大钱呢？因为他们收费特别高。随后，微软出现了，他们一套操作系统才卖 90 美元。微软并没有要抢占银行业这个利基市场或者其他知名系统的份额，只是突然间，它就遍地开花了。整个市场好像被蝗虫入侵了似的（我不是说蝗虫不好，我热爱所有的动物），而这种入侵是没有办法摆脱的。

能够遍地开花，占领每个利基市场，真是太好了，微软就是这么干的。想想看，一种能流动的生物体无孔不入地钻到每一处它所能及的地方，会是什么样子？丢了某一个市场，对微软来说不是什么大事。反正，这个流动生物体已经遍布全世界，流进每一处对它感兴趣的地方。

今天，同样的事情就发生在 Linux 身上。它也流进了每一处对它感兴趣的地方。Linux 并非只有一个利基市场，它小巧而灵活，很多地方都用得上它。超级计算机里有它，还有一些非同一般的地方，如在美国政府的费米实验室、美国国家航空航天局也能找到它的身影。不过在这些地方，Linux 充其量只是服务器上的 Linux 系统的一种延伸。服务器里的 Linux 系统，则是源自桌面操作系统 Linux，而桌面操作系统 Linux 就是我起步的地方。同时，在一些嵌入式设备中，比如在某些防抱死刹车系统和手表中，你也能看到 Linux 系统。

Linux 系统在不断蔓延。

同时，Linux 给大众带来了巨大的便利。新一代中最优秀、最聪明的人都在使用你的产品，因为你的产品刺激了他们这一代人躁动不安的心。更早前的一代人，与其说微软或者 DOS 系统刺激了他们，倒不如说是 PC 刺激了他们。因为如果你喜欢 PC，就一定得用 DOS 系统。

没办法，当时并没有多少选择。

当时的那种优势也使得微软声名远扬。

你再看看身边那些最聪明的年轻人，我不敢说是所有人，但当中很多人参与了 Linux 项目。当然了，开源理念和 Linux 项目在大学里拥有庞大的拥趸，有一个很简单的原因：反主流心理（这种心理也给我爸爸的人生造成巨大的影响）。在他们看来，这场竞争是这样的：一方是庞大邪恶的微软公司和那个缺德、贪得无厌又富得流油的比尔·盖茨，另一方是一个"我们参加这个项目是出于大爱，是为了每个人都能免费用上自由软件"的组织，再加上不求闻达（看起来是这样）的平民英雄林纳斯·贝内迪克特·托瓦兹。这些年轻人毕了业到各个公司工作，同时把对 Linux 的热爱也带了过去。

于是，有些冒险进入微软内部的人告诉我，他们曾在飞镖靶子上见过我的头像。对此，我唯一的评论是：我的鼻子那么大，不会有人射不中吧？

我又扯远了。1998 年的春天，IBM 宣布参与开源运动之后，很多大型硬件设备商也跟风玩起了开源。到了八月，《福布斯》杂志"发现"了我们这个小世界，在封面登了一张我的照片，大标题写着"和平、爱、软件"。随着一个又一个公司相继加入 Linux 项目，你再也不用上那些鼓吹式新闻组去揣测 Linux 的未来走向了，毕竟现在到处都有 Linux 的消息啦。

Linux 系统呈蔓延之势

Linux 系统一下子俘获了全世界的心,这就好比一名来自第三世界小国家的运动员,在奥运会上爆冷门,夺得了金牌。

我成了宣传海报上的主角。在一次媒体采访中,埃里克·雷蒙德认为,我的感染力(或者其他什么的,随便怎么说吧)之所以那么强,部分原因是我"明显没有其他黑客那么古怪"。好吧,这只是一个黑客的说法,不是人人都这么想。理查德·斯托尔曼公开主张我们应该把 Linux 改名为 gnu/Linux。他的理由是:正是依赖他的 GCC 编译器及其他自由软件工具和应用,Linux 才得以起步。还有一些人则对 Linux 逐渐在企业领域里站稳脚跟感到不快。

Linux 现在已经有几十万参与者,媒体总爱大肆鼓吹,把这几十万人分为理想主义者和实用主义者(我可不会用这种词!)。按照媒体的分类,那些担忧 Linux 理念与资本主义目标相悖的人就被称为理想主义者,而我则是实用主义者的头头。不过,我认为这些论调都是胡说八道,记者总爱把事情过分简单地嵌入非黑即白的框框中。(我在人们看待 Linux 的方式上也遭遇过同样的问题。很多人把 Linux 系统的崛起简单地看作 Linux 和微软之间的战争,其实完全不是那么回事,事实要比这个更加广泛、深远。Linux 现象是一种有组织的传播技术、知识和财富的方式,同时让参与的人非常过瘾,这种娱乐是商业世界里闻所未闻的。)

所以,记者鼓吹的分裂论,对我来说根本不是问题。要是完全没有商业价值,Linux 怎么能流向新的市场呢?怎么能为改革创新创造机遇呢?怎么能流到那些受够了当下糟糕的技术、想要有一个(免费的）替代品的人的手中呢？除了利用企业的资助，开源运动要继续下去还有什么更实用的方法吗？还有，要完成那些没那么有意思的、沉闷的系统维护和支持工作，难道还有比把它们放在公司里做更好的方式吗？

开放源代码，就是要让人人都有的玩。如果商业圈子也遵守游戏规则，那么他们给这个社会的技术进步添了那么多砖瓦，凭什么反而要被排除在外呢？开源运动没有什么其他大能耐，唯一能干的事就是改善商业公司创造出来的技术，说不定还能让那些公司不那么贪婪。

再说了，我们就算真要阻止 Linux 的商业化，又能怎么做呢？我可不想建议大家东躲西藏，把 Linux 项目转为地下工作，或是拒绝与商业圈子的人洽谈。

反商业化情绪在开源社区早已见怪不怪。不过，直到 Linux 变成在普通家庭中也家喻户晓的词语时，这种情绪才高涨到了一触即发的阵势。那些疯了似的人用言语发泄他们的不满情绪，夹杂着偏执的叫嚣，新闻组里的人对此都很恼火。在我接触到的 Linux 开发者中，没有一个人对商业化感到担忧，但就是有些人暴跳如雷，斥责红帽或同类的其他公司亵渎了开源理念，说某些人已经偏离了理想主义的道路。

在某种程度上，确实如此，可能确实有一些开源理念的拥护者在理想主义的道路上走偏了。但是，也有一些人看出来了，Linux 项目是一门亏本生意。在我看来，Linux 走上商业化道路，只是给了我们更多选择而已。比如那些搞技术的人，原本他们还担心没法养家糊口呢，这下就有选择的余地了。你想啊，你可以选择一如既往地做一个理想主义者，也可以选择成为新的商业化队伍的一员。你不会有任何损失，只是敞开了门让更多人加入，而你还多了一个选择。在此之前，除了保持单纯，很明显是没有任何其他门路可选的。

顺便提一下，我从来不认为自己身处理想主义者的阵营。当然，我倡导开源的确是把它当作让世界更美好的法宝，但更重要的是，我把它当作一件好玩的事。这可不是什么理想主义。

我一向都觉得理想主义者很有意思，就是有点沉闷，有时候还挺骇人的。

为了使自己阐述的观点更有说服力，你不得不把其他所有的观点都排除在外，这样做就意味着你必须变得不可理喻。这也是我对比美国政治和欧洲政治时遇到的一个问题。在美国版的政治游戏中，你得和对手划清界限，而由谁来画线、该怎么画线，就得看双方谁更能制造不和了。欧洲的政治家则更加倾向于拉拢对手，靠证明自己能够促进合作来赢得胜利。

我是欧洲人嘛，所以我还是坚持以调和的态度来处理问题。我倒是真有一次为Linux的商业化感到过紧张，那是在很早之前，Linux还名不见经传的时候。要是在当时就有企业看中Linux项目，那就没我什么事了。不过那只是假设，事实明显不是如此。在1998年的开发活动中，新闻组里大家担忧的普遍都是，万一那些商业公司得了便宜还卖乖，弄不好一点儿回报也不给我们。但在当时，我或多或少得对这些新加入的企业玩家有起码的信任，就好像Linux的开发者对我的信任那样。而且，他们也亲身证明了自己确实是可信的，他们并没有把工作成果藏着掖着。所以到目前为止，一切都非常乐观。

同时身兼Linux宣传大使、Linux商标持有人、Linux内核维护人三个角色，我感到身上担负的责任越来越重。这份责任感与日俱增，来自一种无边的压力——已经有几百万人依赖Linux系统了，我得尽我所能确保Linux正常运行，才能对得起大家的依赖。尽力协助企业去理解开放源代码究竟是怎么回事，这对我来说非常重要。就我看来，根本就没有什么贪婪的企业与利他主义的黑客们之间的战争。

没错，当英特尔邀请我帮助他们处理奔腾芯片 F0 OF[①] 锁死的 bug 时，我应邀去了，这并不代表我放弃了我的理想。我真的没有。还有，在向大众推广开放源代码理念的同时，又领着一家封闭到不肯告诉别人他们在干些什么的公司的薪水，这样做并不虚伪。事实上，我当时，甚至直到现在都非常赞赏全美达公司开发的那款低功率芯片。我认为那是当时最有意思的技术项目，而且它的用处极可能是最广泛的。而且，我要声明一下，全美达当时愿意公布这块芯片的一部分代码，还是我和其他人一起促成的呢。

对于在技术上、道德上都要成为开源社区里能服众的人，同时要在社区里坚持自己的立场，我感到挺有压力的。对我来说，在那些互相竞争的 Linux 公司中保持不偏不倚的立场是很重要的。是的，我并没有因为接受红帽公司为表感激而好心给我的那些期权，就出卖我自己。不过，当伦敦的一位企业家提出给我 1000 万美元，要我做他们那家羽翼未丰的 Linux 公司的董事会挂名成员时，我拒绝他也有我的道理。他没能理解，为何我会拒绝不费吹灰之力就能得到的那么大一笔钱。他仿佛在质问我："这 1000 万美元里面，你是哪部分不明白？"

我还真没过自己会面临这样的问题。不仅是我，还有整个虚拟社区，都为 Linux 新近的走红所负累。事实上，当开放源代码在 1998 年得到全世界的关注时，最大的争议之一就在于开源运动的名称。在那之前，我们说到开源时，一般是把根据 GPL 条款可以共享的软件称作"自由软件"，其相关运动也叫作"自由软件运动"。"自由软件"这个词由来已久，来自 1985 年理查德·斯托尔曼创立的"自由软件基金"。该基金会的目的是推广软件项目，比如他自己开发的自由 Unix

---

[①] "说的是 F0 0F 吧？"你一定会这么问。没错，又是我们那些古里古怪的工程师起的古里古怪的名字。"F0 0F"是一个非法指令行的前两个字节的十六进制表述，就是这行非法指令把奔腾 CPU 锁死的，所以大家就给它起了这么一个名字。

系统——GNU 系统。但后来，埃里克·雷蒙德等自由软件传教士发现记者们被搞糊涂了。"自由"（free，也有"免费"之意）是指用不着花一分钱吗？"自由"是指没有任何限制吗？"自由"是指想干啥就干啥吗？后来，就连 Apache 项目基金会的布赖恩·贝伦多夫和记者们聊着聊着也遇到了相同的困惑。经过几个星期的邮件往来——不过我没有参加，只是被抄送（我对这种非技术领域的事没兴趣）——我们终于达成一致：大家以后改说"开放"，不再说"自由"了。因此，自由软件运动就变成了开放源代码运动了——有些人乐意把它看作一场运动，我想对他们来说，这确实是一场运动。当然，自由软件基金还是叫自由软件基金，理查德·斯托尔曼也仍是它背后的精神领袖。

作为这场运动的实际领袖之一，需要用到我的地方越来越多。在全美达公司，每次我的电话铃响起（在那段时间是常事），基本上就两件事：要么是有记者想要采访我，要么是什么会议的组织者希望我去演讲。为了让全世界的人都知道开源理念和 Linux，我感到这两件事我都有义务去做。找一个数学天才，制造一些人挤人的大场面，让他频频出镜亮相——这样，一个平民英雄就出来了。别管埃里克·雷蒙德说的那些什么我没有其他黑客那么古怪的胡话了。我之所以具有"感染力"（或者随便你怎么定义），很大一部分是因为我不是比尔·盖茨。

记者们可喜欢我的故事了。盖茨住在一套高科技的湖畔别墅大宅里，我却在没劲的圣克拉拉市里住在一个简陋的牧场式的复式三居室里，不仅管道系统糟透了，而且在房子里走到哪儿都会踢到女儿们的玩具。我开一辆看起来很没劲的庞蒂亚克车。我还自己接电话，没有助理或秘书什么的。这样的我，谁不爱啊？

Linux 渐渐被看作微软的一大威胁。当时，微软正被反垄断案的愁云惨雾笼罩着，它恰好需要一个真正的对手。每次有什么进展，媒体就像是报道第三次世界大战似的火急火燎地扑上来。那时候，有人泄露了微软的一份内部备忘录，也就是所谓的"万圣节文件"，文件指出微软十分担忧 Linux 项目带来的威胁。很快，就有报章引用了史蒂夫·巴尔默的话："没错，我很担心。"事实上，不管微软有没有对 Windows NT 和 Linux 之间的竞争进行宣传炒作并从中赚取利益，事实都不会改变——竞争只会越来越激烈。

我用不着站在临时搭建的讲台上说一些诋毁微软的话。这样做有什么意义呢？事实是不言而喻的，而且天平倾向了 Linux。记者们可喜欢这一切了，这就好像是斯文的戴维（像机智的狐狸那样）勇敢对战卑鄙的垄断巨人歌利亚的一场大戏。而且，由于我一向有话直说，所以我还挺乐意向记者直言谈论这一切的。我喜欢揶揄记者，说他们都是"无赖"，但是我发现我和他们大部分人的访谈也挺好玩的。记者们对我们的故事都特别感兴趣——当然了，谁都喜欢给弱者鼓劲加油嘛！

记者们写腻了"Linux 是毁掉微软的阿米巴变形虫"这种八卦新闻之后（为了确保能准确表达，这个句子我还特地用微软的一款产品进行了拼写检查），就想进一步了解开放源代码的概念。当时，要了解开源的信息已经很方便了，因为人们都能直接看到实例。接下来让他们大吃一惊的，就是 Linux 的经营管理方式。通常一个三十人规模的公司就能够混乱到像谷仓一样，所以他们很难理解为什么这个人类历史上最大型的合作项目竟然能够实现这么高效的管理。

有些人杜撰了这么一个短语——"厚道的独裁者"，来形容我对 Linux 项目的把控。第一次听到这个短语时，我所能想到的就是在一个光照充足的国家，一位留着小胡子的将军在给他饥饿的下属们发香蕉。我不知道自己能不能吃得消这个"厚道的独裁者"的画面。我手上掌握着 Linux 的内核，这是 Linux 项目的根本，因为到目前为止，只要是和 Linux 有关的人，都对我寄予最高的信任。我对这个有几十万人参与的大规模项目的管理方式，和当初在卧室里编程时没有什么两样：相比起主动委派别人来开发维护，我更愿意等着别人上门自愿认领任务。事情就是这样开始的，我把自己不感兴趣的部分给别人去做，比如说那个用户级线程的代码。人们自告奋勇地负责起辅助系统的维护工作。而辅助系统发生的每件事，都通过维护者反映到了我这里。

我有时候会赞同他们的工作，有时候会批评他们的工作，但是大多数时候我对他们是放任自流的。如果有两个人同时维护了相同的功能，我会接受两份工作成果，评估哪一份更可行，最终加以采纳。也有两份成果都被采纳了的情况，不过它们会按不同的路子来发挥作用。有一次，有两个开发者激烈竞争，互不相让，都坚持自己的补丁比对方的好。那两位我都拒绝了，直到其中一位开发者失去了兴趣。要是所罗门王管理着一家幼儿园，他也会这样办事的。

厚道的独裁者？不，我只是懒惰而已。我总试着不做决定，让事情顺其自然地发生。这样会得到最好的结果。

我这种管理方式上了新闻头条。

不过，颇为耐人寻味的是，虽然我对 Linux 项目的管理风格赢得了媒体的赞许，但我在全美达时承担过的短暂的管理工作，却无可推诿地失败了。当时他们认定我应该带领一个开发者团队，结果我搞砸了。要是有谁冒险进入过我那个垃圾堆似的办公室，他就会知道，我在这方面毫无头绪。每周的进度例会、工作回顾、工作规划，我都无法驾驭。三个月之后，我对 Linux 项目的管理风格除了得到记者们的赞誉之外，显然没有给全美达带来任何好处。

与此同时，媒体不断折腾着一个问题：分裂。凡是关注过 Unix 系统那段坎坷又不幸的历史的人，肯定对 Unix 经销商之间无休止的争吵有所耳闻。在 1998 年，这个问题出现过很多次：历史会不会在 Linux 的世界里重演？我的回答始终如一：Linux 经销商之间无疑也有争执，但这些争执肯定不会导致 Linux 出现差点毁掉 Unix 的那种分裂。Unix

的问题在于，互相竞争的经销商浪费了数年的时间去开发类似的功能，仅仅是因为他们没法拿到相同的代码基资源。独立开发相类似的功能不仅拖了 Unix 几年时间，还导致了 Unix 内部的明争暗斗。没错，我会这样告诉媒体，Linux 的经销商虽没有定期聚在一起互诉衷肠，但是 Linux 的圈子现在不会、将来也不可能产生像 Unix 社区那么严重的分裂，因为就算是心怀不轨的 Linux 经销商，也可以拿到和别人相同的代码基，还可以使用别人的工作成果。Linux 的源代码，人人都可以提取。

记者们越是抓着这些概念不放，我就越喜欢和他们见面（和我青年时期在赫尔辛基遇到的记者不同，20 世纪 90 年代的美国记者大多比较清醒）。我特别高兴有机会和他们辩论。

不过，演讲又是另一回事了。我不是别人口中说的那种天生的表演家。你要记住：我是一个少年时期基本没离开过自己房间的家伙。我甚至连写演讲稿都非常差劲，不到最后一晚，我是不会开始准备演讲稿的。

不知怎的，我的急就章似乎问题不大。通常，我正走上讲台，甚至还没开口呢，观众就站起来鼓掌了。我不想显得自己对此不领情，但我总觉得这样的场景令我非常尴尬。这种时候，不管我说什么好像听起来都不对头，就连我惯用的那句"谢谢，各位请坐"也显得怪怪的。对于这件事，你们有什么建议，不妨告诉我。

其实，并不是所有的电话都来自记者或者会议的组织者。有一天晚上，我正坐在家里和朵芙一起给女儿们读书。这时候，电话铃响了。

我接电话："我是托瓦兹。"

"呃，是那个搞 Linux 的家伙吗？"

"对。"

两秒钟的沉默之后，对方挂了电话。

还有一个晚上，有个拉斯维加斯的家伙往我家里打了电话，想要我和他们签约，搞 Linux 的 T 恤生意。

对此，最好的解决方法当然是搞一个不登记在公共电话簿上的电话号码了。刚搬到加州那会儿，我没有费劲去申请，因为申请一个不登记的号码比申请一个登记的号码要贵得多。由此我学到了，抠门是要付出代价的。我现在已经用上了不登记的电话号码了。在我没换号时，有一次戴维找不着我的电话号码了，就打给了查号台。他报出我的名字，接线员告诉他我的号码，然后带着十分震惊的语气说："他居然用的是登记的电话号码？他不是身家有好几百万吗？"

不是的，我哪有几百万身家。当然，Linux 用户倒是有几百万个，只是林纳斯就没有几百万美元了。

没事，我非常满足。

财富的到来

我常常一觉醒来，觉得自己是全世界最走运的家伙。我不记得 1999 年 8 月 11 日星期三的那个早上我醒来时有没有那么想，不过应该是有的。

那天是 Linux 世界博览会的第二天，活动在圣何塞会议中心举行。SuSE Linux AG 公司的 CEO 迪尔克·赫内尔从德国过来参加商业展，那天晚上就睡在我家起居室里为客人准备的床上。我认识他已经很多年了。他是 XFree86 系统项目的老成员，非常支持 Linux 的发展，而且他还是丹妮拉的教父。早上我醒过来后，给朵芙和迪尔克煮了卡布奇诺咖啡，读完了《圣何塞信使新闻报》上除了体育版和分类广告之外的所有新闻——我一向是这样的——之后，我们一起挤进丰田 RAV4 车里，开了大约十六公里到了圣何塞市中心。

我记得那天自己和很多人握了手。

那一天是红帽挂牌上市的日子。红帽在多年前给了我股票期权，不过直到最近才寄过来一些文件。我一直没有兴趣仔细阅读，所以那些文件还待在我计算机旁边的纸堆里。我记得我是真心希望红帽上市后能够顺顺利利的，但那和我的股票期权没有什么关系，我并没有因此特别兴奋——我甚至不知道股票期权是什么意思。我激动的原因其实在于：从很多方面看，红帽 IPO 的成功意味着 Linux 会被大众认可。所以，那天早上我有点紧张，不过恐怕不只我一个人紧张。股票市场已经低迷了好几个星期，人们甚至怀疑红帽能不能成功上市呢。

事实上，这场"资金的流动性事件"还是发生了。在展会上我们得到消息，红帽 IPO 的开盘价是 15 美元……还是 18 美元？我不记得了。重要的是，第一天收盘的时候，每股已经达到 35 美元。并不是说它破了纪录什么的，但是走势还不错。

我记得那天我与朵芙和迪尔克开车回家，在车上我才感觉松了一口气。接着我想到了钱，就激动起来。直到我们堵在北向 101 号高速公路上进退不得，我才突然意识到，我本来几乎是身无分文的，但是一天之内就有了 50 万美元。我的心跳一下子加速起来，感觉既志得意满，又难以置信。

我得想办法弄清楚接下来该做什么，但是我对股票一窍不通，于是我给 VA Linux 公司的 CEO 拉里·奥古斯丁打了电话。我告诉他，他是我认识的人当中唯一通晓股票运作的。我是这么说的："你有没有一个信得过的股票经纪人什么的可以介绍给我？这样我就不用上 eBay 去买一个了。"

红帽给我的是股票期权，而不是直接把股票赠予我。我不知道该如何行使这个认股权。我想应该会有一个持股锁定期，但是我不知道对我是不是适用，我也没有考虑过税务问题。拉里在这方面很精通，而且人脉很广，给我联系了一个在雷曼兄弟公司上班的家伙。按他的水平，他不该为我干活，因为我并不是什么大客户。他答应帮我考虑下一步的行动。就在这个时候——红帽 IPO 两天之后，我收到一封红帽人事部或者律师发来的电邮，告诉我，在红帽 IPO 之前，公司进行了一次股票分拆。我对这件事一无所知，只好找到那个装着股票期权文件的马尼拉纸文件袋，开始阅读我之前没有兴趣看的文件。白纸黑字就写在那儿，浅显易懂的英文（法律术语）：我的股票期权神奇地翻倍了。

我的 50 万美元一下子变成了 100 万美元！

我已经顾不得媒体给我塑造的那个安贫乐道、清心寡欲的平民英雄极客形象了，坦白说，我兴奋得快要发狂了。

没错，我说真的。

我坐下来，看完了红帽给我的所有文件。确实，我有 180 天的持股锁定期。

你能想象，对于一个第一次成为名义上的百万富翁的人来说，180 天有多长吗？

我现在有一项新的消遣了（或者说不是新的消遣，是总算有一项消遣了）：关注红帽的股票价格。所幸接下来六个月，它的价格一直在上涨，要么小幅度持续上涨，要么直线往上跳，总之就是不停地涨啊涨。后来，红帽又搞了一次股票分拆。在最高点的时候，我的期权价值达到了 500 万美元。

红帽的股票价格起步相对比较低，但随着华尔街"发现"了 Linux，它一步步升上了天，而一般华尔街只要与和互联网有哪怕一点点关系的领域发生了什么关系，都会让人痛苦不堪。1999 年底那几个寒冷的月份里，我们成了最时髦的话题。电视和报刊上教人投资的专家怎么也说不腻这个令人疯狂的小东西：一个甚至有望放倒微软的操作系统。我的电话响个不停。这一切和 12 月 9 日 VA Linux 公司的 IPO 一起，达到了一个令人震惊的巅峰。这次上市能得到这么多人的认可，谁也不曾料到。

旧金山市瑞士信贷第一波士顿银行给 VA Linux 公司办了一场 IPO 路演，拉里·奥古斯丁和我一起去了现场。我就穿着我平时穿的衣服：免费 T 恤配凉鞋。我们还带了老婆和孩子一起去。几个刚学步的孩子在穿着保守的投资银行家中间跑来跑去，那个场面真是惨不忍睹。

一切都来得太快。屏幕上不断跳动的数字显示，VA Linux 在第一天的交易中，每股已经卖到了 300 美元，这是前所未闻的。就算我们没有看到那些跳动的数字，也能从那些投资银行家被 CNN 和彭博财经频道的报道给震惊了的表情中看出，这只股票一定创造了纪录。看看拉里，他还是和平常一样淡定自若。我猜他全程眼睛都没有眨一下，不过我不敢肯定，因为我忙着追我那到处乱跑的女儿们。

大概连非洲马达加斯加雨林的居民都知道拉里一下子变得多富有了。他开车到旧金山的时候还没有多少钱，但是他开车返回硅谷的时候身价大概已经有 16 亿美元了。而且，媒体也不断指出这一点：他才二十几岁。

说到我，我从 VA Linux 公司得到一些股票赠予和股票期权。和我在红帽的情况一样，这些股份六个月内不能卖出。不同的是，红帽的股价一直稳步上涨，而 VA Linux 的交易价除了下跌还是下跌。在开市那天创下纪录之后，这只股票在接下来的一年内不断地下跌，最低曾跌到每股 6.62 美元。在一定程度上，这只股票是股票市场调整的牺牲品——那年四月的市场调整重创了大多数的科技股。另外，股票市场上关于 Linux 的时髦话题也已经随着那年的春暖而消停了。因为 VA Linux 持股锁定期的关系,我从这只一度价格居高的股票上占不到什么便宜。从心理上说,关注这只股票比关注红帽的股票难受多了——每天晚上爬上床睡觉,我都知道,第二天醒来我的资产净值会变少。

但是,我还是常常觉得自己是全世界最走运的家伙。

林纳斯的烦恼:大房子——戴维的话

一月份的一个晚上,林纳斯开车到我索萨利托的办公室来。他先是嘲笑我用苹果计算机而且不用 Linux 操作系统,之后才坐下来阅读我写好的序言初稿,这篇序言是从林纳斯的角度用第一人称写的,颇显冗长。我也坐着,离他大概只有五厘米远。林纳斯很安静地阅读,在读到"我没想过自己会成为除了让·西贝柳斯和驯鹿尼基之外,芬兰唯一制造的世界巨星"的时候,他发出了一记闷声。十分钟后他看完了,唯一的评价是:"好家伙,你写的句子可真够长啊。"随后,我们用行动证明了我俩在消磨时间方面算是当之无愧的好搭档——我们煞有介事地花了几个小时,把句子改短,再把一些语句改成他惯用的表达,也学着在写作上互相配合。最终,我们弃用了那篇序言。

随后,林纳斯试着帮我调整纯平显示器的分辨率,不过没有成功。这台显示器是我去年刚买的尖端货,我觉得那简直是身份的象征。他却问我:"嘿,就这破分辨率,你能看清上面的东西吗?"可他倒腾了好一会儿,也没能把分辨率调到理想的状态。他干脆拿出一张纸,通过画图给我讲解显示器的工作原理。我听着有点不耐烦,索性提议说:"要不我们去吃寿司吧。"

"钱的事真够我烦的。"林纳斯说,"现在我除了等持股锁定期结束,什么也做不了。看上去我好像很有钱,实际上却不是。太烦人了!"

我点了清酒,林纳斯因为要开车,要了果汁。

"直到现在,我们的账户还没有过 5000 美元以上的存款。我们手头上倒是有些股票和一些存了定期的东西,可是又动不了,能拿来花的只有账户那点钱。所以,我现在光有那些名义上的钱……"

"你那些股票值多少了?该有几百万吧?"

"该有 5000 万吧?如果 VA Linux 给我的那些股票只涨不跌的话,应该能值这么些钱。不过要等六个月后锁定期结束了,我才能支配这笔钱。噢不,现在还有五个月。"

"我看不出有什么问题啊。不就买个房子嘛,再等五个月有什么所谓的?我不是不同情你的处境,只是……"

"要我说吧,刚开始我觉得手头上的钱够多,买什么房子都行。但现在我们想买一个大房子,房子要有五间卧室,房子外面有大片空地围着,这样我们就能听见动物的哼哼声之类的。还有我每天上班都会玩台球,所以我们需要一间能放台球桌的大游戏室。我们还需要一间独立的套间,要是朵芙的父母来看我们,或者我妹妹从芬兰带朋友来玩,就能让他们住几个月,顺便帮忙看孩子。生活真是奇妙啊,你看,我们从芬兰搬来美国的时候有了帕特里夏,从小公寓搬到复式公寓的时候我们有了丹妮拉,现在……"

"你们俩该不会又开始造人了吧?"

"那个嘛,顺其自然喽。"

"哥们儿,在我们那儿,你这句话等同于'我们在努力多要一个孩子'。"

"好吧,就是因为这个,才要买大一点儿的房子嘛。我们已经看过不少在售的房子了，都贵得要命。你看啊，我名义上有 2000 万美元，我还想着'哇，世界上总没有我买不起的房子了吧'，但是呢，我们去看了伍德赛德市的一个房子，四周没有草坪，房子本身也不怎么样，居然要价 120 万美元。后来好不容易又看合眼了一个，竟然要 500 万美元。虽然我有 2000 万，但是得预留一半的钱交税。剩下 1000 万能用了吧，可是像那个 500 万的房子，每年要交的房产税就得 6 万美元，所以我又得多预留点钱。我也说不准，指不定我这辈子只能有这一次挣大钱的机会了，我不想太铺张。这种大房子我现在是买得起，但以后住不起可怎么办。我们不想脑子里整天想着贷款的事。"

"我倒不觉得这有什么。毕竟，只要全美达 IPO 的事情顺利，你稳中求进，房子的事肯定不用操心。"

"你说得轻松，我只是个初级工程师，分不到那么多股份，而且我的工资也不高。"

"林纳斯，只要你愿意，你可以见到这个城市里的任何一位风险投资人，得到任何你想要的东西……"

"我想你说得对。"

糟糕的演讲

这一篇我要讲讲我人生的金科玉律。第一条是"己之所欲，施之于人"，要是能恪守这一条，在任何情况下你都懂得该怎么行事。第二条是"以自己做的事为荣"。第三条是"还要乐在其中"。

当然了，要做到以自己为荣还要乐在其中，并不容易。在 VA Linux 公司 IPO 的一个月之前，我在拉斯维加斯的 1999 年度计算机经销商博览会（Comdex）上作了一个主题演讲。那天，我就没有做到以自己为荣并乐在其中。大家都知道，Comdex 是人类已知的最大型、最糟糕的展览。那个星期的大部分时间，内华达州的拉斯维加斯，这座令人昏昏欲睡的城市成了一块磁铁，把任何叫卖得出去的高科技产品和一大批想要购买或者兜售产品的人都给吸引了过来。一年中也就这个时候，你可以在拉斯维加斯的任何一辆出租车里摇下车窗，探出身子，随便问一个路过的赌客："哎，主题演讲是什么时候啊？"她也一定知道答案。

Comdex 的组织者会邀请 Linux 星球那位"厚道的独裁者"来做主题演讲，这可是件了不起的事情。这是计算机业界认可 Linux 的方式，说明 Linux 已经是一股不可低估的力量了。

星期天晚上，即博览会的第一天晚上，比尔·盖茨发表了一个主题演讲。他的演讲吸引了很多人——威尼斯人酒店的舞会大厅足有七个宜家家居的普通门店那么大，但里面仍然站满了来听他演讲的人。那些希望听到他谈微软反垄断案（当时还没有结案）的人，还有那些仅仅为了向他们的孙子孙女炫耀自己亲眼见过世界首富本尊的人，在演讲开始的几个小时前，就在酒店会议中心宽敞的底层排起了蛇形长队。盖茨的演讲以一个关于律师的笑话开始，接下来是精心编排的微软网络技术和高清视频片段的展示。在其中一个视频里，盖茨还模仿了奥斯汀·鲍尔斯（电影《王牌大贱谍》的主角），惹得全场哄堂大笑。

我没有在现场。当时我正在帮朵芙选购泳衣呢。

但是接下来的那个晚上，我在相同的大厅里发表了主题演讲。

早知道，我宁愿去逛街购物呢。可是⋯⋯

我并不是没有做好准备。我通常会在前一天写好演讲稿，而且这一次我准备得更加充分。演讲是在星期一晚上，星期六我就写好了演讲稿，并且用计算机设置好了幻灯片的播放。看起来，一切都已经就绪了。我甚至把演讲稿复制到了三张不同的软盘上，以防哪张软盘出了问题。我本来就讨厌演讲，但我更讨厌半路出岔子的演讲。我甚至传了一份演讲稿到互联网上，以防所有的软盘都出了问题。

赌城大道因 Comdex 出现了交通堵塞，所以我们抵达威尼斯人酒店的时候，距离我上台演讲只有半小时了。我当时与朵芙和孩子们一起，还有一些博览会的工作人员。我们总算进了大楼，却没法进入后台，因为工作人员把安全证弄丢了。没有一件事是对劲的！

终于，我们进了后台。本来，就算是在四十个人的会场上演讲我都会十分紧张，而眼下这场演讲是我这辈子遇到的观众最多的演讲了。接着，事情就发生了。

我发现，两天前我辛辛苦苦设置了幻灯片播放的那部计算机下落不明。简直要疯了！有人告诉我，演讲开始前四个小时，就已经有人提前在楼下排队了，现在等候区已经挤得水泄不通。与此同时，我们却像一群无头苍蝇似地乱窜，在后台到处搜寻我的计算机。

那部计算机用的是普通的桌面系统，装着 Linux 办公软件套件 StarOffice。一切都准备就绪，我只需要把软盘放进去就可以开始了。所有步骤都设置好了，甚至没有多余的电线需要接驳。但问题是，这台计算机就这么消失了！显然，它是被人糊里糊涂地贴错了标签什么的，被运回家去了。幸好，我还随身带着一个笔记本式计算机。演讲稿的幻灯片文件也都在里面，而且这部笔记本也事先装好了 StarOffice。

因为这部笔记本不是我常用的，里面并没有安装很多字体。结果，每张幻灯片上的最后一行字都不见了。意识到这件事的时候，我想：我不管！我一定要活着撑过这场演讲！接着，我们不得不重新接驳电线。

哎，要我说，我们都还没有准备就绪，他们怎么就让人入场了呢？我就在台上，还在竭力准备机器，一大拨人流就这么涌了进来，大厅一下子就坐满了，连两边的过道也站满了人。幸运的是，我还没开口，全场就起立给我鼓掌了。

前一天晚上，比尔·盖茨在演讲开头讲了一个关于律师的笑话，而我的开场白是用一个蹩脚的笑话呼应了比尔盖茨的笑话。然后，我说了一句话，暗示全美达正在开发一个秘密新产品。在此之前，媒体都在传，我会趁着 Comdex 主题演讲的大好机会，发布全美达的芯片呢，不过我们还没有做好。这场演讲的主要内容，只是列出了开放源代码的种种好处。我没有心情像往常一样抖出那么多笑料。丹妮拉还一度哭得震天响，她就跟朵芙和帕特里夏一起坐在第一排，估计哭声能传遍拉斯维加斯所有的赌场和俱乐部。

这实在不是一场可以记载下来，和历史上那些伟大致辞相媲美的演讲。后来有人试着安慰我说，比尔·盖茨在前一天晚上的演讲上也明显表现得非常紧张。但是，他台上的机器可好得很，没给他添乱啊。不过他的麻烦也不少，美国的司法部死死盯着他呢。相比之下，我想我还是略胜一筹。

极客之王的演讲——戴维的话

我的采访策略似乎出自"新闻学入门"课程：混进排队等着听林纳斯主题演讲的人群里，挑出等得最久的那个，和他（毫无疑问，不可能是女的）一边蹭队一边套近乎。这些人把林纳斯当成一位穿着文化衫的上帝，要了解这群"呆子"的想法，难道还有更好的办法吗？

下午五点,我乘自动扶梯下楼,来到极客们的狂欢节现场。在这支看不到尾的蛇形队伍中,排在最前头的是沃拉沃拉学院计算机专业的一名拘谨的男生,他欣然同意让我和他一起排队。为了见到林纳斯,他已经等了两个半小时了。他得再等上大概两个半小时,才能进入大厅。他的同学大概只比他晚半个小时到,已经站到队伍的后面去了。他们和学校的一位教授从华盛顿州驱车前来,就在当地一所高中的体育馆里过夜。他们似乎都开始了自己的网页设计事业,也似乎自然而然地把成年人分成了两类人——黑客和穿西装的,他们还不时地从不断加长的队伍中指出后者,用这样的口气说:"天啊,看看那些穿西装的。"这口气,就和他们大学兄弟会的兄弟们放春假的时候,在沙滩用目光扫射全场时说话的口气一模一样:"天啊,看看那些漂亮小妞。"不过,他们也和兄弟会的兄弟们一样,排着队呢还总是胡闹——互相击掌、戏谑对骂,不过对骂的词都跟主板和字节有关。

没过多久,他们就提到了林纳斯。他们提到他的名字时特意加重了语气:"林纳斯绝不会去那些不开源的公司工作的,他肯定不会。"他们盲目听信 Slashdot 之类的科技资讯网站的报道,也访问那些充斥着全美达流言的网站——这些网站恨不能把全美达的新闻报道得像好莱坞小明星的感情生活那样耸人听闻。不仅是这些早到的学生,队伍中的小青年也普遍狂热至极,对科技界的人物和事情有着各种推测(或者说着迷)。

我去了趟男洗手间,走向那个唯一没人在用的便池,正巧我左右两边的人在谈话。

左边的那个家伙说:"我觉得这场演讲可能要比比尔·盖茨的主题演讲无聊多了。"

另外一个人回答说:"不然你想怎样?林纳斯是一个黑客,又不是穿西装的。你饶了他吧。"

我们好不容易进了大厅,可惜还是没能挤到前面去,只能待在观众席中间靠后的地方。跟我一起排队的那个来自沃拉沃拉学院的男生,有那么一瞬间,他顾不上亲眼见到偶像的激动心情,而是因为坐不上第一排的座位而显得很狂躁——他觉得他在最前面排了那么久的队,理应坐到第一排去。没过多久,他又开始指出观众席里那群穿西装的。虽然离前面将近有 70 米远,但我们还是能够在漆黑的演讲台上瞥见林纳斯,他正在一部计算机旁边坐着。他在快速地打字,旁边围着几个工作人员。上头发生什么事了呢?该不会是临时抱佛脚在赶做幻灯片吧?

最终,林纳斯和其他人离开了演讲台。不知怎的,大会向观众们介绍了 Linux 国际的执行理事——"疯狗"乔恩·霍尔。我的这位来自沃拉沃拉学院的同伴显得很兴奋,大叫道:"看他的大胡子。""疯狗"上台以后,说他很荣幸地向大家介绍一位嘉宾,一个他当成儿子看待的人。林纳斯又出现了,得到"疯狗"的一个"毛茸茸"的拥抱。尽管当时我在较靠后的席位里,但还是能看出来林纳斯很紧张。

林纳斯开口说道:"我想先讲一个和律师有关的笑话,可惜已经被人讲过了。"前一天晚上的演讲,身缠反垄断官司的比尔·盖茨就是以一个律师笑话开场赢得满堂彩的。林纳斯是在开他的玩笑呢!他接着说:"有人听过什么好玩的律师笑话么?"

接着,他用一句话暗示了全美达最近正在秘密开发一种新产品。随后幻灯片从他头顶上的布幕一张张匆匆飞过,他的讲解也是匆匆带过。他还讲述了开源运动与日俱增的重要性。整场演讲没有什么出彩之处,也没有什么新鲜的东西。

演讲中,他的语调有些疲倦、有些单调,但声调还是令人愉快的。中间有一会儿,他的女儿哭了起来。

他停下说了一半的句子,插了一句:"那个在哭的是我的孩子。"

> 从现场的屏幕可以看到，演讲台上的灯光把林纳斯头上的汗珠照得十分抢眼。
>
> 演讲过后，观众开始向林纳斯提问。有观众问他最喜欢哪种 Linux 文字处理器，他迅速把问题挡了回去。有观众问他家里有多少只企鹅玩具，他回答："还真不少。"还有一个观众问他喜不喜欢加利福尼业的生活，他高度赞美了当地的天气："现在是十一月，在这儿我还能穿短裤。要是在赫尔辛基，我脸上这些宝石（汗珠）早就没影了。"一名粉丝走到为观众准备的提问区，对着麦克风大声宣布说："林纳斯，你是我的偶像。"关于这个，林纳斯像已经听了 100 万遍又回应了 100 万遍那样，说道："谢谢。"
>
> 提问环节结束后，几百名观众涌到演讲台区，虽然林纳斯已经准备走了，但还是与尽可能多的人握了手。

媒体的攻击

Linux 革命已经结束了吗？

> 文 / 斯科特·贝里纳托，《PC 周刊》

"感谢您的致电，Linux 革命已经结束。如果您还需要更多 Linux 的消息，请按 1……"

如今林纳斯·托瓦兹有了这么一个来电处理程序，看来 Linux 也难免落了俗套。所以大家还是别管什么革命不革命的了,赶紧回到你的Windows台式机上干活去吧。

以前,记者给神秘兮兮的全美达公司打电话,拨分机号,接通这位Linux操作系统创始人的办公室电话,就能直接听到他在电话那头熟练地自报家门:"我是托瓦兹。"他非常耐心,会解答你的问题。如果没有空,他也会告诉你。要是你问的是一些没用的入门级程序员问题,他有时候还会提醒你。总之,他会自己接电话。

现在,你要是打电话到全美达公司,拨了他的分机号,会有一个温柔的女声接待你:"感谢您致电林纳斯·托瓦兹。这个语音邮箱不接收留言,如果您要联系他,请发传真至……"

怎么回事?就是这么回事:他不会回头再联系你了。他已经厌倦了。他现在可是个名人,要请他做一个简短的采访,就和请其他大公司的老板做简短采访一样难。那个女声念叨着一串传真号码,你却想着要不还是按0和#键回去找前台总机吧……

"我们的前台不会帮他接收留言,也没有他的日程表。"哦!她还挺亲切。最糟糕的是下一句:"但是我们的同事会很乐意为他接收您发来的传真。"是啊是啊,比尔·盖茨还乐意把公司折分了,来取悦司法部反垄断案的律师戴维·博伊斯呢!

好吧,虽然Linux革命还没结束,但是已经沦落到跟其他革命那样,随大流的支持者盖过了无组织的乌合之众。远郊的新浪潮音乐排挤掉了都市的朋克摇滚乐,殖民地里富有的地主也跟在贫穷的纳税人后面参加了革命。(顺便提一下,后来富有的地主们极力主张向边远地区人民征收威士忌税,就好像若干年前向他们强征茶叶税一样。)

说实话,这大概就是林纳斯淡出的恰当时机了。看,那么多媒体的电话他都不愿理睬,而且现在不管谈及什么话题,他都只是反复讲那些场面话。说真的,他的淡出是不可避免的。

就说他月初在圣何塞的 Linux 世界博览会上的问答环节吧。因为没有时间应付数不清的单独采访请求，托瓦兹才同意了这个问答环节。刚开始，他不得不靠着背答案去应付一些例行问题。比如说，开源理念在商业领域能行得通吗？你会像比尔·盖茨管理他的软件那样管理你的软件吗？你对微软有什么看法？开放源代码是什么？Linux 项目是什么？为什么用企鹅做品牌标识？

这时的托瓦兹就像被体育明星附了身似的，喋喋不休地说着那些场面话。想想《百万金臂》里的蒂姆·罗宾斯："我必须到这儿来，尽百分之一百一的努力去帮助这支球队……"

记者们除了废话太多，提的那些无关技术的问题往往也出人意料。有一次在媒体招待会上，这位芬兰新秀被问到他将会如何去占领中小型企业市场。他用了经典的托瓦兹式答复："就我个人来说，我一个企业也不占领。"过了两个问题，有一个自觉对开源这玩意儿有独到见解的记者热切地问托瓦兹，他对于为农作物基因组申请专利的公司持什么态度。他的回答又是一句经典的托瓦兹式名言："说到专利，我就两个看法。一个是专利不好，另一个是专利极其不好。"

程序员们可要注意了：要是开始有人问你关于农作物基因组的问题，那么大概是时候请个接电话的帮手了。

所以，林纳斯不再自己接电话也许是一件好事。我们依然会怀念托瓦兹式的坦率与自嘲，毕竟大多数公司进行的是压缩空气一般的吹嘘式营销。对于常年被这种"干燥"的营销方式"灼烧"喉咙的记者来说，这种坦率与自嘲是如此地真实可贵。如果传真真能传送到他的办公桌上，而且他真的会答复传真上的问题，那么我们希望他依然使用他那经典的托瓦兹式语气。

因为，假如那些做作的公关声音代替了他自己的声音，那么整个Linux 项目连最后一点儿好玩的东西都没有了。

好吧，我想我欠贝里纳托先生一个解释，但不是道歉。

读过这篇专栏文章的人都会觉得，作为一群计算机书呆子的头头，一大堆有增无减的压力已经把我逼成了一个浑蛋。其实不是这样的。我本来就是个浑蛋。

我就从头说起吧。我向来讨厌语音邮箱！那种东西就是烂技术的最好明证。真的，那是现存的最差劲的技术了，我恨透了语音邮箱。在全美达公司，每个员工的电话上都有一个语音邮箱，能储存二十分钟的语音信息。存满二十分钟之后，要是再有人打电话进来，就会听到提示说留言信箱已满，请联系前台云云。我的留言信箱常常是满的。

我想，麻烦恰恰就是记者们造成的。我的留言信箱一满，他们就纠缠前台。纠缠过一百次之后呢，前台的接待员就被惹毛了。他们知道我对谁打来电话并不感兴趣，但他们都不愿意做恶人叫别人滚蛋。

于是，我只好开始删除留言信息，我听都不听就直接删了，为的是给留言信箱留空，这样才不至于老是麻烦前台的接待员。反正，我多半不会听那些留言。首先是因为，在录音里给我留电话的人常常嘟嘟哝哝说不清楚，我得听上十五遍才勉强知道他们说了什么。还有，要是没有特殊理由，我是不会给别人回电的。人们留了言之后，会有一种温情而暧昧的情绪，以为我会给他们回电。直到他们意识到我不会给他们回电，这种情绪才会消散。

那些美好的情绪消散之后，他们就会给前台打电话。前台不知道怎么应付他们，于是我交代前台让来电的人给我发传真。传真和留言信息一样容易被忽略，但如果我愿意，我至少可以通过传真看清对方的电话号码。只是我不愿意去看。

一开始，前台接待员十分客气地请来电者给我发传真。最后，来电者们总算知道了，我不会看那些传真。所以一个星期之后，他们又会打电话过来，抱怨说他们确实发了传真给我，却没有收到回复。前台接待员就这样被无辜地牵扯进来了。要知道,处理我的电话可不是前台的本职工作。

是的,尽管贝里纳托先生慷慨地描述了我在 Linux 成名之前的美好形象,但我确实一直就是这么一个浑蛋。这不是什么新鲜事了。

那个请他们发传真的方法并没有持续多久。后来,全美达专门给我设了一个没有语音邮箱的特殊电话接待账号。这一次,有一位公司聘用的公关人员,自愿为我处理这些电话。我听说他们受过这种专业训练。他们还告诉我,我应该给记者们回电话,因为就算我不愿意和他们说话,他们也会从我回电话的举动中感受到若隐若现的温暖,至少受到理睬了嘛。对此,我的反应是:我才不在乎他们感不感受得到温暖呢。

好吧。要是有人打电话进来,我恰好坐在办公桌旁边,我也会自己接电话。但这不应该让人觉得我很平易近人,这也绝对不是什么政治立场声明。搞开放源代码是一回事,但我开放的是源代码,又不是我自己。这不代表我就得比别人更开放,也不代表我就得比别人更容易接受意见。这本来就不是什么大不了的事。真正大不了的,是哪怕我是地狱来的最黑暗的魔鬼,哪怕我里里外外都是邪恶的,人们也可以选择不理睬我这个人,因为他们在 Linux 上的事情完全可以自己处理。这不是我开不开放的问题,而是他们完全可以不理我。这才是重点。

Linux 项目没有所谓的"官方"版本,只有我的版本,和其他人的版本。实际上,很多人习惯把我的版本当作官方版本,因为他们看着我在这个版本上花了九年的时间。我是这个版本的发起人,而且花了不少时间才让人们逐渐认同我的出色工作。要不然,就算我把头发剃到只留下 666①,冲他们喊"向我鞠躬,否则我将打死尔等!",他们也不

---

① 魔鬼的印记。——译者注

会搭理我,只会当面大声嘲笑我,然后说:"好了,我们把那个小内核拿走了,该干啥干啥去了啊。"

人们信任我,但他们信任我只有一个理由,那就是到目前为止,我一直都是信得过的。

这不代表我就得愿意去听留言啊——或是听我在办公室的时候碰巧打进来的那些电话。我不认为人们该把我看作一个老好人,以为我喜欢给打来电话或发来电邮的所有人都回话。话都说到这份儿上了,其实外头那么多关于我的传言,把我说得像是一个清心寡欲的修道士或是圣人,一点儿也不在乎钱什么的,我感觉很不是滋味。多年来,我一直在尝试打破这个神话,但我辟谣的新闻就没登上过报刊。我可不愿成为媒体希望我成为的那种人。

说实话,我一直憎恶那个清心寡欲的修道士形象,因为那个形象一点儿也不酷。那个形象又沉闷又无趣,而且还不是真的。

道德不应制度化

从卧室钻出来,走到聚光灯下后,我不得不尽快学会一些别人早在幼儿园就学会了的生存技巧。比如说,我从来没有预料到别人会那么认真地在乎我或我的一举一动。就这个话题,我说两件亲身经历的事情吧。还在大学里的时候,我在计算机上建立了一个根目录。因为每个目录都得有一个对应的名称,以便归档和查找,所以我就把那个根目录命名为"林纳斯·'上帝'·托瓦兹"。我的确是那台计算机的上帝啊,它只不过是摆在了大学中我的办公室里而已。这有什么大不了的？

咱们接着往下说。当时，如果某个人在 Linux 或 Unix 系统下 Finger（即运行 Finger 程序）了一台远程计算机，那么就意味着他正在查看这台计算机有谁登录过，以及那个人留下了什么信息。因为防火墙的出现，这种行为在今天已经不常见了。但在很多年前，就是有那么一些人喜欢入侵别人的计算机，查看用户有没有登录过、有没有查看过电邮什么的。这也是一种查询他人的"计划"目录，以及他们留存在计算机上的个人信息的好方法，就跟我们现在浏览网页差不多，估计网页的出现就是从这儿获得的启发吧。我的"计划"目录下一般会有最新的 Linux 内核版本，所以要是有谁想了解这些内容，他就会 Finger 我的计算机。有人甚至为此编写了自动化程序，每个小时 Finger 我一次，这样就能掌握 Linux 的最新动态。不管有意还是无心，当他们进入我的计算机时，都能看到我的根目录被命名为"林纳斯··'上帝'·托瓦兹"。刚开始这还不算什么，但没过多久我就收到别人发给我的邮件，指责我说这种行为亵渎了上帝。最后，我只得把名字改掉。这些人太把自己当回事，简直要把我逼疯了。

还有一件是发生在北卡罗来纳州的事情。我的天！这事简直糟透了。一本新近出版的关于红帽公司的书，还把这件事写成是具有潜在性灾难的国际大事件。他们也太夸张了吧！

事情是这样的，红帽公司在其当时位于达勒姆市的总部组织了一场 Linux 用户会议，他们邀请我到现场发表演讲。我到场的时候，演讲大厅已经挤满了人，到了我上台的时候，大家还纷纷站起来为我欢呼。当时我的脑海里浮起一句话，也没多想，随口就说了出来：

"我是你们的上帝。"（I am your God.）

拜托！那就是一句喊起来比较响亮的玩笑话！

我又不是说："我确信我就是你们的上帝，你们要永远记住这句话。"我只是说："好啦，好啦，好啦，我知道我是你们的上帝了。我由衷地感谢各位的赞赏，但现在请你们先坐下来，等我演讲完了，你们再表达赞赏也来得及。"

这种糗事说什么我都不想再经历一次了。

我"粗鲁"的问候声刚落地，在场的每个人都惊呆了。几个小时过后，我那四个词的开场白（I am your God）在新闻组里引起了热议。我承认，这种开场白确实很拙劣，但我的确是无心之失。说真的，上台的过程中看到这么多人为我起立鼓掌，我难免会觉得尴尬，一尴尬我就不由自主地乱说话啊！

人们对我太苛刻了，他们把什么鸡毛蒜皮的事都看得很认真。不仅如此，这些年作为 Linux 的领头人，更糟糕的我都经历过呢：有些人遇事自己大惊小怪也就算了，还要强迫别人跟他们一起大惊小怪。这种人我最受不了了。

你们有没有思考过，狗为什么会这么喜欢人类？不是因为主人每六个星期就带它们去做宠物美容，也不是因为主人偶尔在路边帮它们拾掇粪便。都不是！狗喜欢人类，是因为狗喜欢被主人使唤，这是它们活下去的理由（这点非常重要，尤其是它们大多经历了绝育手术，这让它们从繁衍犬类后代的工作中光荣退休。而且它们也没多少本职工作，除了在主人打猎时帮着搜寻猎物之类的少数特例以外）。作为人类，你是狗的主人，自然就由你来告诉狗它们应该做什么。听从你指挥是它们的情感依托，而且它们就好这口。

不幸的是，人类的天性也是如此。他们总想有人能告诉他们该做什么，而且这就是我们的内核。任何社会性动物的本性都是如此。

但这并不意味着你就该卑躬屈膝。这只能说明，你比较喜欢和那些经常指挥别人做事的人待在一起。

当然，一些人很有主见，坚定的信念使他们在某些场合敢于表达自己:"少来了,我凭什么要听你的?"这样一来,他们就成了领导。成为领导不是难事(肯定不难,我不就成了一个领导吗?),而那些缺乏主见的人,就会倾向于让别人来为他们做决定,听别人的指挥做事。

人们完全有权利按自己的意愿推举领导,并听领导的指挥做事。虽然这种事令我感到压抑,但我并没有要在这点上争辩什么。我想说的是,有时候我真是受不了某些人,他们当中既有领导者也有追随者,却无一例外,都喜欢把自己的世界观强加给别人。这不是"压抑"就能形容的——简直骇人。令人压抑的是,人们随随便便就能盲从任何人,甚至盲从我。而骇人的是,他们会把自己的盲从心理(希望我没用错词)强加给别人,甚至强加给我。

当你坐在计算机前认真思考某个棘手的技术难题时,或当孩子们总算睡着了以后你要享受一下二人世界时,有些穿着光鲜干净的"传教士"——你叫他们机器人也行,就爱来敲你的门。这些恼人的陈年旧事咱不提也罢,眼下就有一个活生生的例子摆在开源运动的社团里:某些狂热分子认为全天下所有的软件创新都应该在 GPL 下注册(用黑客的行话来说叫作"被 GPL")。理查德·斯托尔曼想让全天下的软件都变成开源的。对他来说,这是一场政治斗争,他想用 GPL 来推进开源运动。他认为这是唯一的方法。但事实上,我开放 Linux 源代码不是出于这种高尚的情操,我只是想要一些用户反馈作为回报。在计算机行业发展的早期,人们在大学或者国防部门里闭关研发出来的那些东西,最终不也会开源嘛。别的大学问他们要程序代码,他们直接就给了。自从理查德被迫放弃了他热爱的研究之后,他一心想做的,就是成为开放源代码运动的第一人。

没错,把程序源代码公开,并像 Linux 或者其他技术革新那样遵守某种许可证条款,产生的效益将是不可估量的。我说的这些你要是不信,尽管去对比那些质量差劲的闭源软件。GPL 和开源模式为顶尖技术的诞生创造了条件，一切就是这么简单。不仅如此，GPL 和开源模式还能防止技术闭锁，保证任何对研究项目和技术感兴趣的人都能参与开发工作，不被挡在门外。

这不是小事。斯托尔曼在麻省理工学院的时候曾经参与多个有意义的研究项目，这些项目在成功后从学院派的开放世界走进了私人公司，他却被挤了出来。斯托尔曼由此受到了启发，开始大力促成自由软件环境的发展。他为了 GPL 的诞生如此劳心费力，我们简直应该为他立碑塑像。他被迫放弃的项目中最著名的就是 LISP 计算机了。LISP 项目最初是作为人工智能的一部分加以开发的。随着项目内容多了起来，有人突发奇想，认为这个项目做得如此好，是时候成立一个公司，把它推广到市场上并通过它盈利了。这种事情在大学里比比皆是。但理查德并不想迎合这些生意人，所以当 LISP 项目在 1981 年成为 Symbolics 公司的一个商业项目时，他突然从这个项目中消失了。更让人恼火的是，Symbolics 公司还把他在人工智能实验室的许多同伴挖走了。

类似的事情在他身上发生了好几次。我是这样理解的：他推动开源运动的初衷与其说是反商业化，倒不如说是反排斥。对他来说，开源理念不仅意味着对开发程序怀有热诚的人不被冷落，而且意味着即使有人将项目商业化，这些热心人也能够继续软件的开发工作。

GPL 之所以伟大，是因为在它的关照下，人人都有得玩。你想想，这是人类多大的一个进步啊！但这难道就意味着所有的软件创新都必须注册 GPL 吗？

当然不是！这可以说是科技领域的"堕胎权"问题了。是要注册 GPL，还是要用别的更传统的方式来保护自己的版权，应该由作者自己决定。理查德有一点我最受不了的，就是在他的世界里，一切非黑即白，也由此产生了一些不必要的政治分歧。他永远听不进别人的观点。他要是搞教会的，你都可以称他作宗教狂热分子了。

事实上，除了狂热的"传教士"来劝我"入教"之外，最让我反感的，就是别人来敲我家的门（或者用电子邮件轰炸我），告诉我该如何为我的软件注册版权。这不该是一个政治问题。谁都有权决定自己的想法。劝说别人注册版权之后，让他们自己考虑也就算了，何必还要为了别人是否注册而争论不休呢！有些人曾指责我，说我在为一家商业公司工作，而且这家公司从不为他们的成果注册 GPL 版权保护，我只想告诉他们别多管闲事。

我对理查德感到很恼火，不是因为我对他坚持认为 Linux 应该改名为 gnu/Linux（因为 Linux 的内核依赖于 GNU 软件项目中的应用程序）的事感到不满，也不是因为他怨恨我成为开源理念的代言人，并对此毫不遮掩（虽说在他分享代码的时候，我还是个睡在洗衣篮里的奶娃娃），都不是！我之所以反感他，完全是因为他不停地在抱怨别人不使用 GPL。

我对理查德敬而远之的理由有很多。我原本是敬重像理查德这样的人的，他们通常有着强烈的道德观念。但是，他们为什么就不能把这种观念摆在心里呢？我最讨厌别人告诉我该做什么、不该做什么，尤其憎恶别人自认为有资格把他们的观点凌驾于我的个人决定之上（不过，我妻子就另当别论了）。

在 Linux 的发展过程中，埃里克·雷蒙德等权威人士曾认为，Linux 系统的成功和开源运动的长久活力，一部分要取决于我实用至上的行事作风和在争端中保持中立的能力。虽然埃里克可能是开源现象的最佳发言人（尽管我非常非常不赞成他顽固地支持枪支合法化的事），但我觉得他对我的看法有点离谱。我不是有能力在争端中不偏不倚，只是对那些将自己的道德观念强加给别人的人非常反感。即使把这里的"道德观念"换成"宗教信仰"或者"对科学技术的喜好"之类的,我的看法也不会改变。

我们不应该把自己的道德观念强加给别人,更不应该将道德观念制度化。我尊重个人的选择,我认为面对道德层面的问题时,我有权做出自己的决定。

我想把决定权掌握在自己手里。对于他人强加的一些不必要的规则,我是极力反对的。我始终这么认为:只要不违法,也不碍着别人,你尽可以在家这个私人空间里做任何你想要做的事。如果有什么规定禁止这种做法,那就是这个规定十分差劲。你别说,还真有呢!我发现有些莫名其妙的规定,爱找学校和孩子下手。假如教育改革的方向出了问题,强行把有问题的观念塞给孩子们,这种事情光想想都觉得可怕。有些挂羊头卖狗肉的所谓"社会意识",明明和很多事情毫不相干,它却总爱把丑陋的头颅探出来指指点点。

与此同时,我相信在我和我的个人道德准则之上,还有更重要的东西,它甚至比人类本身都重要。那就是进化。只有在那个层面,我在做个人决定时才会把社会因素考虑进去。不过,我觉得这种观念大概是人类与生俱来的,它已经植入了人体——正是进化促使我们去考虑各种社会因素,否则人类老早就不存在了。

还有一件值得大声疾呼的事:那些唠唠叨叨的"传教士",你们该消停一下了!你们干吗那么爱传教,还自以为有理?!

等等,怎么听起来,我也成了他们的一分子?

总之,当别人太把你当回事的时候,你得多加小心,那可是温柔陷阱啊。

舞会之王

美国人总爱在一些节日里小题大做，比如 3 月 17 日的圣帕特里克节、5 月 5 日的五月五日节、10 月 12 日的哥伦布日①等，但是在 12 月 6 日这天他们却一点儿动静也没有。芬兰人都知道，那天是芬兰独立日。

在芬兰，大多数人庆祝芬兰独立日的方式和他们庆祝其他一切事情的方式无二：过度狂欢。从独立日前夜，他们就开始无尽地狂欢——其疯狂程度，即使按芬兰的标准来说也是过度的。到了独立日当天，他们就几乎一整天都坐在电视机前，试图恢复清醒。当然，也不一定所有人都是这样，人们也有别的选择，比如可以到外头去，醉醺醺地在雪地里歪歪咧咧地走路。

能够让每个人都黏在电视机前不走的，只有一件事：总统独立日招待会。芬兰上流社会的习俗不多，基本上就只有总统独立日招待会这一件了，它是芬兰全国唯一真正的大型社会活动。这个招待会是全国电视台联播的，好让人能待在家里，免得带着宿醉跑到外面开车上路什么的。同时，它也证明了芬兰也有能力推出一台拿得出手的奥斯卡颁奖典礼。不，更好的类比是：这就是芬兰上流社会的"超级碗"（橄榄球赛）。

因此，整整一天，从芬兰北部的乌茨约基到南部的汉科，人们无一不是一边嚼着脆三文鱼和阿司匹林，一边看着一队队受邀者，也就是那些穿着燕尾服的男人和穿着（对斯堪的纳维亚人来说）离谱的晚礼服的女人和总统握手。

我受邀的那年，是公元一千九百九十九年。

---

① St. Patrick Day、Cinco de Mayo、Columbus Day，分别是源于爱尔兰、墨西哥和意大利的节日。——译者注

如果你是芬兰议会议员或者驻芬兰的外国大使，那你就自动受邀了。还有一两百人是出于其他各种各样的理由受到邀请的。这些人可能是赢得奥运会奖牌的，也可能是帮助总统竞选成功的。如果你是冰球队队长，又恰好得了世界冠军，那你就会受到邀请。如果你创造的操作系统受到全世界瞩目，也会收到邀请函。你还可以带上配偶或者同伴一起参加。

说实话，朵芙和我能去得成就已经很幸运了。八月的时候，我们就向美国移民局提出前往芬兰一趟再直接回美国的双程申请，但一直到十一月才获批。两个星期之后，我们就收到了总统舞会的邀请函。

试想一下，两千名芬兰人——还不是最重要的那两千名，都挤入总统的城堡。那座城堡最初是给一位俄国商人建的住宅，虽然被称为城堡，但不过是一处比较大的住宅而已。确切地说，尽管总统的城堡不是那种仅供一个家庭居住的地方，而是用来给拥有许多帮手（如厨师、仆人之类）的大家庭住的，但它确实没多大。

到了之后，有人会为你脱下外套。接着，你就卡在那儿走不了了，你也不知道去哪儿好。宾治酒碗不断增多——宾治酒里当然有伏特加，没有的话这还能是芬兰吗？基本上，要找到人聊天都得花上一阵子。结果，你跟记者聊上了。坦白说，他们是现场最有意思的人了（说不定他们是喝了一些宾治酒，才显得比拉赫蒂的那些议员有意思）。

我并没有期待这场招待会有多好玩，因为我在那儿认识的人不多。我是开源社区的圈子里唯一被邀请的。我只觉得参加这个招待会就跟当兵入伍一样——以后作为谈资也挺有趣的。不过，事实上这个招待会确实很好玩。

那天晚上，朵芙穿了一套绿色的晚礼服。这套礼服哪怕不是在芬兰的总统独立日招待会上，而是在奥斯卡晚会上，也能够艳压全场，吸引媒体的注意，因为她看起来实在太美了，也因为那一年芬兰还没有赢得冰球世界冠军——不然艳压全场的就是那些漂亮的运动员啦,所以媒体把我们俩封为当年的舞会之王与王后。

随便啦。

大房子终于到手了——戴维的话

"你不是以记者的身份,而是以朋友的身份进入这个房子。我们是不会让记者进来的。"

这一天,朵芙和林纳斯刚拿到新房子的钥匙,她在新房子的门口迎接我,我还从没见过她这么兴高采烈。这是一个面积巨大的房子:多媒体室(现在放着林纳斯的台球桌)和"豪华备用房"的距离远到邮政编码都有可能不一样。"豪华备用房"是帕特里夏和丹妮拉的睡房,这间房大得简直可以装下整个幼儿园的孩子。从前门望去,是一条宽长曲折的过道,一路延伸到起居室。以后他们要是把过道上这些高档的意大利瓷砖给拆了,孩子们就能在这里玩滑板了。林纳斯的办公室在一楼,装着一扇光滑的推拉镜面玻璃门。房子里居然有五个盥洗室,等等,可能现在他们已经发现了更多个。这个房子远离硅谷中心地带,坐落在一个不对外开放的社区里。

尼奇·托瓦兹正好过来探访。他和林纳斯两父子去了之前的那套复式公寓,刚刚回来。他们坐着一辆租来的宝马Z3——林纳斯正打算买这款4,今天下午尼奇还要开着这辆车去斯坦福大学的图书馆。不过,他先跑到后院的热水浴池里躺了一会儿。后院先装了热水浴池,其他的还没有装修好。尼奇说这是托瓦兹家的人拥有过的最大的房子。接着他拿出了一张名单,开始罗列二十个姓托瓦兹的人。他还不知道,第二十一个托瓦兹不久也要出世了。

林纳斯对新房子表现得很兴奋。尼奇用摄像机将房子的环境拍了下来，我则叫林纳斯按美国人的习俗，抱着朵芙从大门口跨进来，这样我就能用相机把这个瞬间记录下来。这是一场非芬兰式的秀恩爱好戏。

"你有没有想过，我们的房子居然会这么大？"朵芙问我。

. . .

埃默里维尔市新开了一家宜家家居，朵芙想开车过去逛逛，给新房子添几个衣橱，于是我提议让林纳斯带上孩子们，一起到我在斯廷森海滩租的房子里度假。他们到了以后，我极力推荐林纳斯到环礁湖里玩一圈皮划艇。他自己划了一圈，接着又和每个女儿单独划了一圈，等他回到码头时，裤子全湿了。

我想让林纳斯帮我看看我写的"成功会惯坏我吗？"这章怎么样，为了不打扰他，我把两个小姑娘带到沙滩上去玩。帕特里夏和丹妮拉踮起脚尖走到水里头找海星，大概玩了有半个小时，后来其中一个大声叫喊"Kisin Kommer!"，翻译过来就是"我要尿尿！"。

我们回来时，林纳斯还坐在计算机前面全神贯注地打字，他下身只穿着一条内裤，边上放着一袋脆饼干。大概过了十五秒，他才意识到我们回来了。他从计算机屏幕后伸出头看着我们，张嘴抛来第一句话："哎呀，你的苹果计算机太差劲了。"

然后，又向我抛来第二句话："哦对了，我把裤子放进你的干衣机里了。"

他觉得原来的标题有点自以为是，于是改成了"名声与财富"。他还需要做一些修改，所以趁他忙碌的当口，我又把小姑娘们带到外面去看海豹。

还会再干

在认识到和风车较劲有多难之前,你会觉得那是一件能轻松做到的事。

五年前,当人们问我是否认为 Linux 系统有一天能够抢占桌面操作系统的市场并大力削弱微软的力量时,他们都带着怀疑的口气。我总是告诉他们,我想 Linux 会做到的。果然,他们露出了不相信的神色,但坦白说,事实是什么样的,他们应该比我更清楚。

我其实并不清楚 Linux 要获得他们说的那些成就,究竟需要哪些步骤。为了开发出一个耐用的、可移植的操作系统,攻下所有技术难题需要付出什么代价,我不清楚;要把这个操作系统成功推出,获取技术上和商业化上的成功要付出什么代价,我也不清楚。如果事先就知道要做多少基础建设工作才能让 Linux 像现在一样成功的话,我肯定早就没了斗志。要是事先知道了,那就意味着,不管我有多优秀,都远远不够。我当然得非常优秀才行,但我还得在每一个步骤上都选对方向,且每一件事的结果都必须是对的。

任何神志清醒的人在仰望自己需要攀登的崎岖山峰时,都会心生胆怯吧。试想一下 Linux 兼容 PC 时所要面对的技术问题,要知道,外头的 PC 可是各式各样 抓一大把啊!有些用户提交给我的 bug 是我根本就无法重现的,因为那些应用程序我从未在乎过,但我在乎 Linux,所以也得在乎那些 bug 并把它们处理掉。

哪怕只是想要进入商业市场,你也得有一定的为用户提供技术支持的能力。加入 Linux 的初期,你可以在公司内部实现技术支持。但是要把项目做大的话,就必须有大量人力资源和基础设施来作支撑了。

产品上市后的第一个月里,光有一个 1-900 或者 1-800 的服务电话可是不够的。从某种程度上说,技术支持其实已经不再是问题了,因为现在花钱就可以买到技术支持服务,Linuxcare、红帽、IBM、硅图、康柏、戴尔等公司都有。不过,技术支持显然是必须做到位的。在很长时间内,我都没有意识到这一点。这么多年过去,这依旧是一个主要挑战。

和那些有深厚技术背景的生意人或有商业背景的记者不同,我的关注面非常狭窄。我是一个仅专注于软件本身的开发者,对需要做什么往往想得特别天真。单是技术问题,就有可能把我从 Linux 开发项目这条路上截停。如果我一开始就知道有多少活儿要干,而且这活儿竟然多到十年以后我还在干——这十年我几乎在全职专注地干这个,我可能根本就不会起头做这个项目。

还有被人辱骂!现在已经没有那么多人骂我了,但还是会有。有人不喜欢开源理念,也有人只是因为遇到 bug 不高兴,他们统统给我发来电邮,劈头盖脸就骂。比起那些正面的电邮,这些电邮的数量虽不算多,但毕竟还是有的。

是的,如果我早就知道有多少工作要做、我会有多辛苦、事情会变得多艰难,我大概就不会启动这个项目了。如果我懂得足够多,能够事先理解 Linux 的种种问题,那我大概发布一次就算了,不会把 Linux 拉扯到如今这样大。如果我早知道有多少细节需要注意,早知道人们寄予一个操作系统多少厚望的话,我也许就能预见到,我处理不了的那些问题会将我置于多么恐怖的境地了。

但是倘若如此,我也就见不到这当中好的一面了。比如说会有多少人支持我,以及会有多少人和我齐心协力一起搞这个项目。所以,我改变主意了:要是事先知道这好的一面,我大概还是会起这个头的。

第 4 章
开源的意义

知识产权

最近,关于知识产权的争论火得不得了。火到什么程度呢?就像人们不管走进哪儿的卫生间都能看到涂鸦一样,我总能时不时听到别人支持谁或不支持谁的言论。有些人认为,对于自由世界来说,专利法和其他各种形式的知识产权法规都是祸害,这些法规非但已经走入歧途,而且极其邪恶,非尽快取缔不可。有些人则相信,世界经济的发展几乎都是由知识产权推动的,因此他们还想竭尽所能去提高知识产权法规的地位。

这些"涂鸦"时不时就会搞出一些大场面。

当然了,关于这个问题的大部分"涂鸦"可不是涂在圣何塞人过夜生活[①]时最爱混迹的那些地方的卫生间里,而是涂在了互联网上的虚拟"卫生间"里。网络上充斥着关于知识产权法规问题的混战。人们从第一修正案所涉及的权利,争论到知识产权法规会否在未来扼杀开源软件的开发活动,火药味十足。

我已经被这个问题搞得快要精神分裂了。

在这个问题上,我并非没有自己的主张:我个人非常看重知识产权的价值,但说到底,我的观点好像跟争论双方的立场都不冲突。这种情况确实非常令人困惑。这就意味着,我两边都不讨好,我得同时和

[①] 在圣何塞生活过的人一眼就能看出这是个讽刺的说法——圣何塞压根儿就没有什么夜生活。人们要是想找乐子,就会驱车到圣马特奥去。

双方争论。我想,这也许是因为知识产权本身就具有两面性,它们之间的矛盾是对立统一的。

对很多人,包括我来说,知识产权与人类的创造力相关,与那些使我们成为人类而不是禽兽的东西相关(这当然是好事了)。在这个背景下,"知识产权"这个名称本身就是一种冒犯:它不是财产①,不能像动产那样随便出售。知识产权是一种创造性活动,是任何人都能做到的最伟大的事情。这可是艺术!独一无二的艺术!它美得如同蒙娜丽莎,不过它也是创造者经过多少个漫漫长夜熬出来的,是能令创造者特别骄傲的东西。它实在太宝贵了,拿去卖简直玷污了它:它就是一部分的你。

这种创造力,不管在什么方面,绘画、音乐、雕塑、写作,或是编程,都是神圣不可侵犯的。创造者与他创作出来的东西之间有一种无法切断的关系。这关系就像是母亲与孩子,或者说像食材与调味料。但同时,它也是理应为全世界人类所共有的东西,因为它就是人性的一部分。

换一个角度看,知识产权每年能产生上万亿美元的交易额,这可不是小买卖。人类的创造力被贴上了价格标签,而且价格还不便宜。创造力这玩意儿并不多见,所以它不仅昂贵,还非常能来钱。就是这一点,惹来了不少与创造力无关的议论,也惹来了看法完全不同的人。这些人把人类创造力产生的最终结果称为"财产"。不用说,这帮人里面肯定少不了律师。

再看一遍本节的标题。很明显,那些持"财产"观点的人赢了。毕竟,这个名称已经传开了。那么,还有什么问题呢?

知识产权最有名的例子,就是版权的概念。从根本上说,版权就是创造者按其意愿处置其作品的权利的集合。有了版权,作品的"所

---

① "产权"的英文 property 也有"财产"之意。——译者注

有者"就可以决定这个作品该如何被使用。

要合法地获得版权,其实是很简单的。你不必注册你的版权:不管你创作了什么东西,你都会自动成为这件作品的版权所有人。这一点非常重要,它使得版权法规区别于其他的知识产权法规,主要是因为这样能使个人,而不只是大企业,更容易获得版权。就是这么简单,你写作、绘画,或是创作了一个独一无二的东西,你就能获得版权。如果愿意的话,你可以加一行标注:"Copyright © 2000 ×××"——×××处写上你的名字。但是坦白说,没必要。你说也好,不说也好,这个版权都跑不了。把这话说出来,只是方便了别人——当他们想用你的作品的时候,更容易联系上你。

当然了,光拥有版权其实没有什么用。你拥有你所创造的东西,意味着你有权决定怎么使用它。比如说,你有权把一件艺术作品卖给别人,除了税务局之外,没人有资格说三道四。不过,版权可不仅仅是钱的事,很多人糊涂就糊涂在这儿。

比如说,你可以利用你作为版权所有人的权利,做一些比出售作品更有意思的事情。你可以把它授权给别人。这可比卖了它高明多了!你不是把这件作品给卖了,而是卖了一个许可证,让别人有权用它来做一些事情,而版权仍在你手上。这么说吧,鱼与熊掌,你可以兼得。这也就是比尔·盖茨那帮人创建微软世界的奥秘了:他们无穷无尽地出售使用某物的权利,事实上自己又毫无损失。难怪人们都热爱拥有这一类"财产"。

不知道有没有人看出这当中的问题?如果你到现在都看不出有什么古怪,那么我手头正好有一座桥和几处水滨地产可以卖给你,你要不要?

知识产权最根本的问题已经开始显现:作为版权所有人,你可以有效地将作品永远出售,而自己毫无损失。这买卖对你来说没有一点儿风险，事实上，你还有权在许可证上撇清你的责任，比如像这样写——假如版权有什么缺陷，我不会承担任何责任。听起来很荒谬吧？更令人惊讶的还有，接着看。

版权的缺陷就是，消费者的权益得不到任何保护。

还有更糟的。版权所有人不但有权毫无损失地把作品一次次卖出去，而且要是外头有人在卖一些类似他作品的东西，他还有权起诉他们。显然，版权所有人甚至对由他的作品衍生出来的作品都拥有权利。

显然？别那么快下结论。要是真这样，那该如何区分受启发的灵感创作和抄袭呢？要是不同的人有了相似的创意，又该如何呢？这么一个能把创意一次次卖出去，还能叫其他人滚开别插手的肥差，他们谁能得到？这已经不是消费者的权益得不到保护的问题了，而是其他有创造力的人的权益也丝毫没有受到"知识产权"的保护。

说到这里，争论变得越来越难看了，那些强烈支持知识产权法规的观点大多集中于给创造者及艺术家更多的"保护"。人们好像从来就没有意识到，给予某些人这么强大的权利意味着同时剥夺了其他人的权利。

也许你不会感到惊讶——主张强化知识产权法规的，正是那些从知识产权中获利最多的组织。不是艺术家或创造者自己，而是那些知识产权交易所，那些靠别人的创造力挣钱的公司。对了，当然还有律师！结果怎么样呢？各种版权法规修正案，比如说臭名昭著的《数字千年版权法案》等，把消费者使用版权作品材料的最后一点权利都给彻底剥夺了。

说到这儿，你要是觉得我认为版权是有害的，那就错了。我恰恰是最爱版权的，我只是觉得作者们的权利被保护得过了头，至少不应该把消费者给压得死死的。我这么说，并不是只站在消费者的立场，同时还是以版权作品（这本书和 Linux 系统）的创造者身份来表达我的意见的。

作为一个版权所有人,我拥有一些权利。不过,有权利就有义务,或者像某些人所说的,位高则任重。因此,我有义务负责任地行使这些权利,并且不能以版权为武器伤害没有同等权利的其他人。正如一位伟大的美国人曾经说过的那样,不要问你的版权能为你做什么,问问你自己能为你的版权做什么[①]——大意是这样的。

最后,尽管存在《数字千年版权法案》这样的败笔,但版权仍是一种适度又循规蹈矩的知识产权形态。"正当使用"这一观念也依然存在,而且一个人持有版权,不代表他就能对这个作品为所欲为。

要是说到专利、商标、商业机密什么的,那情况就不一样了:它们可是重量级的知识产权。尤其是有关软件专利的讨论,技术圈子里的争辩可谓剑拔弩张,各种意见不断交锋,以至于软件专利已经和枪支管制、堕胎权、药用大麻,还有到底是百事可乐好喝还是可口可乐好喝这些话题并列成为技术圈子的社交场合中最不适宜提及的问题。专利之所以能引起这么大的反响,是因为专利在很多方面和版权类似,也能赋予专利权人对新作品的控制权,但与版权保护不同,即使掌握了控制权,专利权人也未必能从中捞到那么多好处。

和版权不同,专利权最尴尬的一个问题就是,并不是你创造了一件新作品,就能凭空获得专利。这个没那么简单,你得向专利局提交申请,经历痛苦而漫长的手续及流程,然后才能获得专利权。顺便说一下,这个漫长的等待过程,就好像是在车管所排队等审批似的,不过你得明白,你面对的是十二个专利律师,而且这队伍得排上整整两年。简而言之,这不像星期五晚上孩子们都睡着了之后你可以寻的那

[①] 这句话模仿的是美国第三十五任总统约翰·菲茨杰拉德·肯尼迪在就职演说上发表的名言:"不要问你的国家能为你做什么,问问你自己能为你的国家做些什么。"——译者注

种乐子。

更糟糕的是,专利局还未必有足够的资源来核查你的作品是不是真的那么具有开创性。当然了,又不是所有专利局都有爱因斯坦[①]坐镇,所以给新作品以恰到好处的核查是相当困难的。这就意味着,在很多情况下,伪造的专利也能通过审查。你可以把它想象成一个由哲学博士经营的邮局——弄不好枪支也可以邮寄了。

结果怎么样呢?很明显,只有少数的人能拿到专利。但是,商业公司却拿到了一大堆专利,这些专利是他们用来对付其他公司的武器,其他公司要是有什么风吹草动,他们就可以威胁说要以侵犯专利权提起诉讼。现如今的专利体系,基本上就是一个冷战战场,只不过用的不是核武器,而是知识产权。不过这种局面也好看不到哪儿去,被迫躲在防空洞里蜷缩成一团的人们,也就是那些个人创造者,他们不得不和这个乱了套的体系打交道,又不像商业公司那样有资源——他们可请不起一万两千名律师来伺候这么一个专利申请手续。

那么,要是不想遭遇申请专利的这些麻烦,你可以走知识产权中最重量级的那条路:商业机密。商业机密的优势在于你压根就不用烦心"商业机密局"什么的——只需要将作品封存起来,再贴上一个"机密"标签,就够了。你还是可以把这事告诉别人,不过你得跟他们说这是机密。

以前人们就是这么做的,这其实也是后来社会引入专利相关法规的原因。为了鼓励个人和公司公开自己的秘密,专利法规会在商业市场上给予你一定期限的保护。当然了,你得把你成功的秘诀公开才行。这是一种"投桃报李"的基本形式:你告诉大家你是怎么做到某事的,我们就给你一定年限的专有权利。

---

① 事实上,爱因斯坦在研究狭义相对论原理的时候,确实为专利局工作过。"可是他和别人不一样啊!"——大多数专利局职员都这样认为。

在专利出现之前，人们会小心翼翼地守着他们的技术优势，直到把这些秘密带入坟墓。有前途的技术从来不暴露给其他人，这显然是不利于技术进步的。而专利为创造者提供的专有权利，恰恰促使了创造者公开他们的机密，因为他们不必再担心竞争对手发现他们在干些什么了——从这个角度看，要是他们把作品藏着掖着不愿公开的话，作品就得不到保护了。

不过，那都是以前的事，现在就不同了。现在连商业机密也有法律保护了，不过原因不太好理解。正常人都知道，秘密一旦泄露出去，就不是什么秘密了。但在知识产权法规中，却有一个古怪、扭曲的例外——就算人人都知道了这些秘密是什么，它们依然可以是秘密。哪怕你对某些秘密只是一知半解，但是你碰巧跟错了雇主，弄不好你还会因此吃上官司。是啊，有一些知识产权法规真是太恐怖了。

很大程度上，在知识产权战争中寻求和平之道，正是开源运动的宗旨。对于开源运动究竟想要干什么，很多人有自己的理解，不过你可以把它看作一场高技术（Hi-tech）的缓和政策，既支持知识产权战争，又反对在战争中把版权作为武器。

版权是一种法律武器，我们的开源运动更愿意把它当作邀请函，邀请其他人加入项目一起来玩，而不愿把它当作武器来对付其他人。就像俗话所说的：要爱，不要战争——除非事情发生在一个稍微抽象些的层次（好吧，鉴于我认识的都是些极客，这种层次得是特别抽象才行）。

话说回来，就跟所有重大的哲学命题一样，事物总会有另一面。前面说我快被搞出精神分裂了，就是因为这个。

我已经试着解释过了，为什么很多人会觉得知识产权，尤其是强化知识产权法规的主张，是邪恶的。对开源社区里的很多人来说（说实话，开源社区外也一样），没有比销毁所有核武器、完全废除知识产权冷战更加喜闻乐见的事了。但是，其他人可就不同意了。

他们会从另一个角度看——没错,知识产权是不公平的;没错,知识产权法规的设计确实偏向于满足大公司的目标,而非保护独立作者或个人创造者的权利;但是你们想想啊,这样不是会利益最大化吗?! 正是因为知识产权法规把焦点聚集在威力最大的地方,所以它才成为能在商业市场上发挥高效作用的强大武器啊!就像核武器在冷战中成为终极武力一样,知识产权在科技战争时代也大受欢迎。科技因此而繁荣。

这就形成了一个有力的正反馈循环。因为知识产权是一项极好的收入来源,为了创造更多的知识产权,大量的金钱会被投入。这件事是至关重要的。正如战争在历史上一直是许多发明和工程取得巨大飞跃的进步源泉(当初,人们也是出于纯粹的军事目的才研发计算机的),同样的道理也适用于知识产权的虚拟战争,它促进了工程的进步,还为科技发展带来了前所未见的资源。这是好事。

当然了,作为一个势利的知识产权所有人,我认为,光是源源不断地投入资源,未必能启发真正的创造力。看看今天的音乐行业,你就明白了。每年为了发掘新星,大把大把的钱就这么花出去——可还是没有人觉得辣妹组合(她们因为对艺术的贡献而获得了不少巨额奖金)能够和莫扎特(他去世时一贫如洗)相提并论。所以,投钱未必成就得了天才。

然而,这种势利眼的看法——天才是花钱也买不到的,在长期的商业模式中未必行得通。创造力的源泉是无法预测、不可捉摸的,所以长期的商业计划不应把精力集中于发展纯粹的天才这一件事上。今天的科技(很遗憾,音乐也是)仰仗的不是爱因斯坦的能耐(音乐仰仗的也不是莫扎特),而是靠着一大群埋头苦干的工程师(对于音乐来说,则是一群天生丽质的年轻女性)发展起来的。这些人不是天才,而是历经百转千回才偶尔灵光一闪,迸发出创意的火花。源源不断加入的资源并不能成就伟大的艺术品,但是能造就稳步渐进的发展。说到底,这才是最佳的模式。

"埋头苦干的工程师"听起来可能没有"古灵精怪的天才"那么具有浪漫的吸引力。大家想想,有多少电影是关于"疯狂的科学家"的,又有多少电影是关于"埋头苦干的工程师"的?不过,要是说到商业,你确实还需要偶尔天才般的灵光一闪,但更重要的是,你需要长期保持稳定不断的小进步。

这就是知识产权力量的闪光点了:知识产权非常能来钱,它已经成为现代科技公司的圣杯,维持着整个商业机器的运转。因此,公司能够无阻碍地平稳进步,都要感谢知识产权的保护。知识产权可能不再那么有创新意义了,但它是可靠的。

说到这里,双方的观点我都顾及到了。不过我得承认,多数时候我还是宁愿看到一个更好玩、更激励人心的技术世界。在这个技术世界中,经济因素不会总是占优势。我有一个梦想——我梦想有一天,知识产权法规能由品行端正的人来制定,而不是由那些从知识产权中得益最多的人来制定。

相信我,我能理解经济问题。同时,我禁不住想,要是经济问题不曾对现代知识产权法规产生如此严重的负面影响,那该多好。为强化知识产权而采取的经济刺激和在法律文本中表达"正当使用"和"品行端正"的困难,导致在知识产权问题上,双方的观点渐行渐远。这就好像邻里间的争端,在两个极端之间的某处其实是有一个恰当的解决方法的,怪只怪双方都不愿意承认这一事实。

《数字千年版权法案》不幸被通过了,说明在这方面,经济刺激还是行之有效的。问题是,究竟什么样的知识产权法规,才能不总是被那些拼命弄钱的人牵着鼻子走,同时又能推进发展呢?

现代科技(尤其是互联网)的发展正在削弱许多传统的知识产权

保护形式，其速度之快令我们措手不及，削弱的方式也千变万化，谁都没法预料。这个事实使得上述的问题更加突出。谁能想得到，中西部的老太太们会在互联网上剽窃你的缝纫技术呢？大规模地复制艺术作品乃至技术本身的能力已不再稀奇，在获取上也毫无难度，以至于拥有既定知识产权的机构竭尽所能到处奔走，尽力去维护他们自己的权益。他们全力以赴想要界定这类复制为非法行为，并且引入新的措施来惩戒那些剽窃技术的行为。

这种景象有什么不对呢？问题在于，假如采用了新的措施，虽然非法使用别人的知识产权作品会变得困难，但同时，合法使用也会变得更加困难。Linux 世界就有一个经典的案例，即所谓的"DeCSS 诉讼案"。

在 DeCSS 诉讼案中，那些研究 DVD 影片解码的人被娱乐公司起诉了，因为他们把这些代码共享到互联网上。在这个案件中，他们做这个项目的终极目标是完全合法的，但在法官看来，这已经无关紧要了。重点是，这个项目极有可能被用于非法用途，这点使得这个项目本身变成非法的——在美国，就算只是传播获得解码器的途径，也是非法的。补充说明一下，这个解码器之所以叫作 DeCSS，是因为它的作用是破解 DVD 的内容加密技术（Content Scrambling System）。用了这个解码器，你就"De-CSS"了影片，解除了影片的加密，然后就可以在你的计算机上观看影片了。

这是一个完美的例子。知识产权法规并没有被用于鼓励创新，而是用在控制商业市场上了，它规定了消费者什么能干、什么不能干。这是知识产权法规过了火的一个例子。

保护知识产权，难道没有其他办法了吗？想象一下，有这么一部知识产权法规，既把其他人的权利考虑周全了，又鼓励开放和分享的理念。在这样的法规下，你当然可以保有你的技术机密或其他机密，但是你就不能再强行采用法律的形式来保护这类机密了。

对，我知道，我太不切实际了。

消灭控制欲

要想在竞争中生存下去并繁荣发展，唯一的办法就是做出好到无以复加的产品。但万一你做出的产品无法让你生存和发展下去，还不如趁早放弃。如果制造不出好的汽车，那么业绩像石头滚下山那样一路跌到底也是活该，20世纪70年代美国的汽车工业就是这样。想要成功，不仅产品质量要过关，还要真正满足顾客的需要。

关键在于要去笼络人们，而不是去控制人们！

但问题在于，创业者和企业很容易被贪念所迷惑，贪念常常会导致他们在日后的商场最终败下阵来。就因为有了贪婪之心，他们的决策往往会被偏执和想控制一切的念头所左右。正是那些糟糕的、目光短浅的决策最终导致了灾难，或者领着他们步向灾难。有个简单的例子我们再熟悉不过了，无线电技术在进入欧洲市场的早期就已获得非凡的成功，但许多美国公司却付出了惨重的代价。当这些美国公司打着如意算盘，想用各自的通信技术标准控制市场时，欧洲的公司已经围绕统一的标准GSM来开展业务了。让这些欧洲公司真正上心的，是通过提供最好的产品和服务来互相竞争，看谁能成为市场的赢家。美国公司正因为拘泥于自己的竞争标准，才会这样被远远地甩到后头。由于有统一的市场标准，这些欧洲公司在市场上都拥有了自己的一席之地。也因为如此，布拉格的孩子们前几年就懂得用手机互发短信了，美国皮奥里亚市的孩子却刚听说手机是一种新型的考试作弊工具。

如果试图通过控制某种资源来牟利，总有一天你会被市场淘汰。这是一种专制的形式，它的影响自不必说，历史上的例子数不胜数。就说 19 世纪的美国西部吧。假设你控制着当地农民的水源，对农民用水十分吝啬，而且收费极高，结果会发生什么呢？总会有人想出从别处运水的法子，并因此赚到大钱，而你满打满算的生意则就此崩盘。就算别人不把水运来，由于技术的进步，人们也可以用管道将水从别处引入。不管是哪一种方法，垄断的局面都会被打破，最终你都是竹篮打水一场空。类似的事情还有很多，但可笑的是，人们总是在重复这种错误。

时光飞逝，到了 20 世纪，轮到音乐产业逐渐衰落。那时被控制的资源是娱乐。例如，某家公司拥有一位艺术家作品的版权。这位艺术家创作了许多成功的单曲，但公司可能在每张要发行的 CD 上只放上一两首这样的作品。这样一来，他们就可以出售许多张不同的 CD，而不是只卖一张包含了所有成功单曲的 CD。于是，MP3 技术应运而生了。这下子，人们就可以从互联网上下载音乐了。MP3 为消费者做了件好事，它让消费者多了一个选择。

假设消费者要花 10 美元买一张 CD，但里面只有两首音乐是他们想要的，那他们可能更愿意单独为每首歌花 1.5 美元，以 MP3 的形式来购买这两首音乐，剩下的钱还能用来买其他想要的音乐呢。音乐市场原本是由那些见钱眼开的音乐公司控制的，他们只按自己想的来干，想发布哪几首音乐就放出哪几首音乐，而如今，他们再也无法把顾客圈在他们专制的世界里了。难怪音乐产业这么惧怕 MP3 和它的姊妹技术——Napster软件和Gnutella网络①呢。水的价格如此居高不下,由此激发了人们设法从别处引水的想法,后者还能从中盈利呢,多好呀。

不过,这是一个长久以来都在试图控制消费者的产业——即使不通过发行音乐,也会通过版权和技术手段。早在20世纪60年代,他们就曾搬起石头砸了自己的脚。当时,市场上刚刚兴起磁带翻录技术,音乐产业的人为了禁止人们用磁带翻录音乐作品付出了巨大的代价。他们觉得磁带是人们侵犯版权的最佳媒介,于是用各种手段来保护自己的版权。这种借口太牵强了!他们占据道德的高地,极力为自己的版权申述辩护,说白了就是为了维护他们对既得利益的那点控制权。事实上,磁带这种东西没动过音乐产业一根汗毛。没错,人们确实会翻录音乐为己用,但这也说明他们买了更多的黑胶唱片啊,否则怎么翻录呢?嘖!几十年后CD出现了,CD播放器加入了特殊技术,要想没有音损地复制音乐已经不可能了。瞧,音乐产业又偏执起来了。接着,他们又放出数字磁带这一招。它采用了和CD不同的采样速率——48 kHz(CD的速率是44.1 kHz),以此防止人们把CD上的音乐复制到数字磁带上。音乐产业又一次向消费者施压,意图夺回控制权。不过,消费者可不是吃素的,数字磁带的市场从来就没有火起来过。他们这和愚弄大自然有什么两样嘛!

音乐产业试图控制相继出现的每一项技术,这反而激发了人们创造新出路的热情。他们究竟什么时候才能想明白这一点啊?

于是,DVD又不可避免地出现了。这一次出场的是娱乐产业,他们推出了一款比VHS(家庭录像系统)录像带能提供更优质音色和影像的产品,它的体积更小,更方便使用。为了防止翻录,他们在DVD

---

① Napster是一款可以下载MP3文件的软件,它提供的是MP3目录,MP3文件本身分布在网络上的每一台机器中。Gnutella是一种完全分布式的文件共享网络——只要有人分享文件,你就可以通过Gnutella找到。——译者注

里使用了加密技术。更恼人的是，他们还加入了区域密码。这样一来，你在旧金山机场买的 DVD 就不能在欧洲播放了。这种技术给娱乐产业助长了不正之风：嘿！咱们可以在欧洲以更高的价格卖这些 DVD！那咱们得确保那些欧洲佬没办法在美国买到 DVD 啊！

事情这么显而易见，难道娱乐产业预料不到吗？水价一直居高不下，难道别人就不会想办法从别处引入水源了吗？

没错，当娱乐产业还在贪婪地试图用技术控制顾客的时候，DVD 加密技术就被破解了——还不是被那些想要翻录 DVD 的人破解的，而是被那些想要在 Linux 系统上看电影的人破解的。这些才是真正想买 DVD 的人，但他们买了也没用，因为那些 DVD 光盘根本就无法在他们的设备上使用。娱乐产业的那些人想要保护自家封地的行为就这么失败了：加密技术不仅阻碍了市场的扩张，还激发了人们去想方设法破解 DVD 加密技术。目光短浅的短期策略又一次坏了事。

娱乐产业只是一个例子，这样的故事在软件行业也上演了很多年。这就是微软"硬件捆绑软件"的战略注定会失败的原因。换句话说，开源产品不能成为垄断专制的工具，因为它们是免费的。要是有人想要用 Linux 捆绑硬件，自然就会有人去反捆绑，并以人们真正想要的方式来出售。

这种试图用技术来控制人们的手段都是白费力。到头来，不仅害了企业，相关技术还因此得不到普及。眼下就有 Java 这么一个例子，跟刚推出那会儿相比，Java 已经失去了很多魅力。原本一手掌控 Java 环境的 Sun 公司，却偏偏因为如此，基本上已经葬送了它。目前 Java 虽然依旧运行得不错，但显然远远没有发挥出它自己的潜力。

Sun 公司虽然没想在 Java 项目上赚钱，但想用这门编程语言装饰自家的计算机，一旦能够吸引客户，他们就能把微软手头上紧握的客户资源抢过去，当然，还能顺便卖出更多自家的硬件。Sun 公司是没想用 Java 赚钱,但他们确实把 Java 当成了一种稀缺资源或者某种微生物那样加以严格控制。他们所有的许可条款都附带一大堆额外的包袱,不就是为了控制权吗?

Java 是好产品。可惜 Sun 公司太急着想干掉微软了。他们满脑子都是恐惧、厌恶和憎恨,抱着这种态度做事的公司在 20 世纪 90 年代中后期比比皆是。想想"感恩至死"(Grateful Dead)乐队的歌词吧:"没有时间去憎恨"(Ain't no time to hate)。而且,由于太过讨厌和害怕微软公司,他们在软件注册上做了一系列错误的决策,导致任何人——包括他们的合作伙伴——要使用这款软件都难上加难。这就难怪惠普和 IBM 等公司最终会决定开发自己的 Java 工具了。他们只是丢给 Sun 公司一句"去你的吧"。

Sun 公司原本想通过两个不同的标准化认证机构实现 Java 的标准化,但由于控制权的问题,每一次认证基本都中途撤销了。Sun 公司确实想实现 Java 语言的标准化,但同时又不想失去控制权。因此,标准化委员会大概会对他们这样说:"嘿,这不是你一家公司的事。"所以 Sun 公司只能扭头退出了。看吧,就是这样,一家公司竭尽所能想要掌握一项技术的控制权,这种行为对于真正使用这项技术的用户来说简直不可理喻。这种行为终究是要失败的,而且还会使技术本身走向失败,或是得花上更长的时间来获得市场的青睐。

与 Sun 公司的案例相映成趣的,是奔迈公司(Palm)采取的"爱它就给它自由"策略。奔迈公司不但开放了他们的开发环境,还开放了他们的平台,开放对象不局限于经销商,而且是面向所有想为这个平台写程序的用户。他们开放了 API,让用户免费获得相应的开发工具。这样一来,他们就相当于为自家的 Pilot 掌上计算机开办了家庭作坊。他们不是一个公司在新市场上单枪匹马地干,而是在竞争市场中营造了一个"奔迈现象"。许多公司愿意开发和销售 Pilot 可识别的游戏，也开发了比 Pilot 自带日历更先进的程序。消费者可以选择自己需要的产品，每个人都从中受益了，尤其是奔迈公司，他们开放了自己，因而获得了更广阔的市场。

Handspring 公司也在用自己的产品——Visor 掌上计算机做着同样的事情。它虽是奔迈公司的竞争对手，却在使用奔迈的操作系统，而且他们还做得更前卫：支持像 GPS 接收器这样的扩展硬件和各类手机配件。像奔迈公司一样，Handspring 也在建造一个支持新平台的公司团体。

Sun 公司拍胸脯打赌自己能做得更好的时候，它本应做的是允许用户们开发自己的 Java，而且要不加任何限制。这才是企业不被对竞争的恐惧或贪欲所蒙蔽的标志。这也是一个公司相信自己实力的标志，更是一个公司没有时间去憎恨的标志。

科技的过山车之旅

还有比商业预言家更讨人厌的人吗？那些妄自尊大的家伙，总爱假装自己很懂行，非常了解眼下的技术界里这一趟已经疯狂跑起来的过山车将领着我们去向何处。不过，他们还是挺有用的啦。他们喜欢组织一些千篇一律的技术会议，在会上搞小组讨论、主题演讲什么的。这些技术会议就像花圃里无缘无故长出来的蘑菇，惹人厌又不能吃。而那些想要看准技术趋势并趁势捞一把的人，则花费几千美元参加技术会议，听他们讲话。至少，他们给一大群酒店员工、厨师和酒保创造了就业机会，所以我想他们还是有点用的。

而现在戴维告诉我,我也该写写商业,来一个"商业的未来"之类的章节。我感觉他的这个想法有点侮辱我。不过,嘿,这也没什么,他又不是那种在玩趴板冲浪的时候任由我溺水不管的人。而且,要是他认为读者会觉得商业的未来会比生活的意义更有意思的话,那我闭上嘴好好写一篇就是了。

但是!

我要郑重声明,我从记事以来这些年,从来都不是一个好的预言家。你想啊,我可曾预言过当初我写给自己用的小操作系统有一天会遍地开花?没有啊!这完全是意料之外的事,但它确实发生了。对此我只能说,要是让我摸着水晶球预测未来,我未必会输给其他人。Linux 能在行业内越做越大,如果说我对此感到很意外,那其他人肯定更是大吃一惊了。从这个角度看,我可能比大多数人还懂预言呢。天晓得!说不定写完这一章,我就成了当代的诺斯特拉达穆斯[①]。

也许会,也许不会。不管了,我这就开始写啦。

当然,我们可以先回顾一下过去的经验,追溯那些令人心酸的历史,比如先分析一下像 AT&T 这种看起来天下无敌的公司是如何半路跌跤的。接着,我们就可以来预测:要是我们活得够久,终有一天也会看到野草爬满雷蒙德市[②]那些被青草树木包围的建筑楼群。正如今天的明星终有一天会脸部长满皱纹,今天的商业英雄也终究会被新的励志人物代替,而商业英雄的公司,即使艰难地完成了自我重塑(或者不叫重塑,你爱怎么叫怎么叫,也不知道他们这个月又给它换了个什么名目),最终也会衰落和不负重压,走上 AT&T 的老路。

这就是简单的进化,一点儿也不复杂。在商业世界里,没有什么

[①] 米歇尔·德·诺斯特拉达姆士(Michel de Nostredame,拉丁语名 Nostradamus),16 世纪法国著名预言家。——译者注

[②] 雷蒙德市是微软公司总部的所在地。——译者注

营生是可以永存的，事情就是这样。

但是，究竟是什么在推动这场进化呢？是否存在一股根本的、内在的进化力量，会像某些人担心的那样，终有一天使得计算机接管地球，把人类远远甩在历史的尘埃里？还是说这只是一个随机的不可避免的进化进程，是某种"勇往直前，不怕牺牲"的东西引发了技术的进步？

要我说，都不是。

技术是我们创造的东西，不管是商业还是技术，都不会改变人们的基本需求和向往。和其他事物一样，技术也会被进化影响——速度缓慢但不可阻挡的进化，将引领技术从单纯为了生存，走到一个基于沟通交流的社会，最终进入娱乐社会（似曾相识吧？没错！你在本书的序言中见过这套理论，要是坚持读完这本书，你还会再看见它一次。）

人类注定要成为社交动物，技术也会跟上脚步的。

所以，别管那些什么十年内技术会怎么样的预测了。那些预测一点儿意思都没有。我们在三十年前就已经能把人送到月球上去了，不过之后就再没有送人上去。我相信原因很简单，因为月球是一个无趣的地方，那儿基本上没有夜生活——有点像圣何塞。最终的结果就是，没有人想再回到月球上去。我们从登月这件事积累下来的技术也就荒废了，啥也不值。月球上依然是空空如也。

说到技术的未来，真正要紧的是人们到底想要什么。要是把这个琢磨出来了，你就会知道，唯一的问题就是你该如何快速量产这个玩意儿，并且低价出售，让人们不必牺牲他们想要的其他东西就能轻松得到它。撇开这个，其他的都不重要。

这里要扯一下题外话。当然，真正无往不利的卖点是感知，而不是现实。邮轮卖的就是人们对自由的感知，对海洋的享受，对美食佳肴和爱之舟的浪漫情怀的向往。若是感觉像鸟儿般自由，谁还会在乎客舱拥不拥挤啊！

说这些又是什么意思呢？比如说，它能够解释这么一个问题：为什么人们会那么痴迷索尼公司的 PS2 游戏机，那个今年风行于各大商场的最强技术（就在我写下这些话的几天前，2000 年 10 月底，这玩意儿刚被引入美国）？说到娱乐社会的体现，这就是啊！

这些还告诉我们，PC 在感知上有问题。显然，PC 业界对游戏机一直有所顾虑，主要是因为游戏机没有威胁性、好玩又便宜，而 PC 给人的印象一般是既复杂又昂贵。说顾虑还是太轻了，有时候甚至是怀有敌意。

另外，这也让我深信，如果十五年以后我们还在对操作系统高谈阔论，那一定是进化中出了什么问题。可能这话从一个靠写操作系统成名的人嘴里说出来有点奇怪，但事实是，从统计上来说，根本就没有人想要操作系统。

事实上，压根就没有人想要计算机。他们想要的只是一个神奇的小玩意儿，能用来上上网、写写期末论文、玩玩游戏、记记账之类的。虽然你确实需要一台计算机和一个操作系统才能做这些事情，但是大多数人永远不会认识到这一点。

这就是很多分析师喜欢 PS2 这种设备的原因了。它能取代计算机干一些杂活，又不像计算机那么复杂，不会令用户着急和恐慌。但是这在技术上没有任何意义，因为越来越多的人把计算机搬回家里，又不知道这些计算机有多复杂，用起来有多令人恐慌。

所以我敢打包票，只要索尼公司各方面都妥当安排、循序渐进，它将成为下一个微软。我并不是在宣扬一个像诺斯特拉达穆斯式的吃惊大预言（我知道没有"吃惊大预言"这种词啦，但它就该是一个词！）。肯定有一些人是同意我的说法的，但我还是想说清楚，为什么索尼会成为下一个微软。

我不是在预言 PC 的式微,以前很多人这样预言过,但都没有实现。PC 的根本优势明摆着在那儿,它简直是计算机界的瑞士军刀。PC 的复杂程度足以吓退那些不喜欢技术的人——实际上,它复杂是因为它不是为某一件事情而量身定做的。PC 的灵活性,才是它受到欢迎的主要原因。

这里再说说最关键的一环,这一环既主宰事物的命运,又在黑暗中把事物连接起来,那就是人际交流。交流无处不在。要是不能每小时查看一次电邮,你就周身不舒服?没问题,我的电邮狂朋友!你可以到海滩度一天假,尽管可能会因为没去上班而感到一点点内疚,但你还是可以和工作上的事情保持联系。记住:卖点不是度假这一事实,而是人对自由的感知。说到底,要想让所有的技术奇迹看起来既微不足道,又没有威胁性,尺度还是挺重要的。

那么,在这里面,Linux 和开源运动一般是在哪儿发挥作用的呢?这个呀,微不足道到你甚至都察觉不出它们的存在——就在那些类似索尼的公司体系内部。你永远都看不到 Linux,也不会知道它的存在,但它就在那儿,默默地让一切跑起来。它将存在于移动电话里——当你离开你的无线局域网时,这部移动电话就充当了你的个人通信中心,其他的电子小玩意儿都要围着它转。

等着瞧,这只是时间问题。哦,也是钱的问题。

开放源代码的意义

IBM 这家公司历来爱把消费者玩弄于股掌之中,它通过哄骗消费者和垄断市场来牟利。事实上,这也是以前绝大部分计算机公司的做法,还有部分公司今天依然在这么做。后来,IBM 在开发 PC 的时候,无意间公开了自己的技术,突然间人人都可以复制它的技术了。这一小步史无前例地引燃了 PC 革命,PC 革命又引燃了信息革命、互联网革命、新经济,说不清楚还有什么革命也被引燃了,反正整个世界都要大变样就对了。

都说抱着开源理念的心态做事能获得前所未有的效益,这就是最好的证明。尽管 PC 的技术开发从没有采用开源模式,但作为一种开放给所有个人和企业,任由别人复制、改进和销售的技术,PC 已经是一个绝佳的例子。开源模式以一种动机最单纯的形式,允许任何人参与到某个软件的项目开发或商业推广中来。Linux 无疑是开源模式最成功的例子。Linux 开始于我在赫尔辛基老家那个乱糟糟的卧室,如今已经成为世界上有史以来最大型的协作项目。而开放源代码最初不过是软件开发者们共同的理念,他们认为计算机源代码应该免费开放和自由分享,并将 GPL 条款——就是那个"反版权"许可,当作开源运动的强有力工具。开源模式如今已经成为顶尖技术持续发展的一种十分有效的方法。随着持续的推广,开源模式也获得了市场的广泛认可,已经有越来越多的公司把 Linux 作为网络服务器的操作系统,这种形势如滚雪球一样,申请 IPO 的公司更是多得超乎你的想象。

作为一种由开源理念激发的技术,Linux 已经充分地证明了自己,并且在市场中赢得了一席之地。如今,开源模式已经不仅仅局限在技术和商业范围了。哈佛大学法学院的拉里·莱西格教授（现任职于斯坦福大学）和查尔斯·尼森教授已经把开源模式应用到了法学范畴。他们开展了"开放法律"项目，这个项目由律师和法学院的学生组成志愿者，针对 1998 年美国国会通过的《版权期限延长法案》进行研究和提出意见，并将相应的结果发布在项目的网站上，以完善驳斥该法案的论据和要点。该项目的核心理论是：当大量有法律头脑的人聚集起来为一个项目出谋划策，并且能够通过发布和转发收集到海量信息时，最有力的论据就会形成。该网站将传统的交流模式有机地整合起来："我们因保密而失去的东西，有望在极具深度的信息来源和广泛的辩论中重生。"（放在 IT 领域中，这句话的意思就是：有一百万双眼睛盯着，所有软件的 bug 都会无所遁形。）

这是学术研究历经多年探索后发生的一个变化，但在很多方面它是有意义的。比如，人们可以想想如何运用开源模式来加速医疗的发展，或者如何通过开源模式集聚最有智慧的核心人才来加强和巩固国际外交。随着世界变得越来越小，生活和商业的节奏越来越快，科技和信息越来越普及，人们逐渐意识到那种关起门来想办法的方式已经过时了。

开放源代码背后的理论很简单。以操作系统为例，源代码，即那些构成系统的程序指令是自由的。任何人都可以对这些代码加以改进、修改或者利用。但是这些改进、修改和利用又必须是其他人可以自由获得的。这有点像禅学。这个项目不属于某个人，而是属于所有人。某个项目一旦用了开源模式，就能获得迅速而持久的进步。你想啊，一旦开了源，就能同时有许多团队并驾齐驱地投入工作，很多问题能快速解决，这个项目也会更加成功。关起门来开发和这个根本不可同日而语。

这种情况，我们早在开发 Linux 那会儿就经历过了。想象一下：你的身边是一个庞大的开发团队，而不是一个与世隔绝的开发小组在秘密工作。就这一个项目，也许就有几百万个才华横溢的程序员投入工作，而且他们尽管看不见对方，但是还能互相评论彼此的工作成果。

人们头一回听说开源模式时，都觉得不可思议。经过了很多年以后，它的好处才被人们所理解。单靠其背后的开源理念，这种模式是无法传开的，只有当人们意识到开源模式原来是发展和完善最高质量技术的最好方式，它才能逐渐获得人们的青睐。如今，开源模式在市场中已经获得巨大的成功，这种成功也使开源理念获得了前所未有的认同。围绕着无数的增值服务，许多公司如雨后春笋般纷纷建立——也有公司将开源理念作为推广技术的方式。当财富如潮水汹涌而来，人们也开始对开源理念的魅力深信不疑了。

开源运动如此神奇，其中最令人费解的一点，就是为什么会有这么多聪明绝顶的程序员愿意在完全无报酬的情况下工作。用一个动机来概括这一切，最合适不过了。在生存已经或多或少得到保障的社会里，金钱不是最大的动机。众所周知，人们被热情驱使的时候，就能把工作做到最好。要是他们能享受工作的乐趣，更是如此。对软件工程师来说是如此，对剧作家、雕塑家和企业家来说也是如此。开源运动不仅为人们提供了一个在生活中释放热情的机会，还使他们获得乐趣。在开源环境中，软件工程师不再只能与公司里雇来的少数人一起工作，而是能够与世界上最优秀的程序员一起工作。他们必须使出浑身解数才能赢得同行的敬重。这难道不是一种高效的激励模式吗？

比尔·盖茨好像就不懂得欣赏这些。他曾给参与开源运动的程序员写了一封信，信中他问道："你需要做的，就是防着别人写出优秀的软件。谁愿意从事这么专业的工作又不索取报酬呢？"现在，他或许会因为自己在1976年提出的这个令人不快的反问而感到难为情了吧？

事实上，要理解开源现象，可以将它和许多个世纪以前宗教是如何看待科学的这件事摆在一起看（如果不是今天，而是很久以后再回头看，那我这句话就得改成"许多个世纪以前那些物种是如何看待科学的"了）。最初，科学被当成危害性极强的、极具颠覆性的事物，从事科学工作是不被允许的。基本上，有时候软件公司就是这么看待开源模式的。但是，科学的诞生不是为了破坏宗教制度的根基，开源运动也无意破坏软件行业的根基。开源运动的诞生，是为了创造最好的技术，并且让这种技术发展到它所应该达到的程度。

科学本身是不能创造财富的，创造财富顶多是科学的"副作用"。开源模式也是这样，它促成二级产业的诞生，并由此引发二级产业对现有产业的挑战，这一点就类似科学的副产品向教堂发起了挑战那样。你会发现，像 VA Linux 这样的小公司只不过沾了开源模式的光，突然间它就能和传统的公司竞争了。借用牛顿的话来说，这就是站在了巨人的肩上。

没错，开源运动在世界经济中发展壮大，参与开源运动的程序员们也越来越多地获得认可，他们逐渐成为雇主眼中的摇钱树。相关的开源软件项目通常会附加致谢名单，借此感谢那些为项目做出贡献的开发者。这些公司搜集"开发者名单"，找出那些做出最大贡献的人，然后通知人力资源部门将一车的金钱和股票期权送到这帮最有潜力的程序员手上。在前面我就说过，对这些开发者来说，挣钱不是最主要的动机，我现在也没有改变这个观点。但我也不否认，作为辛勤工作换来的报酬，金钱不是什么坏东西。尤其是当我想要给我的宝马车加油的时候，手里有点钱再好不过了。

开源运动和科学一样，"副作用"是无法估量的。它正在创造一些至今还被人们认为不可能的东西，并且打开了许多前所未有的市场。有了 Linux 和其他开源软件，很多公司可以直接用它们来开发自己的版本，做自己需要的修改，要是没有开源运动，这些是绝对不可能实现的。人们惊喜地发现，只要是用 Linux 来工作，他们从一开始就不会孤独无依。而且，Linux 甚至在中国也得到了迅猛发展。以往，亚洲的软件行业一般是通过翻译美国或者欧洲的软件来发展的。如今，这群生活在地球另一边的人们正在用 Linux 开发他们自己的软件。更让我感到骄傲的是，在 Comdex 上竟然有人找上我，要给我展示 Linux 是如何在他们的加油泵中运行的。这是一个在 Linux 环境下运行的加油泵软件，拥有网页浏览器，能够让顾客在等候加油的三分钟时间里浏览新闻网站。他们也站在了巨人的肩上！

即使只是为了开发更好的加油泵软件，人们也在使用 Linux 这样的技术，单单这点就足以令人振奋。这种技术革新绝不可能只发生在一家公司里，因为只要你是一家想把 Linux 推向市场的公司，那么你就一定会一头扎进最显眼的市场——放在当下就是服务器市场或高端桌面操作系统市场，但总体而言，开源运动允许各家公司根据自身的需要做出最明智的决定。因此，Linux 的运用可谓千变万化，它甚至能用在嵌入式设备中：Tivo 录像机在使用 Linux，全美达的 Web Slate 掌上计算机在使用 Linux，PC 上的 Telephony 电话接口服务也在使用 Linux。正因为拥有这种千变万化的本事，开源运动创造了数十亿的财富。

这种情形就跟任由宇宙自己发展差不多。你不给技术设限，技术的应用范围就也不会给你设限。你只管软件的开源，让它能跑起来即可，人们自会按照需要做出决定，让你的软件成为他们工作的起点，让他们的产品和服务从你的软件平台上诞生。尽管从更大的范围来说，他们大多数的决定没有什么意义，但它们实际上是非常有效的。我可没有要推广 Linux 的意思，我只是对外开放了 Linux，之后任由 Linux 自己发展。这不仅适用于 Linux，而且适用于所有开源项目。

开源运动是行得通的。

人们需要言论自由，这点毋庸置疑。这是一种人们曾经用生命来捍卫的自由！自由永远是你需要用生命来捍卫的东西。但是，拿生命换自由，这种决定也不是轻易就能做的。开放源代码也是如此，但你最好还是做出公开源代码的决定。虽然在做这个决定之前，你总会进退维谷，但它却是最能让你放心的决定。

也不知什么原因，说起专制的社会制度，人们都能看出其中的弊端，但将同一逻辑放到商业领域后，人们却没有什么感觉。更为讽刺的是，在商业领域，开源理念甚至让人们感到不安。

一个公司为了阻止技术公开，能提出各种冠冕堂皇的理由，这些理由好到让人信服。管理层会说"生意可不是这么做的"，这种说法真叫人害怕。人们害怕改变现状，部分原因在于他们无法预料到改变的结果。只有维持现状，公司才能掌握自己的命运，以便做出更好的判断。在某些方面，这个似乎比取得巨大的成功还重要。对于这些公司，他们需要的是可以预见的成功，而不是那些难以捉摸却真正、真正、真正的成功。

对于一家科技公司来说，将现有产品的源代码无偿公开并不是一件容易的事，他们需要处理许多棘手的问题。从某种程度上说，产品是公司历经几个月甚至几年才开发出来的，公司内部一定积累了许多宝贵的知识。这些内部的知识产权财富是公司的生计来源，公司才不会傻到将这些赖以生存的东西白白送人呢。但也正是这些知识产权，无形中给外来开发者设置了障碍。这些障碍打击了外来开发者参与其中的积极性。

与此同时，我也看到有些公司从封闭走向开源。其中就有芬兰的Wapit公司，他们为各种交互式设备提供创建服务和基础设施支持服务。他们开源的项目是公司的"挂壁电话式"网络服务器。对他们而言，开源的决定做得是再恰当不过了。他们想建立自家的服务业务，但首先要建立自己的基础设施,这意味着需要编写大量的程序,这事儿要是自己闭门来做可不妙。所以,与其在要不要把知识产权开放给别人这件事上纠结,他们不如这么看:编写程序需要花费软件工程师大量的时间和精力,而且在公司闭源的条件下,要写出大量优质的程序是绝对不可能的。

一些事情的走向还是对 Wapit 很有利的。首先,他们开源的不是一个大型项目;其次,开放源代码是公司在建立初期就已经做出的决定。公司的管理层认为,虽然他们公司内部有能力开发产品,但他们想要推动的业务单靠内部资源是很难完成的,而且他们也相信开源是一种非常有好处的方法,能够把 Wap 技术发展起来并规范化,让其他人也能使用。

Wapit 公司在推动开源运动的早期,曾向我征询意见。我建议,他们需要改变在公司内部做出决定的一贯方式。如果他们要开会来商议决策,那么这些会议就不应该对外封锁。如果他们把这些决议当成自己公司内部的事,可能就会将公司和外部对立起来,外部的开发者也就无法像对老朋友那样敞开心胸,加入公司的开发团队。对于那些以公司自身资源为起点建立和维护开源运动的,对外开放都是绕不过去的大问题。公开源代码,嘴上说说是很简单的,但事情往往都会陷入一种二元社群结构:公司内的"我们"和公司外的"他们"。大量的决策总是草草了事——公司内部的人聚到一张咖啡桌上讨论各种可行的方案,然后达成一致,而不是将讨论对外部公开,让外部人员参与决策。外部人员就算有天大的想法,也往往像这样从源头上就被否定了,因为决策已经在公司的咖啡厅里定下来了。

曾几何时,网景公司也被同样的问题困扰了几个月。那是 1998 年的春天,网景做出了一个相当前卫的决定:他们将开放其新一代浏览器 Mozilla 的源代码。网景花了很长时间,总算真正兑现了开放浏览器源代码的诺言。网景内部的一些人员组成反对阵营，声称他们不会接受外来人员制作的那些小补丁。公司内部的人员彼此很熟悉，他们即使没有实际地坐在咖啡厅里商议公司决策，也会在一个让大家互相感觉很亲近的"虚拟咖啡厅"里商议决策。结果，网景不但没有把这个现存商业项目的开源运动做大，反而引发了很多负面新闻。直到公司内部某次消极的决策会议的内容被传出去以后，网景才再也不能故作高尚了。他们为了平息舆论，只能狠下心来，将相关的源代码向外部人员开放。开放之后，这个项目终于有活力多了。

当人们第一次听说某个现存的商业项目要进行开源的时候，他们总爱问几个相同的问题。其中一个是，要是出现外部人员比公司内部的自己人做得更好的情况，这种事情不仅是自己人会知道，而且天下人都会知道，那么公司内部人员会作何感受。我觉得他们应该为此感到高兴，因为大部分繁重的工作不用他们做，而薪水是照发不误的。从这个角度来看，开放源代码或者其他什么东西简直是不可原谅的，因为它竟然导致了内部人员"吃饭不干事"的行为。开放了源代码，就能明明白白地看出谁能够完成工作，谁能够做得更好。而且，谁也无法再向管理层掩饰他们的无能了。

开源运动是充分利用外部资源的最佳方式。不过，公司内部仍旧需要安排人做事，这样才能根据公司的需求管理项目的开发过程。这个人不一定非得是项目的领导者不可。事实上，要是外部的某个人愿意无偿地接手项目管理的工作，对公司来说也是一件好事。如果他能做得比内部人员更好，就再好不过了。但问题是，如果由外部人员来管理项目，项目也许就不能向公司希望的方向发展了。所以，公司本身就必须负责好自己的需求。项目的开源能使公司节约自身的资源，但那并不意味着内部资源就一无是处了。项目可能会发展壮大，到时规模可能比公司自己开发时还要大。外部资源能够使公司成为一个能节约更多成本、更加完善、更加平衡的系统，当然也会存在另一方面的问题：这个系统将不再只考虑公司自身的需求，而会把客户的需求也考虑进去。

也许，在整个过程中最令人烦恼的就是放弃自己的控制权，并且接受这样一个事实——外部人员可能懂得更多。还有一个难题就是，公司内部必须任命一个有魄力的技术领导。这个人必须是一个在技术层面和政治层面上都被大家信任的人。必要的时候，这个人得有勇气去承认这么一个事实——项目可能从一开始就出了岔子。这个人必须能说服每个人，与其把这些问题藏着掖着，还不如从头来过，这意味着要说服别人放弃辛苦工作的成果。这些都不是人们愿意听到的。然而，这些话如果是来自一个受尊敬的人的口中，人们总归是能接受的。

由于要同时兼顾办公室政治和公司的日常运作，这个领导者必须极富个人魅力。他必须习惯在工作中经常用邮件沟通的方式，遇到争端时还必须做到不偏不倚。我并不想用军队里常用的"联络"这个字眼，因为这就意味着会有两个阵营——内部阵营和外部阵营。事情不该是这样发展的，既然是开发同一个项目，大家本该不分内外才是。虽然技术领导者是由公司聘请的，但他自己应该清楚，而且所有人也应该清楚，即使领着公司的薪水，领导者也不该只为公司说话，而应该只为项目说话。领导者要是与公司走得太近会很危险。人们也许会相信他技术方面的能力，却未必会相信他在技术方面的判断。

公司内部能找到这样有外交手腕的人吗？

要找到这样的人，就好像"给我找一个诚实的人"一样难。

正因如此，数年前，我才极力避免与 Linux 公司有任何瓜葛。而今我更需要极力避免，因为现在金钱的瓜葛越来越多了。要是别人发现你金钱滚滚而来，他们就会开始怀疑你的动机。对我来说，我一直以保持中立为荣。你都想象不到保持中立对我来说有多重要。我容易吗我？！

好吧，我是应该消停一下了。开源运动不是对每一个人、每一个项目或每一家公司都有用。但是，人们对 Linux 的成功观察得越多，他们就越能够意识到，上面说的一切绝不是那种两腿直哆嗦、喜欢空想而又无知的高中生的激昂演说了。

放开一切事物，就会激发无限的可能性。在过去的五年里，记者问我多少次，我就提到多少次开源运动。过去，我需要解释开源运动是什么、开源运动有什么好处，但是老实说，这就像是一次看不到尽头的艰苦跋涉，像是在沼泽地里蹒跚前行。

现在，大家应该都明白了。

名声与财富

"名声有没有成为你的负担？"有些人会这样问我。我告诉你们吧，所谓的"负担"压根儿就不是什么负担。出名挺好玩的，那些从不这么说的名人只是为了让自己看起来更友善，让不出名的普通人心里觉得好受些。按他们的套路，你得对自己的名声表现得非常谦逊，还得抱怨鹊起的名声毁了你的生活。

醒醒吧，谁不想出名，谁不想有钱？反正我想。十几岁的时候，我就梦想成为一个著名的科学家。像阿尔伯特·爱因斯坦那样，甚至更厉害的。谁不想呢？不做科学家也行，那就做赛车手咯。要不然摇滚明星也行。能成为特蕾莎修女那样的，或是美国总统也不错。

说实话，要达到目标一点儿也不难。当然，我没有爱因斯坦那么伟大,但我自我感觉良好,因为我也干过一些有影响力、有意义的事。别人的认可,能让这件事更加美好。所以,以后要是再听到有人抱怨自己太出名、太有钱,你就别理他们了。他们抱怨名声与财富,只是因为他们被期望那样做。

难道出名一点儿坏处也没有吗?当然不是。名声太大肯定也是有弊端的。就说我吧,虽说我走在街上,没有人会认出我来(至少不会有很多),但是我收到的电邮多如牛毛,里面偶尔还夹杂着一些我既答不上来又不好忽略的信息。要是有人请你给他的父亲写一篇悼词,而你却根本没见过他的父亲,要怎么答复他好呢?我没有回复过那封电邮,到现在仍然觉得内疚。那件事对他来说非常重要,可对我来说却很麻烦。

要是有人邀请你到一个会议上作主题演讲,而你没有时间,或者根本不想去,又该如何答复他呢?你该怎么不留痕迹地让大家意识到你已经很久不听电话留言了,又不会让他们觉得你是个没心没肺的混蛋?(尽管你确实是个没心没肺的混蛋。)可话说回来,我又不是随便什么问题都愿意给予深切关注的人,我只关心和 Linux 系统相关的问题,毕竟我是因为 Linux 才出名的。

不过,现在对我来说,拒绝别人已经不那么为难了,直接忽略他们的要求也容易多了。我喜欢电邮的原因之一,就是我可以方便而简单地直接忽略收到的电邮——我每天都会收到几百封电邮,再多一封又何妨呢?电邮不是面对面的交流方式,我也就不会那么容易因为忽略了别人而感到内疚。虽然不怎么频繁,但这种事确实发生过(看看上面我说的例子)。而且就算不忽略他们,在邮件里说"不",也总比面对面或是在电话里拒绝他们容易多了。

从根本上说,这个问题是人们寄予名人过高的期望所导致的。人们对名人有太多的期望,事实上名人不可能满足人们的所有期望——

哪怕他们觉得至少应该试着去满足。我现在写的这本书令我非常头疼，多多少少也因为这个原因——既要写一本关于我个人的书，同时又不能令那些希望从书里读到什么新鲜事的人失望。

有些人对名人的期望简直是愚蠢的。我时常感觉，有些人期望我做一个现代的修道士，孤独地过着一种朴素的生活。就因为我觉得开放 Linux 的源代码并免费共享到互联网是个好主意，而且我没有让我的软件走传统的商业道路，我就该活得这么苦？后来我才意识到，原来我是很爱花钱的，我还把我的老庞蒂亚克 GRAND AM 汽车①换成了一辆更好玩的车。

在"名声的负担"之后，第二个问题随之出现了。第二个问题是这么问的："成功会惯坏林纳斯（和 Linux 系统）吗？"我会不会变成一个被成功冲昏了头的自私鬼？我写书会不会是因为喜欢看到自己的名字被印成铅字，而且还能赚到稿费去买一辆没用的新车？

答案当然是肯定的。

毕竟，如果一个人的人生哲学就是追求愉悦，做有意思的事情，你试试再给他一些钱和名声，看看会发生什么。他会立马变成一个慈善家？我可不这么认为。我从来没想起来该捐钱给慈善机构，直到在我们写书的过程中，戴维问起这个问题。当时我呆呆地看着他，脑中浮现出《呆伯特》系列漫画中呆伯特"给鲸剃须"的画面。显然，我天生就没有很强的经济责任感。

成功会不会改变你看待事物的方式呢？会的。现在 Linux 已经有

---

① 庞蒂亚克的 GRAND AM 汽车没有什么不好的，那是一款好车。在美国，它可能是一款最为普通的汽车。我开一辆如此普通的车，有些记者觉得挺有意思的。老天爷，它甚至不是日本车！要是我坦白告诉大家，我为我的新车——一辆没有那么实用的宝马 Z3 的颜色伤了好几个小时的脑筋，他们一定会看不起我的。记住，"只是为了好玩"（just for fun）。这一辆车除了好玩之外完全没有任何其他用处。我就是喜欢它这一点。

了 2500 万（反正是差不多这个数，随便啦）个至少会偶尔使用它的用户，与以前只有五十个懂技术的用户相比，它已经完全不一样了。从前，从事 Linux 开发的人都是因为做这个项目很好玩、有意思才加入的，那个时候的 Linux 也是很不一样的。现如今，Linux 项目明显已经带上了商业利益的色彩。

同样的事情也发生在我本人身上了。世事在变，就算你声称世事不变，也改变不了这个事实。Linux 项目已经不是五年前的那场运动了，林纳斯也不再是五年前的林纳斯了。做 Linux 项目之所以这么有意思，一部分原因恰恰是它不是一成不变的。新问题总是源源不断地出现，不只是技术问题，也有关于在成功面前，Linux 的意义会如何改变的问题。要不是这样的话，生活就太无聊了。

我不想用"惯坏"这个字眼，我更愿意说，商业上的成功"改变"了 Linux 和我。要说成功让我"成长"了，我也会犹豫。我想，对我来说，有了三个孩子更能让我成长。成功只能说是"改变"了我，它让我在很多方面变得更好，只是不再那么单纯。Linux 系统以前仅仅是给技术人员使用的，是极客的避风塘。那是一个纯真的堡垒，只有技术是要紧的，其他的都无所谓。

现如今已经不再是这样了。Linux 系统仍然有雄厚的技术背景，但同时它也有了上千万的用户，我们都清楚，不管自己做什么都必须加倍地小心谨慎。反向兼容性突然间成了要考虑的一个因素，二十年后的某一天，也许有个人会出现，说"够了够了"，然后开始开发他自己的操作系统，并给它起名叫 Fredix[①]，甩开了所有的历史包袱——世事的发展本就该如此。

[①] 或者可能叫 Diannix 什么的，但愿再过二十年，计算机科学已经不再像现在这样由男性主导。（Fredix 的名称是由男子名 Fred 与 Unix 合成的，而 Diannix 则是由女子名 Diana 与 Unix 合成的。——译者注）

然而，使我无比骄傲的是，到 Fredix 系统出现那会儿，情况不会再像以前一样了。别的不说，Linux 现在做到的，就是让人们意识到事情不一定非得按原来的方式做，意识到开放源代码意味着可以拿别人的成果来做开发。开源的理念一早就有了，而 Linux 项目所做的就是把开源理念变成公共意识。所以，当 Fredix 系统出现的时候，它完全不必从零开始。

因此，这个世界已经变得美好一点儿了。

才一年，林纳斯就变了——戴维的话

在我们开始写这本书差不多一年之后，一个星期五的晚上，林纳斯和我去了一个赛车场兼棒球训练场。几个月前，我们就曾到这儿比赛切磋。这次，林纳斯在两场比赛中都打败了我：他车开得比我快，球击得也比我漂亮得多。后来我们在一家土耳其餐厅吃饭，我把自己糟糕的表现归咎于工作，今天确实是特别令人沮丧的一天。

他抬起头来对我说："这样啊，那你可得撑着点儿，还有三个月呢。"

"为什么这么说？"

"到那时候，你不就能拿到你那一大份股票期权了吗？"

我特地提起这件事，是因为我们上次去那个训练场玩的时候，林纳斯曾经坦言他的记忆力很差，连自己的电话号码都记不住，总得问朵芙。突然间，他却能记住别人领取股票期权的时间了，而且他居然能飞快地说出我是在哪里第一次告诉他这件事的。一年前，他似乎非常满意自己那个漫不经心的教授身份，除了超弦理论或者他最初那台计算机的内存容量，他几乎对别的什么事情都不上心。现在，他却开始注意起这些细节了，真令人难以置信。

说回一月份的时候，有一次我们坐在我那个老式的热腾腾的浴缸里，我开玩笑说马林历史委员会想说服我把那个浴缸捐给他们的博物馆。到了八月份，他竟不经意冒出一句话来，说："嘿，你什么时候把那个浴缸捐出去啊？"现在，他即使不借助任何电子设备，也能记住"艾夫登"来访的时间了。他身体的某处好像通了电，一下就记住了朋友或者同事的一些个人细节。要知道，一年前的他是绝对不可能有这种本事的。而且，他甚至知道我身边的朋友和同事的一些近况。以前还是他跟我说"其实吧，我不太记得我的童年了"，而突然间他脑海里那些记忆像被唤回来了似的。有一次他居然对我说："我有没有告诉过你，我第一次买手表时超尴尬？当时我妈妈手头很紧，没法帮我凑钱买手表，就让我问外公要了一百马克去买。"

过去的一年是林纳斯生命中极为重要的一年，他改变了不少。他开始留心身边的细节，这只是其中一点，还有其他的小事情。十一月的时候，我和林纳斯举家开车到洛杉矶去旅行。这趟旅行我在本书序言中提过，我们到那里旅行，一部分原因是林纳斯一家受芬兰总领事馆的邀请，到其位于布伦特伍德市的领事馆驻地去参观并暂住。出行之前，他到圣克拉拉喜互惠超市的酒品专柜挑选礼物，我还记得他当时一脸茫然。"帮我挑一瓶酒，用来送礼的。"他对专柜的导购员说，"我对酒一窍不通。"十个月后，有一次我们在波迪加贝的旅馆房间里看动作片，他竟然能够轻松地从小冰箱里那两瓶品质相当的解百纳红酒中挑出比较好的那瓶。我甚至看到他在喝酒前娴熟地摇晃酒杯。

在运动上，他也变了。我第一次去林纳斯家时，提起他的身体健康和体态，他当时似乎是用一种怪异的骑士精神来对待此事的，类似于"我的身躯刚好够用来承载我伟大的精神"这种哲学精神。林纳斯甚至为自己很少运动感到骄傲。朵芙显然就不这么认为了。她的空手道奖杯摆了满满一书架，她平时用来看着锻炼的健美操录像带就在电视上头放着呢。运动好像是他们两口子经常争论的焦点。林纳斯当时是这么说的:"说不定五年后,医生会告诉我必须减肥了之类的。"

我本人就很喜欢锻炼,而且觉得运动应该成为我们户外生活的一项重要日程。我想带他去冲浪,但在此之前我得先教会他玩趴板冲浪。五月初的一个下午,我们开车去半月湾,租了紧身潜水衣和冲浪板。一想到要在太平洋冰冷的海水里浮浮沉沉,林纳斯就抱怨连天,甚至连穿紧身潜水衣这点事都抱怨。但我们下水还没多久,奇迹出现了:他乘着海浪此起彼伏,玩得不亦乐乎。"这种运动真是棒极了!"他一度要跟我击掌,兴奋得像个五岁的孩子。当然了,大概才过了十五分钟,他的脚就抽筋了,还抽得很厉害,大概是因为太久没运动了,这是他自己推断的。我们不得不停了下来。(他脚抽筋的那会儿,整个人就坐在白花花的海浪里,怎么也站不起来,任由海浪冲刷着。我的第一反应是:"噢,糟糕!要是我不小心把这家伙弄死了,那几百万"书呆子"肯定会找我索命的。")

他对我在采访过程中安排的所有活动都充满期待:网球,我俩的游泳比赛,在大美洲主题公园各种惊险刺激的乐子,以及高尔夫球。在某种程度上,他和我见面,已经不是为了坐在一边对着我的录音机说话了,而是为了参加我为他安排的一系列活动,诸如泥巴浴、塔马尔帕斯山的远足、台球,等等。有一次我们在我家附近打网球,玩得大汗淋漓。过后他对我说:"我觉得今后常常打网球也挺好的。"那一次,他的球拍和运动鞋都是借来的。后米,他就买了一双运动鞋,放在车子的储物箱里,以备想运动的时候使用。

生活的意义（二）

你是否曾在盛夏的夜晚仰面朝天、遥望星空，沉思着自己为何会来到这世间，想着自己在这世间如何自处，这辈子应该做些什么？

好吧，我承认，其实我没干过这种事。

但最起码，我对生活的意义有自己的理论，关于这个宇宙，关于一切的一切，或者至少关于那个我称之为"生活"的子集。至于我的看法嘛，在本书的序言部分，我已经讲过了。而且，既然这本书你能坚持看到现在，我也不介意再给你多讲一些。

我对生活的看法，不是从某夜仰望星空，在月朗星稀的深夜里感叹宇宙的浩瀚无边得来的，而是从我为某次演讲的准备中得来的。一旦你因为某样事物而出了名，人们就会对你寄予厚望，坚信你对困扰了人类几百万年，但又彼此没什么关联的各种知识能够产生一些深刻的洞察力。而且，他们还希望你对着一群全然陌生的观众分享你的真知灼见。

不，这种寄望并没有多大意义。我之所以搞Linux系统，仅仅因为我是个技术极客，而不是因为我擅长在公共场合露脸，更不是因为我擅长从哲学角度不着边际地思考问题。但好在人生中也没几件事是有很大意义的，这样一想，对于别人的厚望我也没什么好抱怨的。

说回刚才的话题。

启发我去思考生活意义的，是一场在加州大学伯克利分校举办的名叫Webrush的活动，他们邀请我去参加。这要在平常我都懒得搭理，但他们的邀请是通过芬兰驻美国领事馆发给我的，作为一名爱国人士（或是出于因为受不了冰天雪地这种小事就移居外国的那点愧疚感），我傻乎乎地用芬兰语说:"好的,我一定出席。"

那次座谈会,应该没有谁会指望我阐释生活的意义吧,起码我自己没有。但会议的主题是网络化社会的生活,而我是作为互联网和芬兰的双重代表出席的。多亏了诺基亚(任何一个芬兰人都会告诉你,那是全世界最大、最好及最美丽的公司),芬兰对电子通信有着难以割舍的依赖,正处在"网络化社会"的时代。我们之前提过,芬兰这个国家拥有的手机数量比本国人口的数量还要多,而且我们的科学家们正致力于研究合适的方法,以便在人出生的时候就把手机"缝"在身上。

就这样,我坐在那儿,思考着关于"电子通信"这个话题该说些什么。噢对了,有一点我忘了说,除了我之外,现场的其他嘉宾都是一些准备上台讨论技术的哲学家。这毕竟是加州大学伯克利分校啊,他们学校最重视两样东西了:政治学专业和哲学家。

所以,管他呢。既然加州大学伯克利分校要让在场的哲学家讨论技术问题,那我何不作为技术专家来讨论哲学问题呢?谁敢说我没种?他们也许会说我愚蠢到家了(嘿,他们可能真的说了),但谁敢说我是胆小鬼?

不,这个极客超有种。

于是,我顺着我的话题一个劲儿地思考,好让我在第二天站上讲台时有话说(我总是这样不见棺材不掉泪,不到最后一刻是不会准备演讲稿的,所以每次演讲前的晚上,我就为隔天的演讲焦虑不已)。我就这么苦苦挣扎着,盯着"电子通信"左思右想。电子通信到底是怎么回事呢?诺基亚及其他所有的通信公司最终会如何发展呢?

想来想去,我觉得我能讲得最好的还是生活的意义。

其实也不能算是"意义"吧,更准确地说,应该是生活的法则,没准它以后还能被称为"林纳斯法则"。它与物理学上的热力学第二定律差不多,但不是用来解释宇宙的失序的,而是用来解释生活的进化。

我说的这个"进化"不是达尔文的那个进化论,而是一个完全不同的东西。针对 Webrush 的听众,我想谈的是社会是如何进化的,人类是如何从工业社会过渡到信息社会的,以及接下来会发生什么,为什么会这样。我想让自己的演讲变得动听,要是能在一次座谈会的时间内说服在场的观众就更好了。每个人在那场活动中都有各自的议程安排,而那天我的安排是与两位著名的哲学家进行小组讨论,并且活着回来。

那么,社会为什么会进步呢?其驱动因素是什么?真的是科技吗?科技似乎已经是公认的因素了。蒸汽机的发明使欧洲进入了工业社会,最终诺基亚和手机又使我们进入信息社会,真的是这样吗?大概哲学家们都会这么认为吧,而且他们似乎对科技是如何改变社会的这个问题很感兴趣。

我呢,作为一个技术专家,却认为科技其实并没有推动什么。应该是社会改变了科技,而不是反过来。科技只不过限制了我们做某件事能达到的程度,以及我们完成某件事的最低成本。

科技,和它创造的所有产品一样,就目前而言在本质上都是愚蠢到家的东西。科技唯一有意思的地方,就是你能用它来干些什么,因此它背后的驱动因素实际上就是人类真正的需求和兴趣。如今,人与人之间面对面的沟通已经很少了,因为我们有了新的沟通方式。新的沟通方式能够得到广泛的普及,正是因为人类都是"大嘴巴",他们想要交流,就算没有沟通的渠道,他们也会去创造。诺基亚就是这么来的。

因此我认为,要想了解社会的进化,我们必须得知道是什么在真正地驱动人类。是金钱,是成功,还是繁衍的欲望?到底是什么动机从根本上驱使着人类做他们正在做的事?

最明显的动机,大家应该都没有异议吧,那就是"生存"。毕竟生存定义了生活，人类是要生存的。人类的生活并不是简单盲目地遵循热力学第二定律，而是要在一个对构成生命基础的复杂事物与规则充满敌意的世界里生存。总之，生存就是头号动机。

为了给其他动机排序，我们必须考虑一下它们和那个纯粹的生存动机相差多远。问题不在于"你会不会为了钱去杀人"，而在于"你会不会为了钱去死"，答案显然是否定的。因此，我们可以很有把握地把金钱从"根本动机"那张单子上剔除。

但显然，世界上确实也有一些东西是人类愿意为之献出生命的。有许多关于人类（甚至是动物）的英雄故事，他们愿意为了更伟大的事情而牺牲自己的生命。因此，单靠生存动机，并不足以推动整个人类社会的进步。

我在加州大学伯克利分校的演讲中提到了其他几个动机，这些动机都很简单，在讨论小组里也没有引起什么异议，还有人对我所说的动机表示赞同（或者，他们表示赞同只是出于礼貌，因为不好拂了领事馆的面子）。人类愿意为之献出生命的东西不多，但我敢打包票，"社会秩序"肯定是其中之一。

人们因为社会秩序，或者说人在社会秩序中的位置，即社会关系而献出生命的例子实在太多了，从文学作品中的罗密欧与朱丽叶（他们献出生命，不是因为他们想去繁衍后代，而是他们宁愿死去，也不想失去彼此间特殊的社会关系），到愿意为了自己的国家和家庭牺牲生命的爱国战士（对他们而言，那些就是他们的社会关系）。所以，把"社会秩序"列为第二个动机吧。

第三个，即最后一个动机，就是"娱乐"。这听起来或许很老套，但它作为一个强有力的动机是毋庸置疑的。每天都有一些人死在了他们仅仅是为了好玩才做的一些事情上。比如说，坐在飞机里本来平安无事的，但有些人偏要跳出机舱玩滑翔，就是因为他们觉得好玩。

不过，娱乐本身不一定是老套的。它可以是一场国际象棋比赛，也可以是一次对"世界如何运转"这个问题的思考，还可以是对新世界的好奇和探索。好奇能驱使人们为了从外太空看清地球的面貌，而自愿坐在一枚装着大量烈性炸药的狭窄火箭里，所以娱乐当然可以称作"动机"。

总结一下，我说的三个动机依次是：生存，社会秩序（人在社会秩序中的位置），以及娱乐。就是这些动机驱使我们做我们正在做的事。除了这三个，其他的那些所谓的动机，顶多是社会学家所说的"突现行为"，这类行为模式都出自一些更加简单的规则。

但仅仅说"正是这些动机驱使了人类"是不够的，单靠这些，还不足以形成有关生命的理论。有意思的是，这三个动机有内在的先后顺序，只要是有生命存在的地方，它们就会依次显现和发挥作用。受这三个动机驱使的，不光只有我们人类，在其他生命体的生存和进化过程中，它们也会依次显现和发挥作用。

生存、社交、享乐，这就是它们显现和发生作用的顺序和方式。这也是我们选择"只是为了好玩"（*Just for Fun*）作为书名的原因。因为我们所做的一切，似乎到头来都是为了寻求乐趣——如果我们目前尚算进化得足够高级，那我就有资格说，事情确实如此。

你不相信？

看看我们是如何把动物分为"低等动物"和"高等动物"的吧，这都是从生存的角度出发的。进化的规模越大、等级越高，就越有机会建立社会模式，蚂蚁就是如此。虽然它们在进化排行榜上排名靠后，却也有着森严的社会模式——并且最终会向娱乐阶段发展。不过，蚂蚁确实不会玩弄它们的食物……但猫经常这样做。当然了，蚂蚁也不享受繁衍活动。

没错，繁衍活动就是一个浅显的（也是愉快的）例子。我并没有说它是几个根本动机之一，但是作为人类的一项基本行为，繁衍活动贯穿于整个生命的进化历程，所以它是一个非常好的例子。毫无疑问，这玩意儿刚开始只是一种纯粹的生存手段。毕竟，从生存的角度来说，连植物都有"繁衍行为"。而且在数十亿年前的某个阶段，对于单细胞动物来说，繁衍还真是一种再单纯不过的生存手段。后来，这些单细胞动物通过缓慢的进化，最终变成极客和其他人类。同样毫无疑问的是，繁衍在很久以前就已经从一种纯粹的生存手段进化成一种特殊的社会行为了。举行结婚仪式或者其他为了繁衍活动而准备的仪式，这不是人类才有的行为，想想沙丘鹤的"求偶舞蹈"——顺便说一下，它们一辈子就一个伴侣。实际上，各种生物每天消耗在求偶仪式上的能量简直不计其数，它们的动机再简单不过了，就是为了繁殖下一代。

那娱乐方面呢？也是这样，我向你保证。不是只有人类才懂得用这件事来享乐，这个星球上进化程度比较高的物种似乎都懂得从中获得最大限度的愉悦，这些现象大概不是巧合吧。

从生存到社会行为，从社会行为到娱乐，这一进化无处不在。就拿战争来说吧。战争最初明显是一种生存手段，要是你想占据水源，唯一的办法就是把挡道的家伙干掉，因为碰巧那家伙也想把水源占为己有。长久以来，战争早已成为一种维护社会秩序的手段。随着 CNN 等电视台的出现，战争又成了娱乐。你接受也好，不接受也罢，这些进化都是不可避免的。

文明本身也遵循相同的模式。最初，这是一种依靠群体的合作和力量来确保生存的手段。这并不是人类所特有的。绝大多数动物，甚至连植物也会建立社会，以便更好地互相帮助并生存下去。有意思的是，社会就是这样，都是从以生存为本，逐步向更高级的社会化演变；所有的人类文明，最终都是在建造更宽广、更耐用的公路和通信频道，以便更好地实现社会化。

最后，文明也不可避免地走向了娱乐阶段。看看罗马帝国，他们不仅以修建马路和建立强大的社会秩序而闻名，后来还以娱乐生活的发达程度而闻名。

或者看看今天的美国。电影和计算机游戏行业难道不是正在将美国引入娱乐化社会吗？这点应该不会有人质疑吧。这些东西以前还只是利基市场，现在却已成为世界上最富裕国家的最大产业之一了。

从技术专家的角度来看，我觉得有意思的是，这种进化模式正在我们创造的技术世界里重演。我们把现代技术发展的早期阶段称为"工业时代"，但实际上这个阶段应该叫作"技术生存时代"。直到不久前，开发技术还只是为了生存得更好，例如为了更快、更好地织出布匹，或者为了更快捷地运送商品。这就是所有技术得以开发的最初动机。

我们将当前的这个时代称为"信息时代"。这个时代较之以往发生了很大的转变。在这个时代里，技术被用于通信和传播信息，这是相当社会化的行为，已不仅仅是为了更好地生存了。不只是互联网，许多技术也在朝着这个方向努力，这一事实成为我们这个时代的巨大路标：它意味着在工业化国家里，人们已将生存视为理所当然，技术的第二阶段突然间变成了一个巨大而激动人心的进步——随着通信技术的社会化，运用技术不仅是为了更好地生存，而且是社会生活中不可或缺的一部分。

当然，终极目标对我们来说也隐约可见。进入信息化社会之后，我们就要向娱乐化社会过渡了。在娱乐化社会里，全天候无间断的互联网和无线通信已被视为理所当然，不再引人注目。到那时，思科公司将成往事，世界则由迪士尼公司说了算。或许，这个时代离我们已不再遥远了。

说了这么多，这些到底都意味着什么呢？其实也没什么。毕竟，我对"生活的意义"的这点看法并不能真正指引你去做你该做的事，它顶多能告诉你："是的，你应该奋斗，但生活的最终目的是享受乐趣。"

在某种程度上，的确如此。正因如此，人们才会愿意，甚至渴望在互联网上为 Linux 这样的项目工作。Linux 能同时满足后两个动机，于我，于他人，都是这样。生存自不必说，Linux 能使人们通过智力挑战获得乐趣，又能通过参与开发工作获得一种被社会需要的满足感。我们也许没有多少机会见面，但我们的电邮不只是干巴巴地交流信息，在交流的过程中，邮件已成为友谊和其他社会关系的纽带。

也许有一天，我们有幸与宇宙中的另一智能生命体相遇，他们说的第一句话可能不是"带我去见你们的领导"，而是"哥们儿，你们的派对开得正欢嘛"。

当然了，我可能是错的。

译后记

我听说，这篇笔记放到书上的这个位置，那就是一篇译后记。

那么，译后记写点什么好呢？

如果读者在读书之前就看到这一页，我可不愿意透露这本书的内容，剧透总是被嗤之以鼻的。我也不愿着墨描绘作者（为什么要？我和他并不相识）。读者若愿意掏钱买下这本书，想必已经知晓作者是何人，更何况此书就是他的自传，我又何须画蛇添足？

如果读者是读完了正文才翻到这一页，那就听我唠叨一会儿吧。

让我先抿一口茶，装一下老成，再仔细道来。既是译后记，那咱就聊聊翻译。译者这差事吧，干得好就是中西文化的桥梁，甚至往大了夸，还能自比为"述而不作"的孔子（吹牛吧你！）；干得不好就只是个差劲的语言转换机器，语言在你手中反落得个歪瓜裂枣的模样。反正我内心是希望能成为前者的，至于做不做得到，光看一个译本还不好说。话说回来，既然您是读完正文才看到这里，行文中若有什么纰缪，还请雅正。

说回这篇笔记，我主要还是想说说自己对 Linux 系统的感情。

Linux 项目风靡全球极客圈的时候，我正在大学里主修计算机科学。所有人都对 Linux 的开源理念赞不绝口，这新鲜玩意儿一下子就抓住了我们的心。我也加入了 Linux 项目开发者大军，跟着世界上最牛的黑客一起为 Linux 添砖加瓦。我不敢说自己精通 Linux 系统的开发与维护，但至少我在学校的 Linux 圈子里算是个不小的人物……

才怪。

事实上，我既非主修计算机，对 Linux 系统也至多算是有所耳闻，我甚至是在译完这本书之后才在计算机上安了个 Linux 系统。既已读完正文，您应该看得出来，我只是开了一个林纳斯式的玩笑，以向林纳斯致敬（哈哈，上当了吧！）。

既然如此，又何以能成此译本呢？在翻译时，我自有抓耳挠腮、百思不得其解及心灰意懒的时候，因此非常感激挚友朱子不时的解惑及鼓励，感激图灵编辑在编校上的付出。我还曾因患了麻疹（笑什么笑？）无法准时交稿，非常感激图灵编辑们的大度。这种感激到了什么程度呢？反正我是十分真挚的，奈何脑袋里词穷，无法信手拈来，您爱信不信吧。

半年过去，这本书就这么译过来了。你若是问我为什么会译这本书，我想我会以"1001010 1110101 1110011 1110100 1100110 1101111 1110010 1000110 1110101 1101110"作答。生活的意义无非就是为了乐趣，这一点在本书的序言中有详细的解读。

写到这里，这一页笔记也该结束了。幸好，它并没有我原先预想的那样无厘头："这个译者很懒，什么都没有留下。"

陈少芸

2013 年 11 月 28 日

附录：中国程序员眼中的林纳斯
——林纳斯，一生只为寻找欢笑

每个人的桌面上都有一台计算机，这曾经是无数计算机先驱的梦想，这个梦想很早就实现了，在1997年，"乔老师"和"比老师"就说过："比尔，我们共同控制了100%的桌面操作系统市场。"当然，乔老师没说的是，比老师控制了97%，他控制的还不到3%。时至今日，乔老师走了，比老师颓了，移动终端把传统的PC市场冲击得七零八落。普通用户都知道了Windows、Android、OS X、iOS、BlackBerry等，但是，他们依然不了解另一款在计算机发展史上起到了革命性作用的操作系统：Linux！

当大家使用Google搜索时，使用Kindle阅读时，使用淘宝购物时，使用QQ聊天时，很多人并不知道，支撑这些软件和服务的，是后台成千上万台Linux服务器，它们时时刻刻都在进行着忙碌的运算和数据处理，确保数据信息在人、软件和硬件之间安全地流淌。可以这么说，世界上大部分软件和服务运行在Linux操作系统之上，什么云计算、大数据、移动互联网，说起来个个风起云涌，其实要是没有Linux，全得趴窝（微软除外）。

但是，Linux 和它的缔造者林纳斯·托瓦兹一样低调，这么牛的一个东西，居然只有程序员知道它的传奇，这不科学！所以我准备在这个系列中写写林纳斯：他是 Linux 和 Git 的缔造者，他是一个传统的黑客，与沃兹一样，少年成名、崇尚自由、一生只为寻找欢笑——他，是一名真正的程序员。

林纳斯在 2001 年出过一本自传，叫作 *Just for Fun*，是他和戴维·戴蒙德合著的。当年我有幸读到这本书，了解了林纳斯的很多生平轶事，那时我就琢磨，这个天才已经达到人生的巅峰了吧？结果这位兄台并未停止前进的步伐，转眼就在 2005 年搞出了分布式版本控制系统 Git。目前几乎全世界的程序员都在用 Git 管理他们的代码，著名网站 GitHub 就是基于 Git 构建的。无论是 Linux 还是 Git，得一即可得天下，结果这哥们儿竟以一己之力发起了俩项目，而且都是主力开发人员。最终不仅成全了程序员，而且陶冶了用户，还造福了一方百姓。正如林纳斯自己所言："My name is Linus, and I am your God."

（一）生命的意义

1969 年末，林纳斯出生于芬兰的赫尔辛基市，算是赶上了"60 后"的尾巴。小时候，他是个其貌不扬的孩子，除了一个鼻子长得"富丽堂皇"之外乏善可陈。他为了让鼻子看上去小一些，经常戴上眼镜就不愿意摘下来，这个策略和当年很多人为了显脸小而购买三星的 Galaxy Note 手机有异曲同工之妙。幼时的林纳斯不修边幅、邋里邋遢，不怎么费劲数学和物理就学得极好，社交却一塌糊涂，他母亲经常和别人说，这孩子非常好养，只要把他放到一个有计算机的小黑屋里，然后再往里扔点干意大利面就行了。林纳斯对此表示认同。

林纳斯把年幼的自己定位成书呆子（nerd），但是从他的自传里我却感受到了这位天才的有趣之处。他在书的序言里写道：

> 我对生活的意义有一些看法。咱们可以在第 1 章跟读者说一下生活的意义来钓他们上钩，等他们上了钩，花钱买书以后，我们再随便扯点儿别的，把剩下的章节糊弄过去。（笔者按：做人要厚道啊。）

关于生命的意义，林纳斯的解释是，有三件事对生活是有意义的，它们是你生活中所有事情的动机：第一是生存，第二是社会秩序，第三是娱乐。生活中所有的事情都是按这个顺序发展的，娱乐之后便一无所有。因此，从某种意义上来说，生活的意义就是要达到第三个阶段。一旦你达到第三个阶段，就算成功了。但首先，你必须要走过前两个阶段。

为什么林纳斯会这么说呢，我摘段原文给大家看看，非常有趣：

林纳斯：我简单举几个例子吧。最好理解的就是繁衍活动了。它最开始只是延续生命的方式，后来演变成社会行为，这也是人们结婚的原因。再后来它就成了一种娱乐。

戴维：这怎么个娱乐法？

林纳斯：好吧，有点对牛弹琴了。我换一个例子吧。

戴维：不，还是继续说这个例子吧。

林纳斯：它是从另外一个层面来说的……

戴维（自言自语）：噢！是参与其中的娱乐，而不是在一旁观看的娱乐啊。好吧，我懂了。

（二）天才也疯狂

那生存、社会秩序和娱乐又是如何与技术扯上关系的呢？林纳斯是这么解释的，技术的诞生同样是为了人类的生存，而且是为了让人生活得更好。汽车让人跑得更快，飞机让人飞得更高，互联网让人懂得更多，手机让人通信更快，一旦这些技术成了规模，就要并入社会秩序，然后下一个阶段就是娱乐，别看手机现在就是个打电话的工具，但是很快会进入娱乐阶段……（十二年后的今天，手机已经彻头彻尾变成了一个娱乐工具，打电话反而成了附属功能。）

林纳斯说："虽然所有事都会从生存阶段最终进入娱乐阶段，但并非不可能出现倒退，倒退是很常见的。有时候这个过程甚至会直接崩溃。"

从这些内容我们可以看出，林纳斯有自己的一套理论，而且能自圆其说。其实每个人都有自己的理论，一件事做或者不做，都是自己说服自己。人的每一次进步，要么是推翻自己的理论，要么是完善自己的理论。林纳斯在很小的时候就建立了自己的理论领地，那就是数学、物理、逻辑，最后是计算机，所以他绝不是自己所描述的那个书呆子，而是一个大智若愚的"牛娃"，就像《射雕英雄传》里的郭靖一样，看着傻，其实比谁都精，脑子里装的都是十年二十年后的事。而且林纳斯比郭靖牛的地方是，他就一个启蒙老师，还是自己的外公，和郭靖一比，高下立判！林纳斯基本上就是个自学成才的典范。

林纳斯的外公是赫尔辛基大学的一位统计学教授、数学家。他有一台康懋达 VIC-20 计算机（康懋达是与苹果公司同时期的个人计算机公司，曾经创造过一系列辉煌，1994 年破产），这台计算机的主要功能就是没有功能，你唯一能做的事情就是用 Basic 语言在上面编写自己的程序，老爷子当年就是这么做的，比如做一些数学运算和公式计算等。但是老爷子年老眼花，也不愿意打字，于是就把自己的外孙林纳斯放在腿上，让他帮助录入写在纸片上的程序。这样几次下来，林纳斯除了对数学有了初步的认识，同时也把计算机玩得娴熟。很快，他就开始在外公的指导下编写自己的程序。

笔者按：很多大师级的人物，很小的时候就能在某个领域内头角峥嵘，展现出一些才华，然后经过长期的练习和创作，最终成为一代传奇。在这个过程里，环境是很重要的，逆境出人才基本上是个伪命题，这句话唯一的作用就是遇到困难时给自己打打鸡血。林纳斯就是个高知子弟，十岁人家就开始玩计算机了，我们十岁时在干什么，打沙包吗？甩方宝吗？即使你在计算机方面有出众的天赋，但如果十八岁以前连计算机的面都没见过，也就只能默默地牛了。等你真正开始展现出自己才华的时候，人家连操作系统都已经开发出来了，一入世就差别人十年的身位，除了冷冷的绝望，你还能感受到什么？

所以现在人们没事就向往北上广深杭，不是喜欢人多嘴杂空气差，而是在这些一线城市可以接触更多的人和事物，见更高的山，渡更宽的河。不是为了情怀，而是想拥有格局。见都没见过，还同一个起跑线呢，一跑就得趴窝。所以，无论这些地方环境多恶劣、竞争多激烈，来的永远多过走的。他们不为别的，只是为了缓解些许绝望的感觉……

林纳斯用外公的计算机学会了 Basic 语言，并开始编写各种简单有趣的游戏，然后他又发现了 Basic 并不是计算机唯一能理解的语言，在它的下面，还有一种语言由 0 和 1 组成，可以直接被计算机识别，于是林纳斯又开始用机器码编程，这次他可以控制更多计算机的细节，他与机器变得更加亲密。然后林纳斯就开始上中学了，中学的几年于他而言，其实没有太大变化，因为那些年他也几乎是坐在计算机前面度过的。在这个阶段，他熟练地掌握了汇编语言。

终于有一天，林纳斯向编程世界挺进的步伐缓慢下来，因为他上大学了，原因之一是他必须集中精力读书，原因之二是找不到什么项目去做。还有一件事，林纳斯开始服兵役了，那段时光对他来说是如此特殊：

所以当我扛着武器上完了十一个月的"体育课"之后，我觉得我余下几十年完全有资格平静快乐、一动不动地度过，以后我唯一的体力活就是敲键盘写代码，或者是抓着一瓶皮尔森啤酒享受，这样才公平。

（三）改变一生的书

终于，让林纳斯痛苦不堪的兵役结束了，除了敲锣打鼓欢庆重生之外，他开始继续拓展自己的编程之路。这时候，他生命中最重要的一本书出现了，书的名字叫作《操作系统：设计与实现》，作者是安德鲁·塔嫩鲍姆。用林纳斯的原话表述就是"它让我脱胎换骨，达到了一个全新的高度"。

那个时代，Unix 已经开发出来了。最早，Unix 是用汇编语言写的，开发过程中 Unix 的两位创始人肯·汤普森和丹尼斯·里奇觉得用汇编语言写程序实在是太苦了，男人应该对自己好一点儿！于是老哥俩决定用高级语言来完成下一个版本，他们首先尝试了 Fortran，但以失败告终，然后又基于 BCPL（Basic Combined Programming Language）创建了 B 语言。B 语言可以被认为是那个时代的解释型语言，不能直接生成机器码，效率上完全没法满足系统的需求，再次失败！我们都知道，一再失败的情况下总会有一位英雄人物挺身而出，这次是丹尼斯·里奇，他从失败的大坑中爬起来拍拍土、抹抹泪，继续对 B 语言进行改造。这次丹尼斯为 B 语言增加了数据类型，并让 B 语言能够直接编译为机器码，然后又为这门语言起了个极其响亮的名字——New B，读一读神清气爽，念一念气冲云霄，从此一代语言巨星冉冉升起，四十年后依然排在兵器排名榜第一位，怎一个牛字了得！当然，丹尼斯可能考虑了十几年后中国人民的感受，把 New B 改为了 C 语言，并用 C 语言重新编写了 Unix 的内核，Unix 与 C 从此珠联璧合，长相厮守,再也无法分离。

操作系统、Unix和C语言可以说是林纳斯心目中神山上的三座圣杯,为了至高无上的荣耀,他首先要攀上峰顶,把这三座圣杯捧在手中,然后再琢磨建造自己的宫殿的事。在那一年的夏天,林纳斯开始了高强度的阅读和学习,用他的话说就是做了两件事:"第一,把719页的《操作系统:设计与实现》读了很多遍;第二,除了第一件事以外,什么都没做。可以这样说,那本红色软封皮的教科书住到了我的床上。"

林纳斯认为,Unix是一个简洁、漂亮的操作系统,Unix上的任务大多是通过一些基本操作完成的,这些操作被称为"系统调用"(system call)。顾名思义,这些操作就是你对系统的呼叫,系统则通过响应你的呼叫来完成工作。Unix上常用的系统调用指令有fork、exec(创建子进程相关),还有open、close、read、write(文件访问)等。这些基本的系统调用通过组合使用可以完成大部分功能。同时,Unix还提供了极为强大的进程间通信(IPC)方式:管道(pipe)。很多在图形用户界面(GUI)开发环境下工作的读者,最常用的进程间通信操作可能是复制、粘贴、鼠标拖曳,这些操作虽然简单,但是必须由人来完成,想要自动化就很困难,但在Unix上,它们实现起来就轻松又自然,你只需要在程序之间开辟出一段缓冲区作为管道,然后父进程和子进程就可以通过这个管道实现进程间通信了。

举个利用了管道功能的例子,比如查找历史命令的脚本:

```
history | grep apache
```

这行命令的含义就是查找包含 `apache` 的历史命令,其中特殊字符"|"用来告诉命令行解释器(shell)将前一个命令的输出通过"管道"作为接下来一行命令的输入,就这样,一个简单的进程间通信就完成了。

总之，林纳斯在读完这本书之后，就像郭靖修习了《九阴真经》全本一样，对机器和代码的世界有了更为透彻的认知，接下来的事情就是等待一个打造传奇的机会。

在等待的过程中，林纳斯也没闲着，他又开始编程了。好的程序员对编程的喜爱是溢于言表的，以下摘录一些林纳斯的编程感想：

在编程的人看来，编程是世上最有意思的事情了。它要比国际象棋之类的游戏复杂得多，你想要什么规则都可以自己设定。按照你定下的规则，它的结果该是什么，就会是什么。……你可以在计算机上创造出属于自己的新世界，唯一的限制就是计算机本身的性能，还有一点在今天尤为重要，那就是你自己的能力。比方说造一间树屋吧。你可以造一个带活板门的树屋，这样的树屋实用而稳固。不过这样一间仅为坚固、实用而造的朴素树屋，和一间为了外观漂亮而巧用树木特点来精心雕琢的树屋比起来，人人都看得出来两者间的差别。造树屋是一种将艺术和工程融合起来的活计。编程也是如此，也正因如此，编程才得以成为一件既有魅力又有价值的事。编程时，编程者往往优先考虑的是趣味性、美观性及震撼力，而非实用性。

在代码的世界里，林纳斯就是一个诗人！

（四）Linux 诞生

Unix 始于 20 世纪 60 年代，在 70 年代得到了迅猛的发展，这时候的林纳斯还躺在祖父公寓里的洗衣篮里睡大觉，如果不是后来 Unix 王国自乱阵脚，出现阵营分裂和法律纠纷，可能 Linux 系统根本都不会出现。真实的情况是，Unix 浪费了大把的时间和机会，似乎就是为了等待这个大鼻子、头发乱糟糟的芬兰小子长大，然后一决高下。林纳斯赢得了自己的时间，他一刻不停地磨炼自己的技艺，在清晨的微光中练习算法,在赫尔辛基的雪山上编译代码,随时随地地补充粮草和武器。二十一年之后,林纳斯抚着雪亮的刀锋上路了,他要去追寻属于程序员的最高荣耀。

1991年1月,林纳斯花费了大概3500美元,分期付款购买了一台杂牌组装计算机,内存4 MB,CPU 33 MHz,还有一台14英寸的显示器,然后又买了Minix操作系统,用16张软盘把这个操作系统装到了计算机里。之后,林纳斯又用了一个月的时间,了解了Minix的好和不好,并把这个系统改装成了自己得心应手的"战斗机",开始了战斗的人生。就是在这台计算机上,诞生了Linux的初始版本。

Linux的诞生离不开Minix,Minix是Mini Unix的缩写,是安德鲁·塔嫩鲍姆教授编写的迷你版的Unix操作系统,源代码可以提供给大学和学生,用于操作系统教学。该操作系统采用了微内核设计,其中的代码还作为《操作系统:设计与实现》的示例程序——这本书我们在前面提到过,它给了林纳斯极大的启发。

林纳斯使用了Minix之后,发现这个系统有很多缺陷,比如性能问题、内核问题、文件系统问题等,而最大的问题是终端仿真程序,也就是我在以前的文章中总提到的Terminal。登录学校里的Unix服务器和上网时,林纳斯都需要终端,但是Minix无法满足这个需求。如果普通人遇到这种问题,估计就是发会儿呆然后洗洗睡了,或者说"你行你上啊",但林纳斯不是普通人!

他决定抛开Minix,从硬件层面开始,重新设计一个终端仿真程序。牛人就是不同凡响,这个决定表明了林纳斯需要从BIOS、CPU等硬件层面重新开发出一套系统,除此之外,还需要了解如何把信息写入显示器,如何读取键盘输入,以及如何读/写调制解调器,他在早期储备的汇编语言和C语言能力终于派上了用场……

两个月之后,终端仿真程序完成,对此林纳斯非常骄傲:

对于我的这个壮举，妹妹萨拉倒是知道，不过当我把终端仿真程序演示给她看时，她在显示器的屏幕上看到一长串字母 A 和一长串字母 B，看了大概五秒钟，然后说了一句"挺好的"就转身走了。显然，她不觉得这有什么大不了的。我意识到这确实不算什么壮举。只不过，有些东西表面上看起来可能没什么，但背后却包含了大量繁杂的工作。这就好像你把一段刚铺好的柏油公路指给别人看，指望这样就能让他明白你耗费了多少人力物力，这根本不可能。……当时是三月份，或者四月份吧。不知道彼得盖坦大街上的积雪是不是都化成雪泥了——我不知道，也不在乎。那段时间，我大多穿着睡袍，和我那台不招人喜爱的计算机缠绵不已。窗户上那块厚实的黑窗帘遮得严严实实，把我和阳光隔离开来（外面的世界就更不必说了）。

Linux 操作系统就这样起步了，一发不可收拾。林纳斯当时的编程状态是这样的：编程——睡觉——编程——睡觉——编程——吃饭——编程——睡觉——编程——洗澡——编程……

实现了终端仿真程序之后，林纳斯马不停蹄，开始添加磁盘驱动和文件系统驱动。那一年林纳斯还在上课，但是课程很简单，他唯一的课外活动就是参加每星期三晚上的同学聚会，这个长着大鼻子的技术天才，常常会因为担心自己缺乏社交能力和容貌丑陋而失眠，对那时的他来说，唯一有趣的事情就是把驱动程序写出来。于是他咬咬牙对自己说，还得干下去（看来没有女神的好处就是可以写个操作系统出来，然后把自己叫作上帝）。

随着工作的进展，终端仿真程序开始向一个操作系统的方向发展，林纳斯显然也看清楚了这一点。

在创造 Linux 的整个过程中，我们没有看到林纳斯使用了什么样的高级工具，估计那时也没有，整个系统基本上是一行行代码敲出来的，纯手工打造，他的编程功底和效率让我们叹为观止，所以，现在，我决定打开终端，输入 vi，然后键入 to be continued，感受一下林纳斯当年编程的风采……

随着林纳斯不断地敲击键盘，他的终端仿真程序也不停地扩张，从刚开始的小树苗长成了一棵盘根错节的大树，树根牢牢地抓住土地，枝丫努力地伸向天空，花朵和果实相继在高远的天空中熠熠生辉，所有的细节都在林纳斯的掌控之中。懂行的技术人员都看得出来，这个大鼻子的芬兰小子是准备开发一个操作系统啊。

是年六月份，林纳斯基本确定了要开发一个操作系统内核的计划，并开始着手搜集 Unix 操作系统标准的相关资料。1991 年 7 月 3 日，格林尼治时间上午 10 点钟，林纳斯在 MINIX 新闻组发出了一封求助邮件，寻求有关 POSIX 标准的帮助，他在邮件中写道：

我目前正在 Minix 系统下做一个项目，所以对 POSIX 标准定义很感兴趣。不知道有没有人能给我提供一个最新版的 POSIX 规则（最好是以一种机器可读的格式）？要是能有 FTP 地址就更好了。

这份公开的邮件是 Linux 问世的最早证据。邮件发出后不久，有人就寄来了厚厚的 POSIX 标准的材料，同时赫尔辛基理工大学的阿里·莱姆克也对林纳斯的邮件做出了响应，为林纳斯提供了一个 FTP 地址，好让林纳斯上传他即将完成的操作系统。

笔者按：POSIX 的全称是"可移植操作系统接口"（Portable Operating System Interface）。IEEE 最初制定 POSIX 标准，是为了提高 UNIX 环境下应用程序的可移植性。随着技术的发展，POSIX 开始不局限于 UNIX 系统，后续的 Linux 和 Windows NT 都部分地遵循了该标准。POSIX 在林纳斯开发的过程中起到了灯塔的作用，直接后果就是 Linux 系统从一开始就走在了正规军的康庄大道上，基本没有跑偏过。Linux 几乎可以适配各种类型的硬件体系结构。

标准和 FTP 地址都有了眉目，林纳斯开始实现各种系统调用，以便让 shell 运行起来。这段时间的工作时常让林纳斯感到灰心丧气，看着增加的代码量，工作似乎前进了一大步，但是检验一下功能又仿佛没有任何进展。有时候，他还不得不放弃之前的想法和已经完成的代码实现，另辟蹊径从头再来。即使是在天才面前，代码也能让人欢喜让人忧。

终于，shell 已经可以在新的操作系统上工作了，林纳斯开始编写复制（cp）和列表（ls）等程序。shell 程序一旦完成，就好像完成了从 0 到 1 的飞跃，一切都变得无比顺利，林纳斯的面前仿佛出现了一条阳关大道，一切都豁然开朗了。他说，要有光，于是就有了光。对于这种状态，林纳斯表示"我很满意"，并且开始用"Linux"称呼这个操作系统。

这种满意非常重要，因为那个夏天林纳斯除了伏在计算机面前噼噼啪啪地敲击键盘，什么都没做。芬兰四月到八月的日子是一年中最美好的时光，人们到小岛遍布的海域航行，去海滩上晒日光浴，到避暑木屋中消遣时光。但是林纳斯，他只是在永无休止地编写程序，忘记了白天和黑夜，黑色的窗帘遮蔽了灿烂的阳光，也遮蔽了外面的世界。他唯一的想法就是，得赶紧把这该死的系统做出来！

1991 年 8 月 25 日，林纳斯在 Minix 新闻组上发邮件做了一个调查，想知道大家希望这个新的操作系统具备什么特征。

1991 年 9 月 17 日，林纳斯把已经完成的新操作系统上传到阿里·莱姆克提供的 FTP 服务器上，并准备用 Freax 作为操作系统的最终代号，结果遭到了阿里·莱姆克的强烈反对。阿里·莱姆克对林纳斯说：

"林哥，您咋会想到用这么变态的名字命名操作系统呢？原来的 Linux 不挺好的嘛！"

"那样不会显得自恋吗？"

"您这样就不对了,操作系统是开天辟地的大事,人民群众都等着用您的名字命名呢,看看他们的眼神,您能辜负他们的期望吗?Linux天生不就是用来跟Unix遥相呼应的么?这是命,得认!"

"这……那我就不推辞了啊。"

这是我演义出来的,不过那个过程基本上和古代皇帝的黄袍加身是一个意思。新的操作系统最终以 Linux 命名,并在十年后名扬天下,二十年后统治服务器领域,可谓 Linux 恒久远,Linus 永流传。

Linux 内核 0.01 版本终于发布了,虽然漫长的开发过程才刚刚开始,但林纳斯终于可以松口气了:

看,我真做出来了。我没有忽悠你们,这就是我的工作成果……

创造一个操作系统,相当于给所有在这部计算机上跑的程序创造了一个全新的生存环境——从根本上说,其实就是在制定这个世界的规则:什么事可以接受、可以做,什么事不可以接受、不可以做。其实,所有的程序都是在制定规则,只不过操作系统制定的是最根本的规则。

(五)继续前行

Linux 从一诞生就被打上了开源的烙印,这一点对 Linux 的后续发展起到了至关重要的作用。从 1991 年内核 0.01 版本发布,到 1994 年 1.0 版本闪亮登场,世界各地无数的开发者为 Linux 提交了代码,林纳斯为 Linux 建立了讨论组 comp.os.linux,全世界爱好开源和 Linux 的程序员与黑客都在上面讨论问题,他们就像群蜂筑巢一样,不断地通过个体和群体的力量交替推进 Linux 的飞速发展。

林纳斯对自己说:"嗯,没有任何东西可以阻挡 Linux 的普及!"

这种感觉估计很多程序员体会过,当你设计的算法得出了正确结果的时候,当你自以为解决了一个海森堡 bug（Heisenbug，表示不可重现）的时候,当你完成了一段精妙代码的时候……你摘下厚重的眼镜,推开铺满灰尘的书桌,打开办公室唯一的窗户,迎着夕阳把一只废弃的圆珠笔扔出窗外,然后冲着天空大喊:"还有谁？"这是一种舍我其谁的情怀。

林纳斯还不止于此。他不仅单枪匹马写出了 Linux 的内核,而且做出了开源的决定。他把 Linux 放到了互联网上,并且允许那些希望使用和改进它的人们根据开源协议修改和提交源代码。这两点对互联网的影响是极其深远的,估计林纳斯当年也没有想到,当时的两个小小的涟漪,经过时间和空间的放大,十几年后竟形成了一股互联网巨浪。查到现在,Linux 依然处于风口浪尖。

对于 Linux 取得的成功,林纳斯将其归结为是由自己的缺点导致的:

> 首先,我很懒散；其次,我喜欢占别人劳动成果的便宜。

其实这两个所谓的缺点,正是优秀程序员和领导者必备的要素,它们让 Linux 成为世界上最大的开源协作项目,为喜爱 Linux 的人们带来了最美好的技术和应用。现代的互联网几乎是运行在 Linux 之上的,可以说,林纳斯改变了世界,就连你每一次不开心后在网上购物,都有林纳斯贡献的力量！

（六）来到硅谷

1996 年的春天,Linux 顺利发布了 2.0 版本。是年林纳斯二十七岁,这个芬兰小子已经慢慢厌倦了芬兰平淡无奇的日子和不眠不休的编程生活。对于一个技术天才来说,创造一套新的技术体系就像艺术家完成一个雕像一样,当一块粗粝的岩石在他的亲手打磨下逐渐显山露水，展现出其完美容颜的时候，后续的修修补补会让这些天才产生倦怠的感觉。他们需要更快的剑、更高的山和更强大的对手。尤其是其间林纳斯两次访问过美国之后，这种感觉变得愈发不可阻挡了。

说起来，美国确实是个神奇的国度。在这样一个移民国家中，居住着从不同国度不远万里跨海而来的不同种族，每个种族无论在基因上还是文化上都具有原来国家的特质，这些特质相互融合与对抗，让这块大陆上的人民愿意去追求和接纳美好的事物，最终一不留神把美国搞成了世界文化的大熔炉，而开放的文化和环境又极大地激发了人们的想象力和创造力，近代和现代的科技成果绝大部分源于美国，要么是美国人搞的，要么是其他国家的人在美国搞的。所以有时候我们也不用顾影自怜，嘲笑自己没有国产的操作系统和编程语言，因为其他国家也没有，或很少有，芬兰好不容易出了个天才少年，也没好好珍惜，最终落了个"流落"异国他乡的下场。

林纳斯一到美国就被这块新大陆吸引了，一切都是那么地新鲜和美好，他的感受与你第一次出国后在微信朋友圈发的"天是那么蓝，云是那么白"是一样一样的。林纳斯在自传中写道：

当时，摩门教的150周年纪念活动才刚过几年，所以他们主要的教堂都拾掇得干干净净，白得发亮。在欧洲，所有的教堂都老旧不堪，满是岁月留下的痕迹。看惯了欧洲的教堂，再一看摩门教堂，这白得发亮的墙甚至让我联想到迪士尼乐园！它看起来不像是教堂，更像是童话里的城堡。……我记得自己从金门大桥上徒步走过，边走边望着对岸的马林岬，那时我兴奋极了，巴不得一步走到对面，在群山的怀抱中畅行。不过，等我总算走到马林岬那一边，就已经累得走不动了，什么群山啊畅行啊早就抛诸脑后了。当时我肯定料想不到，差不多六年之后，我会坐在海风拂面的马林岬群山顶峰，一边俯瞰着太平洋、

旧金山市、旧金山湾、金门大桥，以及笼罩着这一切的雾霭，一边对戴维的录音机诉说这一切。

从美国回到芬兰之后，林纳斯对自己说："我要去美国。"

当林纳斯透露出自己的就业计划之后，马上有多家公司递来橄榄枝，其中包括著名的 Linux 公司红帽。这种感觉是如此美妙，就像你刚刚掏出一支香烟，面前已有千百个打火机在舞动。但是林纳斯本着不加入任何一家 Linux 公司的原则，拒绝了红帽，参加了另一个名不见经传的公司的面试。这家公司叫作"全美达"，你们可以从网上查到这家公司，不过我打赌，知道这家公司的读者不会超过千分之一。这并不是咱们孤陋寡闻，美国人民刚开始也不知道这家公司在干吗，全美达官网在 1997 年年中上线，两年半后网站的建设情况是"This web page is not yet here"，又过了很久人们才从内部员工透露出的一点儿信息得知，这家公司似乎是搞处理器的。这是我所知道的唯一一家保密措施强过苹果的公司，如果不是林纳斯，这家公司就像根本没有存在过。

就是这样一家公司，面试了在开源社区名满天下的技术天才、Linux 操作系统的缔造者林纳斯，并且将其招至麾下。林纳斯一待就是六年。从某种程度上，这六年严重地影响了 Linux 操作系统前行的脚步，因为林纳斯没有足够的时间来开发 Linux 了。

虽然根据全美达与林纳斯的协议，他可以继续从事 Linux 的开发，而且他确实也想这么做，比如白天为全美达工作，编写 x86 解释程序，晚上继续 Linux 的伟大事业。不过真实的情况是，这家伙晚上睡着了⋯⋯

关于加班和睡眠，林纳斯是这么解释的：

有些人喜欢加班加点干活，非得轮上两班、三班甚至四班的活儿不可。我不是那种人。不管是全美达的项目还是 Linux 的任务，我都不会牺牲睡眠时间。好吧，如果你非要听真话，其实是我非常爱睡觉。

总之，林纳斯第一次从互联网上消失了，很多悲观的开发者纷纷奔走相告，林纳斯这小子是不是被招安了？这家伙开始为商业公司干活了，Linux 作为自由软件是不是已经濒临死亡了？每当这时候林纳斯就会出来给大家打打气说，哥还在呢，只不过刚睡醒……

关于林纳斯的这段经历，曾经在硅谷工作过的一位朋友给我提供了一些文字，大意是这样的：

每次想起林纳斯这段经历，我都要感慨万千。第一次得知林纳斯虎落硅谷的事是在 2002 年夏天，当地《圣何塞信使新闻报》的记者先是把林纳斯大吹一通，然后说他从芬兰老家搬到美国，就职于全美达已五年有余，但 H1 移民仍然停留在劳工卡初级阶段，六年期满就要打道回府了。

当时这份报纸的读者大概有一半人有 H1 经历，然后这一半人里的一半都知道 Linux 是啥东西，但是从未听说过全美达是何方神圣，移民局居然把一代技术英雄扣在那儿为一个名不见经传的小资本家做苦力，导制全球开源事业停滞不前，真是胆大包天啊！于是很多读者跑到《圣何塞信使新闻报》去说，像林纳斯这样的天才愿意移民到美国，布什亲自开飞机去接都不为过，怎么可以被移民局压了五年呢……

还好，林纳斯在 2003 年离开了这家叫"全美达"的公司，受聘于开放源代码开发实验室（Open Source Development Labs, OSDL），重新统领开源世界的各路英豪，全力开发 Linux 内核。Linux 再次焕发出勃勃生机，这一次，它要引领的是互联网的技术浪潮……

（七）关于财富

林纳斯对待财富的态度就是"视金钱为粪土"，是真的粪土。

那种漠然的态度让人感觉非常可怕。当一个人随便动动手，挂挂名或签个字就能获取上千万美元的时候，他依然和自己的家人挤在圣克拉拉一栋两层楼的公寓套房里，过着普通程序员的生活，同时不断改进已经遍布全球的 Linux，这是什么精神？这是毫不利己专门利人的国际主义战士的精神。

写到这里，我不禁想起了绿茵场上的"冰王子"博格坎普，当他接到几十米外的长传，用标志性的慢速停球过掉扑上来的后卫，轻扣，过掉另一个后卫，颠球，闪过最后的防守，面对守门员的时候，不是大力抽射和仰天长啸，而是把球搓出一道完美的抛物线……随着球越过门将，缓缓落入网窝，博格坎普低着头慢慢地走开，留给对手的是优雅、实用且举世无双的技艺，以及令人绝望的背影！

那种漠然的感觉，你们懂了吗？

很多程序员创业成功或跟随创业成功之后，自以为功成身退，最早扔掉的就是代码和编译器，然后购豪宅、满世界旅游，你们感受一下，这个境界是完全不可同日而语的（请勿对号入座，如有误伤，必是友军所为）。

事实上，林纳斯在拿到第一笔真正的财富之前，一直处于囗了紧巴巴的状态。当时，另两位带头大哥比尔·盖茨和史蒂夫·乔布斯早已名满天下、家私万贯，同时有大量的技术人员、商人和公司通过 Linux 及其相关技术获取了巨额财富。对此，林纳斯的态度是："这和我有什么关系？"他似乎对一大群才气不高的编程人员能够享受到大笔的财富并不在意。这种情况一直持续到所有的有识之士都坐不住了：林纳斯,你不能再这样下去了!

伦敦的一位企业家希望林纳斯在他那家羽翼未丰的 Linux 公司做个董事会成员,报酬是 1000 万美元。林纳斯拒绝了。企业家惊呆了,当他喃喃自语"你知道 1000 万美元是啥概念吗"的时候,林纳斯已默默走远。

红帽公司为了感谢林纳斯的卓越贡献,为他提供了一些期权,林纳斯的回复同样是:"不用了,我不会给你独家的授权许可的。"红帽的人差点儿疯掉:"林爷,期权您就收着吧,我们什么都不要行了吧?""唔,这样啊,那就放这吧。"这就是林纳斯!

正是这笔期权让林纳斯收获了第一笔巨额财富,因为红帽 1999 年 8 月 11 日在纳斯达克上市了。林纳斯先是意识到自己从身无分文突然变成了拥有 50 万美元的土豪,然后是 100 万、500 万……林纳斯终于变得亢奋起来,原来期权也是钱啊!终于不用再为生计发愁了,对于这个事情,林纳斯的定义是:我真是最幸运的家伙!

事实上,林纳斯从来没有想过 Linux 能够获得如此巨大的成功。他只是为了自己方便才写了一个操作系统内核,并想借此获得一点儿回报而已。"如果事先就知道要做多少基础建设工作才能让 Linux 像现在一样成功的话,我肯定早就没了斗志。要是事先知道了,那就意味着,不管我有多优秀,都远远不够。我当然得非常优秀才行,但我还得在每一个步骤上都选对方向,且每一件事的结果都必须是对的。"

任何理智的人在登山之前凝望着高耸入云的山峰和崎岖艰险的山路时,都会陷于沮丧之中。解决办法就是先迈出第一步再说,然后,但行好事,莫问前程。

Linux 不仅给林纳斯带来了名声和财富,同时给大众带去了巨大的好处。年轻一代中最聪明的程序员和黑客都在使用 Linux 的产品,正是开放的 Linux 给这些天才的程序员带去了巨大的创作热情和喜悦,让他们在 Linux 平台上完成了一个又一个杰出的作品。这些技术所形成的生产力，对互联网的发展起到了巨大的推动作用，直到今天。

（八）巨星碰撞

在 Linux 出现之前，桌面操作系统的市场基本上是由比老师和乔老师控制的，虽然乔老师控制得少了一些。Linux 出现之后，桌面操作系统的格局并没有太大变化，但是服务器端市场的变化却是翻天覆地的。原本比尔希望通过 Windows NT 和 Server 系列在服务器领域复制桌面操作系统的辉煌，从而千秋万载，一统江湖。然而，世界的发展永远是多元的，没人能通过一己之力改变历史发展的多维性，比尔·盖茨也不行。于是 Linux 出现了，并以星星之火可以燎原之势一举拿下服务器操作系统的半壁江山。

一方是商业公司和封闭的策略，另一方是自由软件和开放的协议，这场战争从一开始支持率就是一边倒的，林纳斯就像对抗风车的堂吉诃德，但是他自己不仅没有遍体鳞伤，还在没怎么亲自出场的情况下把微软这个软件风车搞得狼狈不堪。这种情况发生在现实生活中绝对是老百姓喜闻乐见的，林纳斯成了自由软件世界里的英雄和领袖，但也就此与微软结下了世仇，比尔和林纳斯许下了永世不相见的誓言。

有些加盟微软的朋友告诉林纳斯，他们曾见到他的头像被钉在了微软公司的飞镖靶心上。林纳斯对此的评价是：我的大鼻子一定很好瞄准。

林纳斯与另一位业界巨头——苹果之间就没这么激进了，毕竟 Linux 和 OS X 师出同门，都是从老前辈 Unix 那儿毕业的，坐在一起还能唠唠家常。事实上，林纳斯和乔布斯确实有过一次历史性的会面。

林纳斯来到硅谷不久，就收到了一封来自乔老师秘书的邮件，邮件中写道："听闻阁下光临硅谷，蓬荜生辉，老乔不才，重回苹果，以期振昔日之雄风，如得阁下相助，必将如猛虎加之羽翼而翱翔四海，天下可得。期待会面。"（当然，这是我演义出来的。）

　　林纳斯看完之后不明白乔布斯要干什么，只是觉得很厉害的样子。毕竟在林纳斯还坐在外公腿上拨弄计算机键盘的时候，苹果的沃兹已经纯手动打造出苹果的第一代个人计算机 Apple I 了。林纳斯决定去见一下儿时的偶像，并了解一下苹果的新操作系统。

　　两代科技巨星的会面被安排在苹果公司位于"无限循环"大道的总部，乔布斯带着原 NeXT 公司的技术总监阿维·泰瓦尼安（Mach 之父）接见了林纳斯，双方进行了友好而亲切的会谈，然后会谈的结果是——没有结果。

　　其时，乔布斯经十年放逐后回归苹果，举手投足已是大宗师气势。他对林纳斯说，我大苹果虽然现在看起来有点颓，不过海盗精神永存，我们已经准备好重新起航了。他还说目前桌面操作系统领域仍然只有两个玩家——微软和苹果，如果 Linux 和苹果能够珠联璧合，那一切将是最好的安排，所有的开源爱好者都能够用上优雅与极客并存的 MacLinux 了。然后 Mach 之父阿维·泰瓦尼安向林纳斯详细介绍了整合 Mach 和 Linux 内核作为 OS X 混合内核的计划，之后庞大的 OS X 体系将构建在 Mach 和 Linux 内核的基础之上。同时乔老师表示，基于 Mach 和 Linux 的内核系统将采用开源的方式运作，这样全世界的开源爱好者都可以为 Mac 和 Linux 开发程序。

　　这几乎是一个完美的双赢方案，乔老师都被自己描绘的蓝图打动了，永远年轻，永远热泪盈眶！谁能拒绝苹果公司和乔布斯如此完美的邀请呢？

　　林纳斯能！

　　乔布斯认为自己的现实扭曲力场加上苹果巨大的市场潜力一定会

让林纳斯怦然心动,没想到这个芬兰小子在计算机面前待久了,油盐不进,任凭乔布斯口吐莲花,我自岿然不动。首先,林纳斯对 Mach 就不感冒,他认为 Mach 几乎犯下了所有的设计错误,它让系统变得复杂而效率低下;其次,林纳斯觉得乔布斯可能没意识到,Linux 的潜在用户要比苹果系统的多;第三,林纳斯乐观地认为,虽然 Linux 的目标不是占领桌面操作系统领域,但是显然"我们很快就能做到这一点了"。所以林纳斯当时的反应是:

我不在乎啊!为什么我就应该对苹果的事情感兴趣?我就是不感兴趣,我就是觉得苹果没意思。我的人生目标可不是抢占桌面操作系统的市场啊(当然,这事后来确实发生了,但那从来就不是我的目标)。

现在看来,林纳斯当时对 Linux 在桌面操作系统领域的前景过于乐观了,虽然他天纵奇才、桀骜不驯,但是也无法预测到 OS X 和 iOS 在十年后引领移动开发的浪潮。不过即使知道 OS X 未来的大发展,心高气傲的林纳斯也不会接受苹果的收编,因为 Linux 一直是象征着独立和自由的软件图腾。

无论如何,这次非正式的会谈没有达成任何实质性的效果,但是对后来的 IT 格局产生了巨大的影响。苹果不再关注 Linux,而是转向了 BSD。2001 年,苹果任命 FreeBSD 的发起人之一、老牌 BSD 黑客乔丹·哈伯德为 BSD 的技术经理,后升其为 Unix 技术总监,负责 OS X 操作系统底层核心 Darwin 的研发。最终,Mach 与 BSD 技术整合在一起,形成了混合内核。另外,苹果开始觉得依靠外部的开源项目也不是那么靠谱,后续他们先后研发并开源了优秀的编译器项目 LLVM 和 Clang,一举替换了整条 GCC 编译链,为 OS X 和 iOS 的性能优化和语言特性提供了巨大的帮助。这也算是苹果对那些牛哄哄的开源人士的回击:看,我们也可以做开源,而且比你们做得好。

Linux 则继续在开源、独立、自由的方式下一路狂奔，虽然在桌面操作系统领域的成就乏善可陈，但是在服务器端大放异彩。目前，几乎整个互联网都是运行在 Linux 及其衍生产品之上的。可以说，没有 Linux，互联网就不可能得到如此迅猛的发展。

十年之后，移动互联网时代来临。OS X 上长出了 iOS，Linux 上则诞生了 Android，这两个移动开发领域的双子星都有一个老祖宗，那就是 Unix。一次话不投机的会谈让 OS X 和 Linux 分道扬镳，在十几年后的今天，它们又以一种不同的方式相见了。世界永远都是多元的，可能冥冥中自有天意吧。

（九）林纳斯和 Git

很多人在完成了类似 Linux 这样伟大的软件产品之后，基本上就止步不前了，但是林纳斯却从未停歇创新的脚步。2003 年加入开放源代码开发实验室之后，林纳斯重新全职投入 Linux 内核的研发，并开始酝酿自己的另一个跨时代的产品。

2002 年，Linux 内核开发团队开始采用 BitKeeper 作为代码版本管理工具。BitKeeper 是一套分布式的版本管理工具，它满足了 Linux 内核开发的技术需求。但是，BitKeeper 只是暂时对 Linux 等开源软件团队免费，并不是自由软件。2005 年，BitMover 公司不再免费赞助 Linux 开发团队。对此，林纳斯表示非常遗憾，但遗憾之后他并没有自怨自艾伤心落泪，而是愤怒地与其他几个小伙伴花了几个星期完成了一套新的分布式代码管理工具，并将其命名为 Git。两个月之后，Git 发布了官方版本，并在不同的项目中应用，自由软件社区给予了 Git 广泛的支持。

与 SVN 和 CVS 等软件不同的是，Git 更关注文件的整体性是否有改变，它更像一个文件系统，允许开发者在本地获取各种数据，而不是随时都需要连接服务器。Git 最大的特点，就是离线分布式代码管理，速度飞快，适合管理大型项目，以及令人难以置信的非线性多分支共存。

Git 在 2005 年发布之后，技术日臻成熟，很多大公司开始采用 Git 管理自己的项目代码。2008 年 2 月，GitHub 公司基于 Git 构建了协作式源代码托管网站 GitHub。目前，该网站是这个星球上最大的源代码集散地，几乎所有的优秀代码都托管在 GitHub 上。Git 已经成为程序员使用最多的源代码管理工具！

对于 Git 的成功，林纳斯表示：

Git 的设计其实很简单，它有一个稳定而合理的数据结构。事实上，我强烈建议围绕着数据来设计代码，而不是反其道而行之。我觉得这可能就是 Git 如此成功的原因。差劲的程序员总是担心他们的代码，而优秀的程序员则会担心数据结构和它们之间的关系。

Git 从诞生到今天（本文写于 2014 年）已经有九个年头了，它始终没有背离其设计的初衷：高性能、简单的设计、对于非线性高并发分支的支持和完全的分布式。

对于林纳斯来说，Git 现在是他的主要消遣工具之一。他很喜欢在 Git 上编程的感觉，因为再也不用担心锁定问题、安全问题和网络问题了，这种感觉真是太美妙了！

我们继续期待林纳斯的第三个伟大的作品！

（十）生活的意义

林纳斯认为生活的全部意义就在于：生存、社会秩序和娱乐。因为我们所做的一切事情，最终似乎都是为了获得乐趣，而"进化"则作为主线始终贯穿其中。

林纳斯对进化的理解是：

你知道在整个太阳系，人类已知的最复杂的工程是什么吗？不是Linux，不是 Solaris，也不是你的汽车。是你，还有我。想想你和我都是怎么来的——没错，不是出于什么复杂的设计，而是凭运气。除了运气，还有：

- 通过分享"源代码"实现自由的可用性和授粉机制，生物学家把它称作 DNA；
- 毫不手软的用户环境把我们不好的版本轻易地替换成更好的可执行版本，从而使种群更加优秀（生物学家把这叫作"适者生存"）；
- 大量的无方向的并行开发（试错法）。

我从未如此严肃过：我们人类永远都无法复制出比我们自身更复杂的个体，而自然选择却不假思索地做到了。不要低估适者生存的力量。不要错误地认为你可以做出比大量的平行试错反馈环更好的设计，那样就太抬举你的智力水平了。说实话，太阳照常升起，这和任何人的工程技巧或者编程风格都没有关系。

林纳斯一生只为寻找欢笑，但是他却取得了无数的成就和荣誉：

- 1997 年，在芬兰赫尔辛基大学计算机科学系，林纳斯获得了他的硕士学位。两年后，他在斯德哥尔摩大学获得了名誉博士学位，并于 2000 年在他的母校获得了同样的荣誉。
- 1998 年，林纳斯获得了电子前哨基金会先锋奖。
- 2004 年，林纳斯被《时代周刊》杂志选为世界上最有影响力的人之一。
- 2006 年，《时代周刊》杂志欧洲版评选林纳斯为过去六十年最有革命性的英雄人物之一。

- 2012 年 4 月 20 日，林纳斯和山中伸弥共同获得当年的千禧技术奖。该奖被公认为相当于技术领域的诺贝尔奖。
- 2012 年 4 月 23 日，林纳斯进入国际互联网协会（Internet Society，ISOC）的网络名人堂。

林纳斯是个性情中人，经常口不择言，比如他对 C++ 的评价是：C++ 是一门糟糕的语言，而且有一群不合格的程序员在使用 C++，他们让它变得更糟糕了。他对自己的两个产品的命名是这样解释的：我是个自大的浑蛋，我所有的项目都是以我的名字来命名的，开始是 Linux，然后是 Git（英国俚语，饭桶的意思）。

不过，我最喜欢林纳斯说过的一句话是：Talk is cheap, show me the code。他一直用自己的编程人生诠释着这句话。2006 年的时候，Linux 内核代码的 2% 依然是林纳斯完成的，他是代码贡献最多的人之一（是年他三十七岁）。到了 2012 年，他对内核的贡献主要是合并代码，虽然编程变少了，但是他依然对是否将新代码并入到 Linux 内核具有最终决定权。

林纳斯用自己精彩的编程人生和对自由软件的热爱演绎了现代社会中一个"书呆子"的胜利。如果你爱一个人，就让他去编程吧；如果你恨一个人，就让他去编程吧。代码让我们欢笑，也让我们忧伤；让我们沉默，也让我们高歌。对于程序员来说，代码是这个世界上最美妙的音乐。会编程的孩子，都是好孩子！

池建强

本文参考资料

1. 林纳斯所著的《只是为了好玩：Linux 之父林纳斯自传》
2. 维基百科相关资料
3. 网络博文《Mac OS X 背后的故事（二）—— Linus Torvalds 的短视》

版 权 声 明

Just for Fun: The Story of an Accidental Revolutionary, Copyright ©2001 by Linus Torvalds and David Diamond. Published by arrangement with HarperBusiness, an imprint of HarperCollins Publishers through Bardon-Chinese Media Agency.

本书由 HarperBusiness 出版社正式授权，版权所有。未经书面同意，不得以任何方式作全面或局部翻印、仿制或转载。